JN444994

아동복지론

이 책은 저작권법에 따라 보호받는 저작물이므로 무단전재와 무단복제를 금지하며, 이 책 내용의 전부 또는 일부를 이용하려면 반드시 저작권자와 동문사의 서면동의를 받아야 합니다. 무단전재나 무단복제 행위는 저작권법 제136조(벌칙)에 의거, 5년 이하의 징역 또는 5천만 원 이하의 벌금에 처하거나 이를 병과할 수 있습니다.

아동복지론

배은영 · 윤춘모 · 조순래 · 노미향 공저

동문사

머리말

"한 아이를 키우려면 온 마을이 필요하다."라는 아프리카 속담 있다. 이 속담은 한 아이가 잘 자라나기 위해서는 가족뿐만 아니라, 아이와 한 마을에 사는 주변 사람들의 관심과 애정도 중요하다는 의미를 가지고 있다. 더 나아가, 아이들에게 부정적인 영향을 미칠 수 있는 마을의 문제들을 해결하기 위해 마을 사람들 전체가 함께 고민하고, 그런 따뜻한 '사람 숲'에서 이웃들이 다 같이 삶을 나누면서 살아가는 '마을공동체'에 대한 지향을 담은 말이라고 할 수 있다.

아동은 우리의 미래다. 우리를 이끌어 나갈 존재로 자라야 하므로 우리 사회는 이들을 미래사회의 행복한 구성원이며 뛰어난 지도자로 자랄 수 있도록 보호, 양육하고 계발하여야 한다. 선진국은 아동을 보호와 투자의 최우선위에 둔다.

아동복지란 아동을 대상으로 한 주관적인 행복한 삶의 상태가 아니라 그러한 상태로 향한 실천적인 행동까지도 포함하는 적극적이고 능동적인 개념으로서, 가족이 정상적인 아동보호와 사회화 기능을 수행할 수 없을 때 국가와 그 사회제도가 후원하고 승인하고 직접 실천하는 구체적이고 명백한 정책과 서비스의 체계를 말한다.

우리나라 아동복지의 패러다임이 변화하고 있다.

아동복지의 대상은 요보호아동은 물론 모든 일반 아동들까지 포함한다는 것이 기본정신이다. 아동의 지역사회보호를 위한 법 개정 및 인프라 구축과 바우처 사업 등을 통해 사회서비스 체계 강화로 이어지고 있다.

오늘날 사회의 변화와 더불어 가족 및 아동을 둘러싼 환경이 변화하고 이에 따라 욕구가 다양해졌으며, 아동의 권리에 대한 인식이 증가하여 아동복지에 대한 기대가 높아졌다.

한편으로는 사회경제적 양극화, 가족해체, 아동을 대상으로 한 폭력 및 범죄 등으로 인해 아동의 건전한 성장에 방해가 되는 요인들이 오히려 증가하고 있는 실정이다. 아동들이 건강하고 건전하게 성장할 수 있는 환경을 조성하려는 노력은 여전히 중요하다.

그러므로 아동에 대한 전문지식과 기술 없이는 아동을 제대로 이해하지 못하며, 아동이 겪고 있는 문제를 완화하거나 해결하는 데 도움을 줄 수 없다.

아동복지는 사회복지 실천현장의 중요한 한 부분이었으나 아동을 대상으로 한 사회복지 실천방법에 대한 교육과 훈련의 기회는 많지 않았다. 따라서 아동 관련 정책을 개발하고 프로그램을 기획하며 실천할 수 있는 전문가의 양성이 필요하다.

이 책이 아동복지 분야를 접하는 학생들이나 실무자들에게 조금이나마 도움이 되기를 바라는 마음 간절하다.

이 책은 14장으로 이루어져 15주의 학사일정에 부합하도록 분량 면에서 조정하였다.

제1장 아동과 아동복지의 기초에 대한 이해, 제2장 아동의 욕구와 환경의 역할, 제3장 아동의 권리

제4장 아동복지의 역사, 제5장 아동복지의 실천원리, 제6장 아동복지의 실천방법과 기술, 제7장 아동정책과 전달체계, 제8장 아동학대와 아동보호, 제9장 빈곤가정아동, 제10장 한부모가정아동, 제11장 조손가정아동, 제12장 다문화가정아동, 제13장 시설보호, 제14장 아동복지의 과제와 전망의 내용으로 한국사회복지학과 교과목 지침에 제시된 내용을 담았다.

저자들은 책의 내용을 다양한 최근 자료를 중심으로 집필하였음에도 불구하고 여전히 미흡함을 느끼고 있다. 이 책에 대해 많은 관심을 보여주신 분들에게 감사를 드리며, 앞으로도 아낌없는 조언과 지도를 기대한다.

출판 작업을 진행해 주신 도서출판 동문사 사장님과 편집을 위해 애써 주신 직원 여러분께도 깊은 감사를 드린다.

2022년 8월

저자 일동

차 례

CHAPTER

01

아동과 아동복지의 기초에 대한 이해

1. 아동복지와 사회복지

1) 아동이란

아동에 대한 개념은 시대 혹은 사회·문화적인 관점에 따라 다양하게 정의되고 있다(송정애, 2022).

생물학적 측면에서는 출생한 이후부터 신체적 성숙이 마무리되는 기간 동안의 연령에 해당된다고 보고 있으며, 사회적 관점에서는 사회가 아동에게 부여하는 역할 및 기대와 관련하여 정의되기도 한다. 장인협과 오정(2004)은 아동을 미성숙 혹은 성숙하는 과정에 있는 사람이라고 정의하면서 연령 구분은 법률마다 차이가 있다고 하였다. 법률에 규정되어 있는 아동의 연령은 <표 1-1>과 같다.

〈표 1-1〉 법률에 따른 아동 연령

국내 법률	아동과 유사개념	연령 범위
영유아보육법	영·유아	6세 미만의 취학 전 아동
유아교육법	유아	3세~취학 전 아동
아동복지법	아동	18세 미만의 자
아동수당법	아동	7세 미만인 자
청소년기본법	청소년	9세~25세 미만인 자
청소년보호법	청소년	19세 미만인 자
소년법	소년	19세 미만인 자
민법	미성년자	19세 미만인 자
형법	형사미성년자	14세 미만인 자
근로기준법	연소자	18세 미만인 자
도로교통법	영 · 유아, 어린이	영유아 : 6세 미만인 자 어린이 : 13세 미만인 자

출처 : 국가법령정보센터(https://www.law.go.kr/)

아동복지법상으로는 출생에서 만 18세까지의 신체적·정서적·인지적·사회적으로 미성숙한 단계의 인간이라고 정의하고 있으며, 이러한 측면에서 아동복지의 대상은 출생에서 만 18세까지 연령에 속하는 아동을 의미한다.

2021년 아동인구 수는 [그림 1-1]에서 보는 바와 같이 7,483,944명으로 해마다 감소하는 추세이다.

아동은 태어나서 성인이 되기까지 가족과 사회로부터 필요한 발달적 욕구를 충족시킴으로써 건강하게 성장·발달할 수 있는데, 이는 성장과정에서 직면하는 다양한 문제를 해결하고 아동 개개인이 보다 더 건강하게 성장·발달할 수 있는 가정과 사회가 필요하다는 것을 전제 조건으로 한다. 즉, 아동복지는 아동의 건강한 성장발달에 필요한 환경을 조성하여 아동들이 행복하고 인간다운 삶을 살며 그들의 생활에서 잠재력을 최대한 발휘할 수 있도록 하는 것을 목적으로 하는 사회적 노력이라고 할 수 있다.

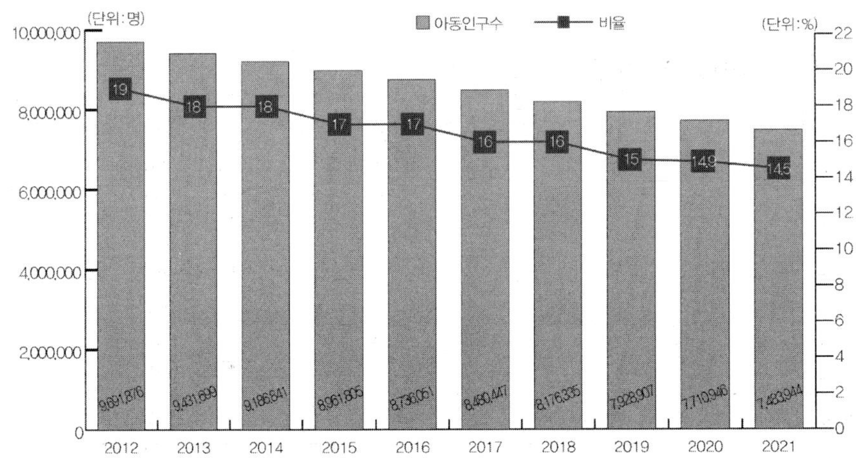

[그림 1-1] 아동 인구수

출처: 주민등록인구 통계

2) 아동복지

아동복지는 아동 개인의 입장에서는 한 인간으로서의 기본적인 생활에 대한 보장이며, 사회적인 입장에서 국가발전을 위한 인력의 보호, 앞으로 발생할 수 있는 사회문제 발생을 미연에 예방하는 것이다. 아동을 위한 복지정책을 시행함으로써 아동에게 안전하고 건강한 미래를 열어 줄 수 있다(김주아 외, 2013).

(1) 협의의 아동복지

아동복지란, 아동의 욕구와 그들의 문제를 해결하기 위한 서비스라고 규정할 수 있다. 카두신(Kadusin)은 아동복지는 부모가 아동의 책임을 이행할 수 없거나, 아동 및 가족이 요구하는 자원과 보호를 제공하지 못할 때 그러한 아동에 대하여 사회봉사를 하는 것이라 말한다.

협의의 아동복지 대상은 주로 요보호아동을 비롯한 장애아동 등 부모가 역할 수행에 어려움을 지니고 있는 가정의 아동이다. 이들 가정의 아동들의 기능을 강화, 보완, 대리하는 것이 아동복지이다.

(2) 광의의 아동복지

광의의 아동복지는 아동과 가족의 복지를 다루고 지역사회 욕구와 조화를 이루어 아동의 생리적·사회적 가능성의 발전을 추진하는 다양한 제도와 정책을 의미한다. 즉, 구체적인 시설의 내용을 가진 실체개념으로서의 아동복지를 말한다.

카두신(Kadusin, 1984)은 넓은 의미의 아동복지를 모든 아동들의 행복 및 사회적응을 위한 각종 활동이라고 정의하였다.

우리나라의 아동복지 편람에서는 아동복지를 다음과 같이 정의한다.

① 사회제도로서의 아동복지

사회제도란 사회구성원들의 기본적인 욕구를 충족시키며 여러 가지 활동을 가능하게 하는 관습화되고 공식화된 방법과 절차를 의미한다. 그리고 하나의 제도로서의 사회복지가 수행하는 기능은 사회구성원 간에 서로 도와주는 상호부조(mutual support)의 기능이다. 이러한 사회제도적인 측면에서 아동복지를 정의하면, 아동복지란 사회구성원으로서 아동의 기본적인 욕구를 충족시키고 건전한 성장과 발달을 도모하기 위하여 여러 가지 활동을 가능케 하는 공적인 방법과 절차라고 할 수 있다. 여기에서 공적인 방법과 절차란 아동복지와 관련된 법령, 공사의 조직, 사회사업 전문직과 같이 제도화된 실행방법 등을 의미하는 것으로 볼 수 있다.

② 사회체계로서의 아동복지

생태체계이론에 의하면 인간의 생활환경은 다양한 체계로서 구성되어 있으며, 사회복지의 실천대상이 되는 인간조직도 다양한 수준의 체계로 구성된다. 그리고 사회복지도 하나의 체계로서 간주되면, 그 하위체계로서 아동복지가 존재한다. 이러한 체계는 정치, 경제, 사회, 문화, 자연환경의 인접체계와 끊임없이 상호작용하며 변화해 가는 실체이다. 아동복지는 이러한 속성을 지니는 사회체계의 한 하위체계인 것이다.

③ 프로그램과 서비스분야로서의 아동복지

아동복지는 아동을 실천대상으로 하는 프로그램 또는 서비스분야이다. 서비스의 성격을 기준으로 분류하면, 아동복지서비스에는 소득보장, 탁아보호, 입양, 가정위탁, 시설보호, 재가복지서비스 등이 포함된다. 아동복지 자원의 원천은 공공과 민간의 자원과 인력에 의하여 수행된다(장연화, 2000). 이러한 정의를 통합하여 아동복지를 정의하면, "아동복지란 특수한 장애를 가진 아동은 물론 모든 아동들이 가족 및 사회의 일원으로서 육체적으로나 정신적으로 건전하게 성장, 발달할 수 있도록 지역사회나 사회복지서비스 분야에 있는 공·사 단체와 기관들이 협력하여 아동의 복지에 필요한 사업을 계획하며 실행에 옮기는 조직적인 활동이다. 결국 아동복지란 '모든 아동을 대상으로 행복하고 인간다운 생활을 할 수 있도록 다각적인 방법으로 예방·치료하는 총체적인 체계'이며, 가족생활을 강화하기 위한 사회복지의 한 분야로서 아동의 전반적인 복지는 물론 아동의 복지에 공헌하는 정책과 이념 및 사업을 포함하는 것"이라고 정의할 수 있다.

2. 아동복지의 이념과 가치

1) 아동복지의 이념

아동을 보는 시각은 다양하다. 그리고 아동의 욕구와 문제를 해결하고자 하는 방식 또한 시대나 문화에 따라 여러 가지가 있을 수 있다. 이러한 다양한 아동관이나 복지에 대한 관점은 한 사회의 가치나 태도를 의미하는 것으로, 그 사회의 특성과 상호작용을 하면서 사회를 변화시키기도 하고 사회의 영향을 받기도 하는 이데올로기라고 할 수 있다. 이념(ideology)이란 한 개인, 또는 한 집단이나 계층의 성원들에 의해서 공통으로 소유되는 신념의 일체이다. 그것은 소유 집단의 사회적 위치나 상황, 집단이 지향하는 목표나 미래상 또는 가져야 할 이미지에 관한 신념체계이며, 집단성원들은 이것을 모든 행동의 근거로서 받아들이게 된다. 아동복지 이념 역시 아동과 관련된 사회의 가치나 신념체계를 일컫는 것으로 한 사회의 아동복지를 이해하는 기준이 될 수 있다. 한 국가의 아동복지는 그 사회가 아동과 가족의 역할에 대해 어떠한 가치체계를 공유하고 있는지에 영향을 받는다.

아동복지의 이념을 고찰함에 있어 하딩(Harding, 1991)의 관점을 근거로 국가-가족-아동과의 관련 속에서 아동복지의 이념을 네 가지 유형으로 살펴본다(송주미, 1998; 한성심 외, 2012). 이 관점은 하딩이 제시한 아동복지정책 수립의 기초가 되는 아동에 대한 국가와 부모의 역할과 책임에 한 연속선상에서 논의하는데 한끝에는 가족의 권리를 극대화하고 국가의 아동보호에 대한 권리를 최소화하는 관점이 있고, 다른 한 끝에는 아동의 권리를 극대화하는 관점이 있다. 그 중간에는 국가 개입과 가족 옹호의 상대적 중요성에 따라 몇 가지 관점이 위치하고 있다. 그에 따르면 가족과 국가의 아동에 대한 권리와 책임에 따라 아동복지의 관점은 자유방임주의와 가부장제 관점, 국가부권주의와 아동보호 관점, 가족중심주의와 부모의 권리 옹호 관점, 아동권리 및 아동해방의 관점 등으로 나누어진다(Harding, 1991).

(1) 자유방임주의와 가부장제 관점

19세기에 형성되어 20세기 후반에 유행한 자유방임주의와 가부장제 관점의 핵심은 국가 역할의 최소화에 있다. 아동보호에 있어 정부의 역할은 최소화되어야 하며, 반면 부모-자녀관계의 신성성과 은밀성은 중요시되어야 한다는 것이다. 이 관심의 저변에는 정부(국가)에 대한 불신과 정부권력의 위험성에 대한 인식이 깔려 있다. 특히 가족과 가족생활은 상대적으로 사적인 장소로 간주되며, 형사사건과 관련된 법적인 사건 외에는 정부가 침해해서는 안 되는 장소로 본다.

가족학자인 마운트(Mount)는 가정을 수 세기 동안 지켜온 바람직한 사적 단위로 보았으며, 개인들은 가정에 큰 가치를 두고, 정부와 교회라는 거대한 기관의 침입에 대항하여 왔다고 하였다. “가족만이 역사를 통하여 존속되어 왔고 여전히 존속되며 정부를 약화시켜 왔고, 가족은 모든 계급과 교회와 이데올로기의 영원한 적”이라고 언급했다. 가족의 문제에 대한 정부의 불간섭 원칙은 결국 가정의 권력이 남편과 아버지의 역할을 맡은 남성에게 주어져야 한다고 본 것이다. 따라서 ‘가부장제’란 가정에서 여성과 아동에게 군림하는 성인 남성의 권력을 일컫는 말로 자유방임주의와 가부장제는 같은 맥락에서 이해될 수 있다.

그러나 아동보호에 대한 정부의 불간섭주의가 필연적으로 가부장제를 인정하는 것은 아니다. 즉, 여성과 아동에 대한 남성의 제도화된 권력이 필수적으로 수반되는 것은 아니라는 점이다. 이미 남성에게 큰 권한이 부여되고 있는 기존 사회에서 정부의 불간섭은 곧 가부장제와 연계되는 경향이 있다는 것이다. 한편, 정부의 아동보호에 관한 불간섭은 가부장제적 가족에 극히 제한된 개입만을 함으로써 실제로 가부장제를 강화시키고 가부장제가 가치 있다는 신념을 통해 아동복지에 관한 정부개입의 불필요성을 강화시킨다고 본다.

아동복지에 있어 자유방임주의의 관점을 지지하는 학자들의 주요 입장을 정리해 보면 다음과 같다(한성심 외, 2013).

첫째, 가족문제에 대하여 최소한으로 개입하는 작은 정부의 사회가 유익하다는 의미이다. 정부가 약할수록 가족은 더 강해지며 개인은 더 자유로워진다. 따라서 약한 정부가 유리하다고 본다.

둘째, 성인이 선택한 방식으로 아동을 양육하는 정상적인 가정생활은 자녀를 포함해서 가족에게 가치 있다는 믿음이다. 극단적인 경우에 정부가 개입할 필요가 있지만, 이러한 유대를 방해하는 것은 해로운 것이라고 생각한다.

이들은 부모-자녀관계와 아동의 심리를 고려할 때, 생물학적 유대도 중요하지만 그보다는 심리적인 유대를 강조한다. 정부는 아동들이 적어도 한 사람의 부모를 갖도록 보장해야 한다고 주장한다. 아동이 정상적인 가정에서 가족의 구성원으로 존재하는 한 아동의 최상의 이익은 보장되고, 생물학적 유대에 기초하지 않은 심리적 유대 역시 보호되어야 하며, 국가는 바로 이러한 아동의 보호조건이 성립되지 않는 경우에만 개입하게 된다는 것이다. 즉, 아동보호의 문제가 발생하거나 국가가 아동을 개입해야 하는 상황은 부모 개인의 심리적 결함이나 경제적 어려움 등으로 부모로서의 자질에 문제가 발생할 경우이다.

자유방임주의적 전통에 입각할 때 국가의 복지는 개인의 자유에 대한 억압이다. 따라서 국가에 의한 어떠한 조치도 구속이나 통제이며 이러한 것으로부터의 보장이 국가의 역할인 것이다. 국가는 '아동'의 부모는 아니다. 아동의 부모가 지닌 우선적 책임에 동의한다(Archard, 1993). 마지막으로 이 관점은 권리의 관점에서 본다면 부모의 권리가 중시되고 있는데, 자녀양육의 책임자로서 부모의 권리를 국가가 옹호 또는 중시해야 한다는 견해를 유지하고 있다.

(2) 국가부권주의와 아동보호 관점

19세기 후반과 20세기 초 복지에 관한 국가개입의 성장과 더불어 형성된 관점으로 아동보호에 관한 광범위한 국가의 개입을 인정하고, 부모-자녀 간의 생물학적인 유대는 평가 절하되며, 부모의 보호가 부적절할 때 국가는 개입 자체가 권위주의적이라 하더라도 가족과 아동에게 개입할 수 있다고 본다.

이 관점은 부모보다는 아동의 복지에 관심이 많다. 국가는 부모의 보호가 부적절하다고 판단될 경우 양질의 보호가 제공되는 새로운 영구적 가정에서 아동이 양육되는 것을 선호한다. 부모의 권리와 자유에 관한 우선권은 낮은 반면, 아동이 가장 중요시하게 된다. 구체적으로 아동의 양육과 보호의 안정성에 관한 아동의 권리가 보장되어야 하는 것이 중요한 관건이 된다.

혈연관계보다 심리적 유대에 근거한 부모-자녀관계를 중시하며, 부모와의 분리나 어떤 형태의 개입이든 미래에 심리적 결속이 형성될 수 있는 좀 더 나은 보호자인 타인에게 아동을 맡김으로써 아동의 복지를 좀 더 일찍 준비하고 문제 있는 보호의 위험을 줄이는 것이 중요하다고 본다.

이 관점의 또 다른 용어는 '아동구제주의(child salvationist 또는 child rescue)'이다.

이 관점의 극도의 결론은 부모에 관한 자격 부여의 개념이라고 할 수 있다. 운전하는 사람에게 자격증을 주는 것과 같은 비슷한 논리적 근거로 부모에게 자격을 부여하는 것이 이미 지지되고 있음을 주장한다.

이 관점에서 아동은 가족과 부모와 구별되는 존재로 아동복지(양육과 보호)에 있어 최우선이 된다. 국가는 미래의 사회를 나타내는 아동에 관심을 갖는다는 도구주의적인 입장도 반영되어 있으며, 동시에 아동과 성인 간의 관계는 아동의 선택에 의한 것이 아니며 아동은 자신을 방어하기에는 약한 존재이므로 이를 보호할 특별한 도덕적 의무를 국가가 갖고 있다는 것이다.

(3) 가족중심주의와 부모의 권리 옹호 관점

제2차 세계대전 이후 복지국가의 팽창과 더불어 형성·발전된 관점으로 생물학적 부모-자녀관계에 가치를 두고 이를 보호·유지하는 데 도움을 주는 지지적 측면의 국가 역할을 강조한다.

생물학적 가족이 아동이나 부모 모두에게 중요하며, 가능하다면 이는 보호되고 유지되어야 하는데, 이때 국가의 역할은 국가부권주의와 같은 간섭주의도 아니며 자유방임주의와 같은 불간섭주의도 아니다. 즉, 국가는 생물학적 가족이 유지되도록 다양한 종류의 서비스를 제공하면서 가족을 지지해 주는 역할을 해야 하며, 이것이야말로 국가의 이상적인 형태라고 본다.

심리적 부모-자녀관계를 소홀히 다루지는 않으나, 주된 관심은 생물학적 부모-자녀관계의 유지에 있다. 따라서 부모로부터 아동을 분리해서 대리적 보호를 제공하기보다는 아동이 대리적 보호가 필요하지 않도록 국가가 가족을 지지할 수 있는 서비스를 제공할 것을 강조한다. 이는 위기에 처한 가족을 지원하는 경우일 수도 있으며, 아동이 속한 가족 자체를 위한 광범위한 사회정책일 수도 있다. 따라서 국가의 역할을 최소한으로 억제하려는 입장과는 매우 다른 관점이다.

국가는 아동이 속한 가족을 돕는 데 적극적이어야 하며, 이는 국가부권주의에서 정의한 국가의 강제적인 개입에 비하면 국가역할의 강조가 상대적으로 약하다고 볼 수 있다. 그러나 강제적이지는 않지만 광범위한 국가개입을 주장한다. 국가역할에 관한 낙관적인 관점을 취하고 있다는 점에서 두 관점은 유사하나, 국가의 역할에 있어 가족중심주의는 덜 권위적이면서 예방적이고 지지적인 역할을 강조하고 있다.

이 관점의 기초는 아동을 임신하고 출생하게 한 부모의 중요성에 있다. 부모의 관심과 욕구를 무시하지 않고 부모를 곧 아동복지의 목적에 이르는 수단으로 다룬다. 따라서 아동보호의 문제가 발생되는 원인은 부모 개인의 심리적 결함이나 병리 때문이 아니라 사회적 환경의 영향 때문이라고 본다. 그러므로 '취약한 부모, 즉 한부모와 가난한 부모, 그리고 기타 불행한 조건에 처한 부모'에게 상당한 동정심을 갖고 있다. 국가는 이러한 관점을 반영하여 폭넓은 역할을 수행할 수 있을 것으로 보는데, 강제적이고 차별적이기보다는 지지적이며, 복지국가의 개념을 강조한다. 그리고 국가는 아동에게 효과적인 도움을 줄 수 있는 잠재력이 있는 것으로 보인다.

(4) 아동의 권리와 해방 관점

아동복지에 있어 다소 극도의 관점인 아동권리와 아동해방은 가장 주변적인 견해로 몇몇 시기와 장소에서 영향력을 발휘해 온 유형이라고 할 수 있다. 이 관점은 아동 자체의 시각과 희망의 중요성을 강조하는데, 성인과 같은 자유와 자율을 지닌 하나의 독립된 존재로 아동을 본다. 따라서 성인이나 국가를 통해 아동을 통제하고자 하는 생각에는 의문을 제기한다.

이 관점의 가장 급진적인 경우는 아동도 성인과 같은 권리를 부여받아야 한다는 것이다. 아동은 성인과 같은 지위가 좀 더 많이 허락될수록 성인의 억압으로부터 자유로워진다고 본다. 따라서 아동의 자율과 자유 그리고 자기결정권은 주요 개념이 된다. 다시 말해서 아동은 성인과 다른 존재가 아니며, 이는 아동의 행동, 감정, 사고, 지식, 기술 등 모든 측면에 적용된다고 하겠다.

이 관점은 아동에게 투표, 근로, 여행, 생활의 장소와 더불어 살고 싶은 사람에 대한 선택 등 시민의 모든 권리를 부여함으로써 아동이 성인으로부터 자유를 얻을 수 있도록 국가가 보장해 주어야 한다는 것이다. 정부는 연령으로 구분하지 말고 성인이 법적으로 할 수 있는 모든 것을 아동에게도 허용해야 한다고 주장한다. 심지어는 재산 소유와 성적 선택권도 아동의 결정권에 포함된다(Archard, 1993).

아동에게 투표권, 근로권, 소유권, 여행권, 보호자 선택권, 수입보장권, 법적 책임에 관한 권리, 학업조정의 권리, 약물복용의 권리, 운전권 등을 보장해야 한다고 강조하며, 권리란 누구든지, 어떤 연령이든지 모두에게 부여되어야 한다고 주장한다. 그러나 이 관점에 관한 비평에 따르면 아동의 의사결정능력에 관한 의문을 심리학적인 연구를 바탕으로 제기할 수 있다는 점이다. 실제적으로 아동은 성인과 인지, 감정, 행동의 패턴에 있어 다른 특별한 단계에 있다는 사실이다.

이 관점은 또한 앞의 세 가지 관점에 비하면 국가정책에 관해 구체적으로 다루고 있지 않다. 다만 국가의 역할에 있어서, 국가는 아동의 권리 확보를 위해서는 적극적이어야 하나 그 외에는 최소한의 개입을 해야 한다는 입장을 지닌다.

2) 아동복지의 가치

가치의 사전적 정의는 한 사람이나 집단이 어떤 대상 및 인간관계에 의미를 부여한 것을 말한다. 그러므로 가치는 동일하거나, 크고 작은 차이가 있을 수 있다. 이를 한마디로 '가치관'의 유사성의 차이라고 말한다.

아동에게 부여하는 가치는 시대와 사회에 따라 차이가 있었으나, 아동연구의 발달과 정치·경제·교육·문화의 발달에 따라 아동의 가치는 '성인 위주'에서 '아동 중심'으로 변화되었으며, 아동복지를 견인하는 힘이 되고 있다(이소희, 2019).

최근 부모의 이혼, 별거로 인한 가족해체와 다양한 가족형태의 증가로 인한 가족기능 약화로 다양한 아동문제가 발생하고 있다. 이를테면 한부모가족, 미혼모의 증가와 아동방임 및 유기, 학대 등 다양한 이유로 부모가 있음에도 불구하고 도움이 필요한 아동이 증가하고 있다. 아동복지는 가정 내에서 발달에 필요한 양육과 보호가 어려운 아동들을 위하여 보호와 양육, 발달에 필요한 지원과 서비스를 제공하는 것을 핵심내용으로 하고 있다(송정애, 2022).

현대사회에서 아동을 위한 복지가 필요한 이유는 다음과 같다.

첫째, 아동의 기본적 생활보장이 필요하기 때문이다. 인간은 태어나서 성인이 되기까지 보호와 양육 등, 긴 준비 기간이 필요한 존재이다. 따라서 인간적인 성장과 성숙을 위하여 준비 기간 동안 적절한 타인의 도움이 절대적으로 필요하다. 그러나 부모나 가족이 어려움으로 인하여, 아동을 위한 보호와 양육 등 필요한 기능을 하지 못할 경우 아동이 기본적 생활을 유지하며 건강하게 성장·발달할 수 있도록 사회가 보장해주어야 한다.

둘째, 사회와 국가의 인력 개발과 육성이 필요하다. 아동은 한 사회와 국가의 미래에 큰 영향을 미치는 존재이다. 그 사회의 미래와 직결되기 때문에 아동의 보호와 육성이 필요하다.

셋째, 사회문제 발생을 사전에 예방하는 측면이다. 아동들이 가지고 있는 발달적 욕구를 충족시켜 줌으로써 사회문제를 미연에 예방하거나 해결하기 위한 다양한 활동이 필요한 것이다. 가정이 빈곤하거나 기능이 결손 될 경우 아동의 기본적 욕구와 발달적 욕구가 적절하게 충족되지 못할 경우가 발생하며, 아동이 이러한 가족에서 성장할 경우 성인이 되어 일으킬 수 있는 문제 발생을 미연에 방지하기 위하여 아동복지가 필요하고 그 가치가 있는 것이다.

생각해봅시다

1 아동복지의 대상인 아동의 인구수가 감소하는 원인에 대해 토론하여 봅시다.

CHAPTER 02

아동의 욕구와 환경의 역할

1. 아동발달이론(공계순 외, 2013)

1) 정신분석학 이론

정신분석학적 관점은 프로이트(Sigmund Freud)의 심리성적 이론으로부터 기원한다. 이 이론은 인간은 타고난 성 본능과 공격 본능에 따라 움직이며 이 본능은 통제되어야 한다고 설명하고 있다. 프로이트는 성격의 세 구성요소인 원초아, 자아, 초자아가 나타나고 통합되어 가는 과정을 5개의 심리성적 발달단계인 구강기, 항문기, 남근기, 잠복기, 생식기로 설명하면서 생후 5년 동안 뚜렷한 성격형성의 결정기를 거친다고 주장했다(송길연 외, 2001).

정신분석학적인 관점에서는 불안의 개념이 행동장애를 설명하는 데 매우 중요한 역할을 한다. 불안은 수용될 수 없는 원초아의 충동이 의식 밖으로 나오려고 한다고 자아에게 위험 신호를 보내는 것이다. 불안을 다루기 위해 자아는 억압이나 투사 같은 방어기제를 만드는데, 이러한 방어기제가 적응적일 수도 있지만 심리적인 징후를 만들어 내기도 한다.

한편 에릭슨(Erik Erikson)의 심리사회적 이론은 기본적으로 정신분석학적 관점에 기반을 두지만 프로이트의 이론을 전 생애적으로 확장한 이론이다. 따라서 생애 초기 성본능에 대한 초점을 상대적으로 축소하고 환경적·사회문화적 결정요인을 더욱 강조하는 입장이다. 에릭슨에 따르면, 사람은 영아기의 '신뢰 대 불신'에서 시작하여 노년기의 '통합 대 절망'까지 일련의 8개의 심리사회적 갈등을 거치며 전 생애적으로 발달한다. 아동 및 청소년기에 해당하는 발달단계는 유아기의 신뢰 대 불안 단계, 초기 아동기의 자율성 대 수치심 단계, 학령 전 아동기의 주도성 대 죄의식 단계, 학령기 자율성 대 수치심 단계, 학령 전 아동기의 주도성 대 죄의식 단계, 학령기의 근면성 대 열등감 단계, 청소년기의 자아정체감 대 자아정체감 혼란 단계로 구분한다.

이러한 단계이론들은 인간의 성장과 발달이 정해진 순서에 따라 이루어진다고 강조한다. 또한 특정 발달단계의 행동 특성은 그것이 나타날 수 있는 심리적 구조가 일정 정도 형성되었을 때 가능한 것이라고 주장한다. 따라서 각 발달단계는 질적으로 차이가 있는 행동특성에 따라 구분된다는 것이다.

2) 행동주의 이론

행동주의 이론에서는 인간의 모든 행동은 자극과 반응의 연합이며, 이는 외적 조건과 경험으로 형성된다고 주장한다. 왓슨(John B. Watson)이나 스키너(B. F. Skinner)는 영아가 지속적인 행동을 학습하여 습관을 발달시킨다고 주장한다.

따라서 행동주의 이론에서는 관찰 가능한 사건과 경험을 강조하였다. 단계론적인 입장과 달리 행동주의 이론에서는 학습은 전 생애에 걸쳐 계속되고, 그래서 성격이 어떤 연령에 완성되는 것이라고 보지 않았다. 아동기 행동문제나 장애도 다른 행동이 학습되는 것과 같이 같은 방법으로 학습되는 것이라고 보았다.

좋은 행동을 칭찬하면 좋은 행동이 일어날 가능성이 증가한다는 것(정적 강화 : 반응 후에 그 반응이 수반되는 자극이 제시되어 그 반응의 빈도를 증가시킴), 부모가 나쁜 행동을 무시하면 행동이 감소되는 것(소거 : 반응 후에 오는 강화가 더 이상 제시되지 않으면 학습된 반응의 약화가 일어남), 아동이 싸움을 하면 벌을 세움으로써 싸우는 행동을 조절하도록 하는 '처벌'의 개념 등이 행동주의 이론에서 나온 개념들이다.

사회기술훈련과 같이 역할극과 모델링 등 실제 경험과 훈련을 통해 익숙해지도록 원조하는 개입방법들도 이러한 행동주의적 관점에 근거한 방법들이다.

3) 인지발달이론

피아제(Jean Piaget)의 인지발달이론은 아동의 인지발달을 적응능력의 발달로 보고 이 과정을 '동화와 조절'이라는 개념으로 설명하려고 한다.

즉, 아동은 자신의 '이해의 틀(인지 도식)'로 특정한 현상을 이해하고 해석하는데(동화), 때로 이러한 기존 이해의 틀에 맞지 않는 현상에 부딪혔을 때 자신의 인식의 틀을 바꾸는 형태(조절)로 적응 과정이 이루어진다는 것이다. 이와 같이 동화와 조절 과정을 통해 이루어지는 인지도식의 구축은 불균형상태를 해결하고 환경에 성공적으로 적응할 수 있도록 해 준다.

그는 인지발달을 불변의 순서로 이루어진 4단계, 즉 감각운동기, 전조작기, 구체적 조작기, 형식적 조작기로 이루어진다고 보았다. 피아제에 따르면, 사람이 어떠한 인지발달단계에 해당되는가에 따라 다양한 사건을 어떻게 해석하며 경험으로부터 무엇을 배울 수 있는지가 달라진다고 한다.

4) 기타 관련 이론

(1) 동물행동학적 이론

동물행동학적 이론에서는 인간은 자연선택을 통해 진화된 다수의 적응적 속성을 가지고 태어나며 생후에는 적응을 돕는 방식으로 발달이 이루어지게 된다고 한다. 동물행동학자들은 인간의 적응적 특성들을 대부분 발달에 결정적으로 중요한 시기 동안 발달된다고 주장한다(송길연 외, 2001). 게젤(Amold Gessel)이나 보울비(John Bowlby)가 이러한 관점을 취한 대표적인 학자들이다.

(2) 생태학적 체계이론

브론펜브레너(Urie Bronfenbrenner)의 생태학적 체계이론은 발달을 항상 변화하고 있는 사람과 항상 변화하고 있는 환경 간에 이루어지는 상호작용의 산물로 본다. 그는 인간을 둘러싼 환경을 미시체계·중간체계·거시체계로 구분하고, 이 각각의 체계는 서로 다른 체계와 상호작용하며, 인간과 상호작용하여 발달에 중요한 영향을 준다고 생각했다(Bronfenbrenner, 1995).

(3) 적응유연성 이론

정상적인 발달에 관한 이론적 논의는 친숙한 반면에 장애의 발달과 관련된 이론적 관점은 상당히 제한적이었다. 그러나 최근 들어 학자들은 아동의 장애행동을 초래하는 요인들을 이해하는 데 상당한 관심을 기울이고 있다. 초기에는 주로 장에 발생의 예측요인에 초점을 둔 '위험이론'이 주된 논의를 이루었다. 즉, 위험요소를 예측하고 감소시키는 것이 특정 장애의 발생가능성을 줄이는 것이라는 논의이다. 그러나 이러한 논의로는 고위험 상황에서도 뛰어난 적응능력을 보이는 아동들을 설명하지 못했다.

이러한 논의과정에서 등장한 것이 적응유연성(resilience)이론이다. 이 이론에서 위험요인(risk factor), 보호요인(protective factor), 적응유연성은 아동의 발달과 정신 병리를 이해하는 핵심적인 개념이다. 위험요인은 행동상의 문제 또는 손상을 일으킬 가능성을 증가시키는 변인이다. 어떤 사람들은 위험요인에 취약하고 영향을 크게 받는 데 반해, 어떤 사람들은 유연하게 적응하면서 건강한 기능을 유지한다.

이와 같이 적응유연성은 위험요인으로부터 자신을 보호하는 능력이나 삶의 불운을 이겨 내고 회복하는 능력을 의미한다. 이러한 능력의 기저에는 보호요인이 있다. 위험요인으로부터 보호해 주고, 완충해 주는 요인이 존재하는 것이다. 흔히 적응유연성은 개인이 가지고 있는 특성이라고 생각하는 경향이 있다. 시련을 극복하고 일어서는 아동들이 특징적으로 가지고 있는 인내심과 용기, 낙관적인 사고관 등 때문일 것이다. 그러나 이러한 아동들의 개인 특성은 적응유연성을 설명하는 보호요인의 일부일 뿐이다. 이외에도 민주적인 양육태도나 부모의 지지, 건전한 성인 역할모델 등과 같은 가족적·사회환경적 보호요인이 있다.

2. 아동의 발달적 욕구 특성

1) 아동발달의 특성

발달적 측면을 볼 때 아동은 분명 성인과 다른 특성을 지니고 있다. 이러한 아동이 지닌 특성은 아동을 이해하는 데 필요하며, 이러한 특성에 대한 이해는 아동기 복지 환경의 중요성을 일깨워 준다. 아동이 지닌 발달적 특성 중 의존, 성숙, 민감성, 요구, 적응 등에 대해 살펴본다(한성심 외, 2013).

(1) 의존

아동의 가장 큰 특징 중의 하나는 출생과 더불어 신체적·지적·정서적·사회적 발달을 타인의 보살핌에 전적으로 의존한다는 점이다. 이러한 보살핌의 역할을 주로 부모에 의해서 이루어지나 경우에 따라서 부모가 아닌 다른 성인에 의해 이루어지기도 한다. 안정적이고 따뜻한 사랑과 보살핌은 아동의 건강한 발달에 필수불가결한 요소로 성인이 된 이후의 삶에 중요한 영향을 준다. 따라서 아동기의 발달은 이들을 돌보는 성인과의 애착 관계와 성인의 아동양육 방식 및 과정에 따라 다양하게 이루어질 수 있다. 의존적인 존재로서의 아동기의 특성은 아동이 누군가의 사랑을 받기 원하고 또 누군가에게 소속되고 의존하고 있다는 감정을 지니며 이러한 욕구의 충족을 통해 아동은 독립된 인간으로 성장하게 된다는 점이다.

(2) 성숙

아동의 특징 중 하나는 성숙이다. 아동은 지속적으로 발달하는 존재이다. 이러한 발달은 성숙이라는 과정을 통해서도 이루어지는데, 아동 누구나 보편적으로 거치는 자연스러운 변화의 과정이다. 아동이 걷기까지의 과정, 아동이 말하기까지의 과정, 사춘기가 되어 2차 성징이 나타나는 과정 등 모든 아동이 순서대로 거치게 되는 변화이다. 다만 좀 더 빠르고 느리게 진행되는 개인차가 있을 뿐이다. 이러한 개인차는 아동의 유전적 요인은 물론 환경적인 요인에 의해 발생하게 되는데, 아동의 수준에 맞는 변화와 과정을 거치는 것이 중요하다.

따라서 아동의 발달수준이나 능력에 관한 적절한 이해를 바탕으로 아동을 지도하는 것이 바람직하며, 아동에게 지나친 스트레스를 주거나 학습에 관한 압력을 행사하는 것, 혹은 발달을 무시하거나 방관하는 자세는 오히려 아동의 발달을 저해하게 된다. 따라서 아동의 성숙을 돕기 위해서는 아동의 발달수준, 능력, 관심을 고려하여 아동 스스로 변화를 주도해 가는 주체가 되도록 올바른 환경을 제공하는 일이다.

(3) 민감성

아동기를 연구하는 학자들은 아동기의 특성 중 하나로 민감성을 든다. 아동기는 감정이 매우 예민하고 강렬한 시기이며, 욕구에 대한 만족을 즉각적으로 얻기를 원하는 시기이다. 뿐만 아니라 성인의 사랑과 보살핌에 대해 매우 민감하여 환경적 상황 모든 것에 민감하다.

이러한 아동의 민감성은 아동이 접하는 사람, 즉 부모, 형제, 또래, 교사는 물론 아동이 보고 만지고 듣는 모든 사람을 통해 긍정적인 발달이 이루어지게 하는 아동기의 중요한 특성이다. 민감성에 관한 적절한 자극과 충족은 아동의 정서 및 지적 발달을 촉진할 뿐 아니라 다음 단계로의 발달을 순조롭게 한다. 그러나 지속적인 실패와 좌절 및 욕구충족의 지연은 불안과 불신 혹은 적대심, 무관심과 퇴행현상 등을 일으킬 가능성이 있다.

(4) 욕구

인간은 누구나 욕구를 지닌다. 그러나 아동의 욕구는 스스로 모든 욕구를 충족하기에는 발달적 측면이나 연령상으로 볼 때 불가능하다. 특히 사회적으로 볼 때 아동은 성인의 보호를 필요로 하는 미성숙한 존재이다. 따라서 아동기의 욕구는 기본적으로 아동을 돌보는 가족이나 관련 기관들의 관심과 보호를 통해 이루어지기 마련이다. 아동은 기본적으로 식욕, 수면, 휴식, 배설, 호흡 등과 같은 인간의 기본적인 생리적 욕구를 지닌다. 이외에도 심리적 안정과 신체적 안전을 느끼고자 하는 욕구, 한 인간으로서 어떤 집단에 소속되고 싶은 욕구, 사랑받고 인정받고 싶은 욕구, 아동 자기 자신을 존중하는 욕구, 자아실현을 이루고자 하는 욕구 등 정서적이고 인간적인 욕구들을 지니고 있다. 아동복지는 바로 이러한 아동의 욕구에 관심을 가지고 이러한 욕구를 적절히 충족하게 하는 다양한 방법을 모색한다.

(5) 적응

아동은 태어나면서부터 사회화(socialization)하면서 성장한다. 아동이 속한 사회나 문화의 지배를 받고 이에 적응해 나가는 존재로서 이러한 적응의 과정은 성인이 된 이후에도 지속된다. 그러나 아동기는 다른 어느 시기보다도 교육과 학습을 필요로 하는 시기로, 아동이 독립된 하나의 인간으로서 제대로 기능하기 위해서는 사회생활에 필요한 지식과 기술을 습득하고 사회적 인간으로 성장해 나가야 하기 때문이다. 생물학적인 성장과 발달만으로는 완전한 인간으로서 성장했다고 볼 수 없으며 가정, 학교, 또래집단, 이웃 등의 사회화집단을 통해 교육과 지도를 받아야 한다. 따라서 아동은 사회적 동물로서 한 사회에 요구되는 다양한 지식들을 습득함으로써 발달하는 존재인 것이다.

이러한 적응 과정은 아동이 적극적인 삶의 주체자가 되고 창의적인 인간으로 성장하는 데 기초가 된다. 그리고 이러한 적응 과정에서 발생하게 되는 다양한 문제들은 아동만이 아니라 아동을 교육시키는 다양한 성인집단들의 위기이며, 동시에 이것이 적절하게 해결될 경우 아동의 발달에 도움을 주는 긍정적 기회가 될 수 있다. 그러한 적응에 실패한 아동은 비행 및 문제아동, 학교부적응아동, 반사회적 아동, 범죄소년 등으로 나타날 수 있다.

2) 아동발달의 요소와 관련 쟁점

아동이 욕구를 제대로 충족하는 것은 아동발달과 밀접하게 관련되어 있다. 그러므로 아동이 여러 영역에서 적절하게 발달하는 데 필요한 요소가 무엇인지에 대해서 그동안 크게 주목해 왔다. 예를 들어 다음과 같은 요소는 아동이 긍정적으로 발달하는 것과 관련이 있는 것으로 밝혀지고 있다(Andrews & Ben-Arieh, 1999[1]); 노병일, 2012).

① 영양을 적절하게 섭취한다.

② 건강을 잘 유지하고, 의료 서비스가 필요할 경우에 의료 서비스를 잘 제공한다.

③ 아동을 보살펴 주는 다정한 부모나 성인 보호자가 있다.

④ 두 명 이상의 성인이 꾸준히 아동에게 경제적 지원을 제공하고, 아동과 상호작용하고, 아동을 지지하고, 아동을 규제하고, 아동에게 바람직한 역할 모델이 된다.

1) 여기서 아동이 긍정적으로 발달하는 것을 나타내는 것은 학업성취, 사회적 적응, 신체적 건강이다.

⑤ 깊이가 있고, 꾸준하고 융통성이 있는 방식으로 아동을 양육한다.
⑥ 아동이 어려운 상태에 놓일 때, 아동을 사회적으로 지지하고 지도한다.
⑦ 신체적 해(害)로움이나 심리적 해(害)로움으로부터 보호한다.
⑧ 인지적 측면에서 자극을 주는 물리적 환경과 사회적 환경을 마련한다.
⑨ 놀이 활동을 할 수 있게 하고, 탐구할 기회를 제공한다.
⑩ 아동의 나이와 능력에 맞는 범위에서, 지역사회에 뜻있게 참여한다.
⑪ 특별한 욕구를 충족하는 데 필요한 자원을 제공한다.

그리고 아동복지와 관련이 있는 사회복지사, 교육자, 심리학자는 아동이 어떻게 발달하는지에 관한 과학적 지식을 얻는 데 관심을 크게 가지고 있다. 이들은 이러한 지식을 아동복지에 활용하는 것에 대해 특히 관심을 가진다.

3) 아동발달과 관련된 전제

아동이 심리적으로 성장하는 것과 관련해 몇 가지 전제(assumptions)가 제시되어 왔다. 이런 전제는 아직도 논쟁거리가 될 수 있다. 이런 전제는 여러 시점에 걸쳐 조사한 연구, 아동발달과 관련된 실천적 연구, 여러 문화를 대상으로 조사한 연구, 이론적 연구에 근거하여 만들어졌다(노병일, 2012).

파식과 파식(Pasick & Pasick, 1985)의 경우 아동복지를 담당하는 사회복지사에게 특히 관련이 있을 것으로 보이는 전제로 다음의 네 가지를 제시하고 있다.

첫 번째 전제(Assumption 1)는 인간 발달은 전 과정에 걸쳐서 유전적 요인과 환경적 요인이 서로 역동적으로 상호작용하여 나타난다는 것이다.

아동심리학 분야에서는 유전적 요인과 환경적 요인이 서로 합쳐서 아동발달에 영향을 미친다는 점을 오랫동안 인정해 왔다. 과거에는 유전적 요인과 환경적 요인 중에서 어느 것이 아동발달에 더 크게 영향을 미치는지에 대해 관심을 가졌다. 그러나 근래에 들어서는 유전적 요인과 환경적 요인 '각각이' 얼마나 아동발달에 영향을 미치느냐보다는, 유전적인 요인과 환경적 요인이 '서로 어떻게 상호작용하여' 아동발달에 영향을 미치는지에 주목하는 방향으로 나가고 있다.

두 번째 전제(Assumption 2)는 아동은 발달과정에서 수동적으로 관여하는 것이 아니라 적극적으로 관여한다는 것이다. 과거에는, 아동은 환경의 영향에 전혀 어쩌지 못하는 수동적인 존재로 인식하였다. 그러나 근래에 들어서 아동은 자신에게 영향을 미치는 환경을 수동적으로 받아들이는 존재가 아니라, 자신과 관련되는 일이나 영역에 영향을 미치기 위하여 적극적으로 움직이는 존재로 인식하고 있다.

세 번째 전제(Assumption 3)는 아동 개인이 가지는 고유한 특성은 아동발달에 영향을 미친다는 것이다. 최근의 경우 아동의 개인적 특성에 관심이 커지고 있고, 또한 아동의 개인적 특성이 아동이 나중에 겪는 어려움을 극복하는 데 어떻게 이바지하는지에 대해서도 관심이 커지고 있다. 예를 들어 아동의 초기 특성이 어떠한지에 따라서 이 아동이 나중에 행동장애를 보이는 정도에 차이가 있는 것으로 밝혀지고 있다.

네 번째 전제(Assumption 4)는 인지적 발달과 정서적 발달은 서로 관련된다는 것이다. 이와 관련된 예를 살펴보면 다음과 같다. 첫째, 감정은 인지적 활동인 동시에 정서적 활동이다. 둘째, 정서적 상태는 환경에서 벌어진 사건을 이해하는 데 영향을 미친다.

3. 아동의 주요 환경

1) 부모와 가족

가족은 애정과 친밀감, 그리고 아동양육의 책임을 공유하는 소수의 사람들이 모인 것으로서 사회제도의 하나이다. 그렇다면 아동이 가족에 속한다는 것은 어떤 의미인가? 가족은 아동이 태어나서 초기 몇 년간 기본적인 욕구가 충족되는 가장 중요한 환경이다. 아동은 성장과정에서 규칙성, 안정성(stability)과 안전(safety)을 필요로 한다(Garbarino, 1992). 아동에게 변화는 자기가 이해하고 있는 세계에 대한 하나의 도전이며 이 도전에 제대로 응전(應戰)하기 위해서는 가족을 비롯한 지지적인 환경을 필요로 한다. 현대사회에서 좋은 가족이란 아동을 능력 있는 성인으로 양육하여, 아동이 자존감과 자기 충족감을 가지고 살아갈 수 있는 환경을 제공하면서 가족생활을 비롯한 환경변화에 적응하는 능력을 키워주는 가족이다. 그렇다면 아동이 능력 있는 성인으로 자라기 위해 가족으로부터 배워야 하는 교훈은 무엇이며, 이러한 교훈들은 성(gender)이나 사회계층과 같은 사회적 영향력에 의해 어떻게 만들어졌을까? 아동의 최적의 발달을 위해 부모는 무엇을 해주어야 하는가?

아동 성장에 있어 가족의 가장 중요한 역할은 사회화이다. 부모를 포함한 가족은 아동이 다른 사람들에게 기본적인 신뢰감을 발달시키는 데 필요한 사랑과 지지를 제공하게 된다. 이들은 또 아동의 자율성 획득에 필요한 기술을 가르치며, 아동이 좀 더 자라면, 사회의 중요한 구성원이 되기 위해 필요로 하는 자원과 훈련을 제공하게 된다. 사실 가족은 가장 기본적인 사회화-아동이 자기가 살고 있는 사회에 대해 배우는 최초의 학습-의 장인 것이다. 사회화는 또 아동에게 규범과 가치를 가르치는 과정이기도 하다. 규범이란 사람들이 어떻게 행동해야 하는가에 대해 널리 받아들여지는 규칙들이며, 가치란 그 사회에서 높이 평가되는 목적과 원칙들이라 할 수 있다(Cherlin, 1996: 410). 가족이 이 가치와 규범을 가르치는 첫 번째 환경이며 뒤를 이어 학교, 종교 단체, 또래집단, 그리고 현대에 와서는 대중매체가 뒤따른다. 그리고 그 가치의 내용이나 종류는 사회문화가 달라지면 다르게 나타난다. 예를 들어 미국의 아동들이 개인의 독립성의 중요성에 대해 배울 때, 일본의 아동들은 부모와 가족에 대한 충성심을 배우는 것이다.

부모가 아동을 사회화할 때에는 대게 두 가지 원칙을 적용한다. 첫째, 사랑과 애정, 따뜻함, 양육과 인정 등의 정서적인 지지를 제공한다. 부모의 정서적 지지는 아이에게 부모가 아이의 행동에 관심을 가지고 있음을 보여주는 것이어서 아동은 자기 자신을 보다 긍정적으로 바라보게 된다. 아동은 지속적인 지지를 원하기 때문에 부모를 기쁘게 할 만한 방식으로 계속 행동하게 된다. 둘째는 부모의 통제이다. 부모는 아동의 행동을 제한하거나 수정하기 위해 한계를 설정하게 된다. 부모의 아동에 대한 양육태도는 바로 이처럼 부모가 아동을 양육할 때 지지와 통제를 어떻게 적절히 조합하여 사용하는가에 의해 결정된다.

그러나 최선의 의도를 가진 부모들조차 때로는 자녀들에게 바람직한 양육과 사회화를 제공하지 못하는 경우도 많다. 그러면 무엇이 부모로 하여금 필요한 일을 하지 못하게 방해하는가? 여러 가지 사정이 고려 될 수 있지만 대게 사회적인 요건으로서 실업이나 빈곤이라든지, 일과 가정의 양립을 어렵게 하는 조건, 이혼과 재혼 등 가족 자체의 변화(한부모가족의 증가, 미성년 부모의 증가, 동성부모의 증가 등)들이 지적될 수 있다. 결국 이러한 변화는 지금까지의 가족의 역할에 대한 생각의 변화를 가져오게 되며, 아동의 바람직한 사회화를 위해서는 부모 개인을 넘어서서 사회나 국가의 역할분담을 요구한다. 즉, 아동이 건강하고 지지적이며, 성장을 촉진하는 환경에서 자랄 권리가 있는 것처럼, 부모도 아동양육을 위해 도움을 받을 권리가 있다는 주장이다(윤혜미 외, 2013).

역사적으로 사회는 '부모 되기'를 본능적인 것이라고 보고, 모든 부모가 국가나 외부기관의 도움 없이 아동을 양육할 수 있을 거라고 기대해 왔다(Collins, Stevens and Lane, 2000). 그러나 생물학적으로 부모가 되었다고 해서 누구나 부모역할을 할 수 있는 것은 아니다. 부모역할은 본능적인 것도 아니고 직관적인 것도 아니어서, 다양하고 폭넓은 사회적 지원체계와 함께 교육과 훈련이 필요하다. 사회가 부모역할을 잘해 내는 데 필요한 지원을 제공하지 않으면서 부모에게만 높은 기대를 갖고 있는 것은 문제이다.

아동 환경 중 특히 가족과 부모는 자녀가 성장·발달함에 있어서 필수적인 요소이며 또한 가족은 아동을 외부의 위험으로부터 보호하고 격려하면서 한 인격체로 성장시켜 나가는 가장 근본이 되는 체계라 할 수 있다(도미향 외, 2013; 김주아 외, 2013).

(1) 가족환경의 의의와 변화

아동의 사회화 과정에 많은 사회적 요인과 집단이 영향을 주지만 그중에서 가정이 강력한 영향력이 있는 집단이라 할 수 있는데, 그 주된 이유가 아동은 가족 구성원과 최초로 사회적 접촉을 가지며 많은 시간을 함께 보내기 때문이다. 따라서 부모의 성격, 태도, 사회·경제적 지위, 교육 수준 등이 아동의 문화에 대한 가치관이나 태도의식 등에 영향을 미치게 되는 것이다. 다시 말해 가정은 아동이 언어와 인간관계를 배우고 질서와 규칙을 익히는 최초의 학교이자 사회화 과정을 습득하는 공간이며 체계로서 대부분의 인간은 인생의 가장 중요한 초기시기를 가정 안에서 그들의 부모와 관계를 맺으며 지내게 된다. 특히 경제적으로나 사회적으로 완전히 독립할 때까지 비교적 가정의 영향력 안에서 보내게 되는 우리나라의 실정을 생각한다면 한 인간의 발달과 교육에 있어서 가정과 부모의 역할이 중요하다는 것은 두말할 필요가 없다(도미향 외, 2013).

1960년대 이후 정부의 산업화 정책에 힘입어 국가 경제가 급성장하게 되면서 서구의 다양한 문화가 빠른 속도로 유입되었고, 물질만능주의가 팽배해졌다. 뿐만 아니라 사회는 점차 다양화되었으며 가치관도 빠른 속도로 변화하였다. 동시에 여성의 교육수준 확대로 인한 사회진출의 기회가 증가됨에 따라 기존의 결혼관계, 부모-자녀 관계, 형제자매 관계 등의 가족관계가 과거와는 다른 양상으로 변화를 거듭하게 되었다. 즉, 전반적으로 사회변화에 부응하고 권위적이고 일방적인 관계로부터 민주적이고 평등한 관계로 변화하고 있다. 부부관계의 경우 '남편주도형'에서 '부부의논형'으로, 권위적인 지배-복종 관계에서 민주적인 상호 의논 관계로, 부모-자녀 중심에서 부부 중심의 우애적 관계로 변화하고 있다. 이러한 추세는 남녀의 양성평등을 위하여 여성부에서 주요한 정책과제로 삼고 있는 여성참여확대정책, 성별영향평가,[2] 성인지 예산, 성 인지통계, 가족관계등록법 등을 통해서도 잘 알 수 있다(여성부, 2009).

(2) 가족형태 변화의 원인

① 사회적 요인

가족제도의 변화는 사회구조의 변화와 밀접한 관계를 맺고 있어 가족제도와 다른 사회제도는 서로 영향을 주고받는다. 가족제도는 산업화·도시화·정보화 등과 같은 사회구조의 변화에 적응하면서 변하고 있다. 미래사회는 흔히 후기 산업사회 또는 정보사회가 될 것이라고 한다. 미래학자인 토플러(Toffler)는 자신의 저서 『제3의 물결』에서 수렵채취사회에서는 소규모가족이

2) 정책을 입안, 집행, 평가할 대 성별 요구와 차이를 고려하여 정책이 여성과 남성에게 고르게 혜택을 가져올 수 있도록 하는 것으로 성별통계 등 객관적 자료와 정책 고객의 요구에 대한 검토를 통해 실태를 정확하게 분석함(여성부, 2009).

이상적이었는데, 이것이 제1의 물결인 농업혁명을 통해서 대규모 가족으로 대체되었으며, 제2의 물결인 산업화를 겪으면서 다시 핵가족이 이상적 가족이 되었고, 제3의 물결인 정보사회가 되면서 전형적인 핵가족에 변화가 오고 있다고 말하고 있다.

현대사회는 단순하지 않은 복합사회이므로, 이제는 가족 역시 사회의 변화에 따라 다양해지고 재구조화되면서 사회의 요구에 현실적으로 대응하고 있다고 할 수 있다.

② 가치관적 요인

가치관이란 여러 가지 인간문제에 관하여 바람직한 것과 해야 할 것에 대한 일반적인 생각 또는 개념으로서 사람들로 하여금 어떤 행동을 일으키게 하는 심리적 요인임과 더불어 개인의 행동을 구속하는 평가적 표준 또는 이념 내지 신념이다.

다양한 가족의 출현배경으로서 가치관적 요인을 살펴보면 혼인가치관, 자녀가치관, 부부관계 가치관, 가족부양 가치관, 여성의 자아욕구 등을 들 수 있으며, 이 중 혼인가치관에는 결혼가치관, 이혼가치관, 재혼가치관 등이 있다.

다양한 가족의 출현배경으로서 부부관계 가치관, 가족부양 가치관, 여성의 자아욕구에 관한 가치관 등을 종합적으로 설명하면 다음과 같이 요약된다. 경제활동, 자녀양육, 가사분담 등에 관한 성 역할관이나 부부간의 의사결정에 관한 가치관이 새로운 평등주의적 사고로 변화되어 가고 있다. 특히, 교육수준이 높을수록 자아실현에 대한 욕구가 높기 때문일 것으로 판단된다. 즉, 자기개발을 위해 여자 스스로가 교육에 많은 시간과 비용을 투입했으므로 취업을 통해 이에 대한 보상과 함께 자기의 이상 및 만족을 성취하려는 욕구가 높기 때문으로 판단된다. 결혼한 여성도 자기 일을 가져야 한다는 것은 경제적 필요 때문에 여성도 가계소득을 보조해야 한다는 입장이 반영되어 있겠지만, 전체적으로는 결혼생활이 여성의 사회적 역할 및 자아실현과 병립될 수 있어야 한다는 개인주의적 가치관의 영향이 큰 것으로 판단된다.

③ 개인적 및 가족 요인

다양한 가족의 출현배경으로서 개인적 요인 및 가족 요인에는 여성교육수준 향상, 여성경제활동참가 증대, 이혼가족 증대, 재혼가족 증대, 국제결혼 증가 등을 들 수 있다. 한국의 경제사회발전은 전반적으로 국민의 교육수준을 향상시키는 결과를 가져왔으며 특히, 그 상승효과는 남성보다는 여성에게서 두드러지게 나타난다. 이는 여성의 양성평등 의식증대, 경제활동증대, 경제적 독립의 가능성 증대 등으로 모든 가족원에게 직접적으로 영향을 주게 된다. 이러한 경향은 교육수준의 상승 및 여성의 자아성취욕구 증대와 함께 앞으로 더욱 가속화될 것으로 전망된다.

(3) 가족의 기능적 변화

① 양육기능 저하

아동은 주로 부모와 그 가족에 의해 기본적인 생활이 영유된다. 전통사회에서 아동의 양육은 가정에서 이루어졌지만, 탈산업화 사회로 사회가 변화되고 가족구조 또한 변화되면서 부모나 가족이 전적으로 아동 양육을 책임지기가 어렵게 되었다. 더욱이 어머니가 취업을 하게 될 경우, 가정에서의 전통적인 자녀양육 기능이 제대로 이루어질 수 없게 되었다. 그 대안으로 아동 양육의 주가 가정에서 학교 등의 사회로 바뀌어 가고 있다.

② 가족관리의 변화

대가족이 주를 이루는 사회에서는 가족 구성원들이 각자 맡은 역할을 충실히 수행하였기 때문에 가족 내의 모든 일이 가족 자체적 기능으로 해결되어 왔다. 아동의 경우 취학 전까지는 전적으로 가족의 보호 아래 있을 뿐 아니라 가정의 영향을 가장 많이 받았다. 그러나 현대사회 속에서는 사회가 가정의 역할을 대신하는 가족 관리의 외부화 현상이 나타나고 있다.

즉, 예전부터 내려왔던 경제, 출산, 자녀양육, 사회화, 정서·여가기능 등이 사회변화와 더불어 다양한 가족의 형태로 변화되면서 가족 내 복지기능 또는 경제적 생산기능 등이 상실되거나 약화되고 있으며, 반면 소비기능, 자녀의 사회화기능, 정서적 만족기능 등과 같은 것들이 강화되고 있다. 이처럼 가족생활주기와 가족가치관의 변화라든지 개인주의적인 사고방식, 남녀평등사상 등의 유입을 통해 가족과 관련한 가치관이 변하는 현상을 보이고 있다.

이혼의 경우 자녀양육에 대한 권리와 책임을 정하는 일들이 법정에서 결정되고, 그 외에도 가정 내의 문제들을 스스로 해결하지 못할 경우 외부의 도움이 필요하게 되었다. 그 결과 부모의 권한은 제한되고, 가정 내의 자체적 결정권은 더 이상 신성하게 지켜지지 않게 되었다. 아이들도 부모 대신 사회가 자신을 보호하는 책임이 있음을 주시하기 시작했다(유가효 외, 1996).

가족이 해체되거나 정서적·경제적·사회적 어려움으로 양육을 책임지기 어려울 경우는 부모와 가족을 도와 영유아가 정상적으로 성장·발달할 수 있도록 돕는 외부로부터의 사회적·국가적 노력이 필요하게 되었다. 외부로부터 가족을 돕는 서비스는 부모의 양육기능을 중심으로 지지적 사업(supportive services), 보충적 사업(supplementary services), 대리적 사업(substitute services)의 유형으로 분류되어 시행되고 있다. 미국의 경우 한부모가족의 반 이상이 보육, 법적 자문, 또는 상담 등의 형태로 사회적인 도움을 받고 있다.

2) 학교와 지역사회 환경

(1) 학교의 정의와 현황

가정과 함께 아동에게 큰 영향을 주는 곳이 학교이다. 학교는 가정에 비해 다분히 계획적, 조직적, 합리적, 의도적인 사회화 기관이며, 교사와 학생이 늘 생활하고 경험하는 교육환경의 하나로서 학교뿐만 아니라 학교와 밀접하게 관련된 학교 주변의 상황을 모두 포함한다. 학교의 영향은 교육정책을 포함한 학교제도와 그 속에서 이루어지는 교육활동으로 크게 나누어 볼 수 있다(박정란 외, 2012; 도미향 외, 2013).

우리나라는 1954년 초등학교 1학년 의무교육을 실시한 이래 1958년 초등학교 전 학년 의무교육, 1986년 도서벽지 중학교 전 학년 의무교육이 시작되었다. 이것이 1994년 읍·면 지역으로 확대 적용되었고 2004년 도시부터 전면 적용되면서 9년 의무교육이 시행되었다. 현행 교육기본법 제8조에 의하면 "대한민국 국민은 6년의 초등교육과 3년의 중등교육을 받을 권리가 있다."라고 명시되어 있다. 이로써 우리나라는 OECD 가맹국 수준의 의무[3]교육 연한을 갖추게 되었다.

이에 따라 학교에서는 징계나 수업일수 미달과 같은 사유로 학생을 퇴학시킬 수 없게 되었다. 현행 초·중등교육법 제18조 제1항은 "의무교육과정에 있는 학생을 퇴학시킬 수 없다."라고 명문화되어 있기 때문이다.

한편 우리나라 학교의 인적 환경을 살펴보면, 2013년 조사에서는 교원 1인당 학생 수는 초등학교 15.3명, 중학교 16.0명, 고등학교 14.2명(2013.9.5. '2013년 「교육기본통계」 조사결과 발표' 교육부 보도자료)이었으나, 2021년 조사에서는 초등학교 14명, 중학교 11.9명, 고등학교 9.9명으로 교원 1인당 학생 수는 2013년 조사결과보다 줄어들고 있다([그림 2-1] 참조).

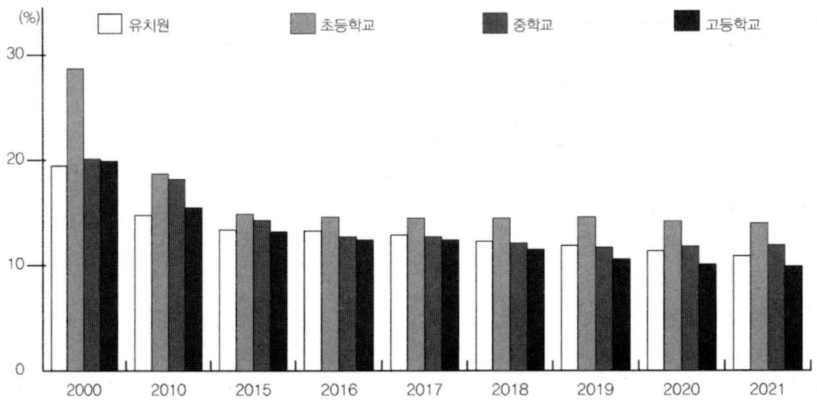

[그림 2-1] 교원 1인당 학생 수 추이

출처: 한국교육개발원 「교육통계분석자료집」

아동은 초등학교 진학에 따라 유아기에 없었던 학급활동 등을 통해 장래 사회인으로서의 준비를 하게 된다. 보다 높은 통제 속에서 학과 학습, 운동, 놀이를 통해 사회화가 진행되는 것이다. 여기에서 중요한 것은 농어촌과 대도시의 교육환경에 있어 본질적 차이가 없어야 한다는 것이다. 왜냐하면 아동은 지역사회에 존재하는 학교라는 장과 아동생활의 근거가 되는 가정을

---

3) 독일의 의무교육기관은 12년, 영국 13년, 미국 10년, 북한 10년, 일본 9년 등이다.

왕복하는 것으로 여러 가지 경험을 하고 일반사회에 통용되는 규범과 지식·기능 등 사회생활에 필요한 기본적인 것을 습득하는 것이기 때문이다.

학교교육의 본질적 기능은 새로운 지식을 발견하고 가르치는 기능과 기존의 문화유산을 전달하고 습득시킴으로써 새로운 생활방식을 익히게 하는 사회화 기능 및 개인의 능력과 적성에 맞는 직업과 지위를 선택하고 분류하는 선발 기능을 수행하는 것이다. 그러나 우리나라의 학교교육은 입시 위주의 교육으로 유치원에서 고등학교에 이르기까지 부모의 지나친 경쟁의식과 고학력 사회 풍토로 인하여 진정한 인간 교육을 실현할 수 없는 중요한 조건이 되고 있다.

입시 위주의 교육으로 인한 교육 병리 현상을 보면 다음과 같다(이배근, 2003).

- 시험에 대한 중압감, 시험 후의 결과에 대한 불안, 시험 횟수의 과다로 인한 스트레스를 증가시켜 정신질환이나 자살까지 이르고 있다.
- 교사나 친구와의 인간관계에 악영향을 미친다.
- 지식 위주의 교육으로 정서교육이나 의지력 훈련 기회가 부족하게 되어 전인교육에 많은 지장을 초래하고 있다.
- 학교에서의 생활지도교육이 정서적이고 미흡하다.

(2) 방과 후 아동생활

최근 맞벌이가정이 증가하면서 방과 후에 성인의 보호 없이 지내는 자기보호아동(self-care child)이 늘어나고 있으며(이옥, 1993; 한국여성개발원, 1994), 이에 따라 방과 후 아동지도 내지 보육에 대한 관심이 증가하고 있다. 이러한 경향은 맞벌이 부부와 한부모의 취업활동을 돕고, 아동을 안전하게 보호 지도하기 위해서도 필요한 부분이다. 특히 방과 후 아동지도는 정부의 세계화추진위원회의 10대 과제 중 하나로 선정되어 있으며, 여성발전기본법에서도 국가 및 지방자치단체가 방과 후 아동의 보호와 건전한 생활을 위한 시책을 강구해야 한다고 규정하고 있어 그 중요성을 잘 알 수 있다(김재인, 1996).

이러한 측면에서 방과 후 아동지도 시설은 아동에게 보호와 지도뿐만 아니라 다양한 경험 또한 제공해 줄 수 있어야 한다. 또한 가족구조가 점차 핵가족화되어 가고 한자녀가정이 늘어나면서 아동은 주로 학교와 가정 내에서만 관계를 형성해 나가게 되고 또래와의 상호작용이나 학교 이외의 장소에서 사회적 경험을 가질 기회가 부족한 형편이다. 따라서 아동들이 서로 어울려 지낼 수 있는 사회문화적 공간으로서, 또래와의 경험을 제공해 주는 장으로서, 뿐만 아니라 사회적으로 아동복지를 정착시켜 나간다는 의미에서 모든 가정의 아동을 대상으로 방과 후 아동지도를 확산 수립해 나가는 것이 필요하다(도미향 외, 2001).

이러한 맥락에서 아동의 방과 후 활동지원을 위하여 지역아동센터와 방과 후 아카데미가 있으며, 어린이집의 방과후반 등이 있다.

3) 학업과 아동문제

(1) 학습장애

다른 아동과 비교해서 지능은 정상이지만 듣기, 말하기, 읽기, 쓰기, 추리 또는 계산 능력에 문제가 나타나는 장애로서 특수학습장애라고도 한다. 학습장애(learning disorder)가 있는 아동은 실패감, 낮은 자아존중감, 무기력을 경험할 수 있다(Zastrow & Kirst-Ashman, 2001). 학동기 아동의 약 3~9%가 이 장애를 갖고 있는 것으로 알려져 있는데, 학습의 기회나 교육적 자극이 부족한 경우, 정서적 문제, 신경학적 이상 있거나 학습과 관련이 있는 뇌 기능 특정 영역의 결함, 발육 지연 또는 장애가 있는 경우가 원인이 된다. 또한 부모가 조기에 자녀의 능력과 적성을 잘 알지 못하는 경우에도 많이 생긴다. 따라서 이러한 아동이 조기에 적절한 치료를 받을 수 있도록 아동복지기관은 정보 제공과 상담, 그리고 자원 연결 등의 도움을 제공해야 한다.

(2) 학교공포증

학교공포증이란 심인성 등교거부, 정신신경증적 거부라고 할 수 있는데 발생 배경에는 현대 가정의 문제, 학교교육의 특성 등이 반영된다. 일반적으로 학교공포증을 보이는 아동은 두통, 복통 등의 신체 증상을 호소하는 경우가 많다. 이 외에도 교사에 대한 불만, 공부와 다른 친구에 대한 불평, 교통문제 등을 호소하는 것으로 나타나기도 한다. 이러한 증상은 대부분이 무의식적 불안과 같은 심리적 이유에서 비롯된 것이므로 꾸중이나 강제적인 방법으로 학교에 가게 하는 것보다는 정서적 안정을 유도하는 상담이나 치료를 통해 접근해야 한다(최옥채 외, 2003).

이외에도 장애아동, 그리고 결식아동 또는 소년소녀가정세대의 아동뿐만 아니라 가정해체나 경제적 어려움 등으로 인해 시설에서 보호받고 있는 아동도 아동복지기관에서 도움을 주어야 하는 대상이다. 그리고 또래들로부터 집단따돌림을 경험하는 아동, 부모나 양육자로부터 학대를 당하고 있는 아동 모두 전문가의 도움과 관심이 필요한 아동이다.

4) 또래와 대중매체

(1) 또래환경

아동이 성장함에 따라 사회적 환경은 가정의 울타리를 벗어나 연령이 비슷한 또래 집단으로 확대되어 나가게 되며, 이러한 변화는 아동의 사회화 과정에 새로운 의미를 부여한다. 특히 최근 들어 맞벌이 부부의 증가, 다산기피로 인한 외동아의 증가로 인하여 아동발달에 있어 또래는 더욱 중요한 의미와 역할을 지니게 되었다. 이 시기의 아동은 부모의 강력한 영향력에서 벗어나 친구, 또래, 그리고 선생님과의 접촉에 신경을 쓰게 되고, 그들과의 관계에 더 민감해진다(최옥채 외, 2003).

아동이 자신을 인식하는 데 있어 또래는 자신을 비춰 주는 거울 역할을 하기 때문에 그들의 의견이나 반응에 매우 민감해진다. 또래 사이에서 인기를 끄는 성격 특성은 나이, 성별, 계층에 따라 다르다. 연구에서 공통적으로 나타나고 있는 것은 우호적이고 사교적이며 참여적인 아동이 인기가 높은 반면, 수줍어하고 소심하고 무관심한 아동은 인기가 적다(Papalia et al., 1998). 인기를 좌우하는 요인은 아동의 성격 특성뿐 아니라 그 가정의 사회·경제적 특성도 포함된다.

아동은 연령이 증가함에 따라 점점 주변 세계의 지식을 넓힐 뿐 아니라 또래를 점점 중요하게 생각하기 시작하고 또래와 관계를 맺고 의사소통하려고 노력한다. 이 시기에 또래집단에 수용된다는 것은 아동의 자아발달에 매우 중요한 역할을 한다. 특히 초등학교에 입학하게 되면 아동의 역량과 독립심은 더욱 발달하면서 부모를 따르는 것이 점차 줄어들고 또래와의 관계가 깊어진다(이재연 · 김경희, 1990).

이와 같이 또래관계에서 나타날 수 있는 현상 중 한 가지는 또래 괴롭힘이다. 또래 괴롭힘의 방법으로 남학생은 적극적이고 공격적인 방법을 사용하는 반면, 여학생은 수동적이면서 사회적 고립이나 배척 등 무시하는 방법을 자주 사용한다. 성격에 있어서도 공격자는 충동적이고 지배적이며, 공격적인 것이 가치가 있다고 생각하는 반면, 괴롭힘을 당하는 아동은 수줍어하고 순종하는 것이 가치 있다고 생각하는 등 뚜렷한 차이를 보인다(Bernstein, 1990).

이러한 또래 괴롭힘의 영향을 살펴보면 아동기에 또래로부터 반복적 괴롭힘을 당한 피해 아동은 자아존중감이 낮고(양원경 · 도현심, 1999), 우울증 증세와 외로움을 보이며, 학교에 대한 거부감을 갖게 되는 등 사회·정서적 차원의 여러 가지 부적응 문제를 보인다. 이런 아동은 집중력 저하, 주의 산만(Schwartz, Mcfadyen-Ketchen, Dodge, Petit, & Bates, 1998), 심지어 비행이나 정신질환에 이를 수도 있으며(문형춘, 1999), 아동기에 경험한 또래 괴롭힘의 부정적 결과가 성인기 우울증 성향과 낮은 자아존중감과도 관련이 있는 것으로 보고되었다.

(2) 대중매체환경

현대인에게 있어서 매체를 통한 생활은 필수불가결한 것이라고 받아들여지고 있다. 특히 가정에서 TV나 컴퓨터는 생활의 필수 도구가 되었다. 이렇듯 대중매체는 현대의 아동과 매우 밀접한 관련을 맺고 있으며, 앞으로 그 영향력은 더욱 커질 것임이 분명하다(도미향 외, 2004).

① TV의 영향

TV의 긍정적 측면으로는 규칙적인 친사회적 프로그램을 통해 바람직한 행동을 습득하고, 좋은 교육 프로그램을 통해 인지능력의 향상 및 학교에 대한 준비와 흥미를 높여 주는(Bogatz & Ball, 1972) 것을 들 수 있으며, 부정적 측면으로는 TV에서 방송되는 폭력 장면을 많이 시청한 아동은 폭력 장면을 적게 보는 동급생보다 더 적대적이고 공격적이 되는 경향이 있음(Slaby, Roedell, Arezzo & Hendrix, 1995)을 들 수 있다. TV 프로그램 가운데 성인 위주로 제작된 프로그램과 광고물의 내용이 지나치게 외설적이며 폭력적인 경향이 있고, 쇼나 개그프로그램들은 아동을 대상으로 자극적이고 퇴폐적인 복장과 몸짓을 보이는 연예인 중심으로 구성되거나 도덕과 전통을 무시하고 국적도 품위도 없는 유행어와 몸짓을 소개하는 저질 프로그램의 경쟁으로 치닫는 경우도 있다. 이 밖에 흔히 볼 수 있는 선정적인 광고물과 자극적인 선전 문구는 아동의 주의를 사로잡고 있다(이배근, 2003).

② PC통신과 인터넷의 영향

PC통신과 인터넷을 통하여 아동은 자아를 탐색하고, 부모와 가족을 벗어나 다양한 국적, 성격, 취미, 가치관을 가진 사람들을 만날 수 있으며, 정보의 홍수 속에서 필요하고 가치 있는 정보를 찾을 수 있는 능력을 기를 수도 있고, 세상에 대한 이해의 폭을 넓힐 수도 있다.

통계청(2007) 자료에 의한 아동의 인터넷 이용률을 살펴보면 2001년 64.9%에서 2007년 75.5%로 증가하였다. 그리고 초등학생의 경우 인터넷 이용률이 98.7%로 나타났으며, 10대의 46.8%가 인터넷에 접속하면 접속 시간을 조절하지 못하고, 인터넷을 하지 않을 때에는 막연한 불안감이나 궁금증 때문에 일을 제대로 할 수도 없는 인터넷 중독 증세를 보인다고 나타났다.

최진응(2020)[4] 보고서에 의하면 아동·청소년 인터넷 중독[5] 현황에서 과학기술정보통신부의 스마트폰 과의존[6] 조사에 따르면 스마트폰 과의존 위험군에서 아동·청소년의 비율은 타 연령대에 비해 높고, 유아동의 경우 스마트폰 과의존 위험군 비율이 지속적으로 증가하고 있으며,[7] 2019년 기준으로 세대

4) 최진응(2020). 아동·청소년 인터넷 중독 대응정책 현황과 개선과제: 사업의 유사·중복성을 중심으로. 국회입법조사처(정책분석 모델개발 보고서 2020-6).

5) 인터넷 중독이란 인터넷을 과다 사용함으로써 인터넷 사용에 대한 금단과 내성을 갖게 되고 이로 인해 일상생활에서 장애가 유발되는 상태를 의미하는 것으로 인터넷 중독군은 고위험군과 잠재적 위험군으로 분류할 수 있음(미래창조과학부·한국정보화진흥원 2015)

6) 인터넷 중독이라는 용어의 거부감으로 인해 '중독' 외에 인터넷 '과의존' 또는 '과몰입'이라는 용어도 함께 사용되고 있음(신성만·고영삼 2017)

7) 과학기술정보통신부·한국정보화진흥원, 2019 스마트폰 과의존 실태조사, 2019

별로 청소년(초 · 중 · 고)의 스마트폰 과의존위험군의 비율이 30.2%(고위험군: 3.8%, 잠재적 위험군: 26.4%)로 가장 높으며, 그다음으로 유아동(3~9세)이 22.9%(고위험군: 2.3%, 잠재적 위험군: 20.6%)로 성인(18.8%)과 60대 이상(14.9%)보다 높았다. 특히 유아동의 경우 최근 3년간 지속적으로 스마트폰 과의존위험군 비율이 지속적으로 증가하고 있는 것으로 조사(2017년: 19.1%, 2018년: 20.7%, 2019년: 22.9%)되었다. 여성가족부의 인터넷·스마트폰 과의존 조사에 따르면 청소년의 경우 인터넷과 스마트폰 각각에서 과의존위험군이 증가하고 있으며, 스마트폰·인터넷 중복위험군도 함께 증가[8])하고 있고, 2019년 기준으로 청소년의 인터넷 과의존 위험군은 154,407명(위험사용자군: 14,790명, 주의사용자군: 139,617명), 스마트폰 과의존 위험군은123,607명(위험사용자군: 14,456명, 주의사용자군: 109,151명)으로 전년보다(2018년: 인터넷 과의존 위험군 140,421명, 스마트폰 과의존 위험군120,840명)보다 모두 증가하였다. 인터넷 과의존위험군임과 동시에 스마트폰 과의존위험군에 해당하는 중복위험군 청소년의 경우도 2019년 기준으로 71,912명으로 전년보다(2018년: 64,924명) 증가하였다. 인터넷 중독 유발 매체 중 게임과 도박 관련한 조사 결과에 따르면 청소년의 인터넷 게임 및 도박 중독군의 비율이 증가하고 있고, 2019년 기준으로 인터넷 게임 과몰입군은 0.5%, 과몰입위험군은 2.4%로 전년(2018년 인터넷 게임 과몰입군 0.3%, 과몰입위험군 1.5%)보다 증가하였는데, 인터넷 게임 과몰입군과 과몰입위험군 모두 PC보다 스마트폰의 사용 비중이 높았다[과몰입군:스마트폰(51.9%), PC(35.2%)/과몰입위험군: 스마트폰(47.9%), PC(41.7%)].[9]) 청소년 도박실태조사는 3년 주기로 실시되고 있으며, 최근 2018년도를 기준으로, 청소년 도박 문제군의 비율은 1.5%, 위험군의 비율은 4.9%로 2015년 조사(도박 문제군: 1.1%, 위험군: 4.0%)보다 증가[10])하였다.

이와 같은 조사결과를 해결하기 위한 아동·청소년 인터넷 중독 대응정책을 여러 개 부처에서 추진 중이다. 과학기술정보통신부의 <청소년 스마트폰 과의존 상담> 사업은 스마트폰 과의존위험군 청소년의 증상을 완화를 목적으로 하고 있다. 보건복지부의 <인터넷중독 전문상담서비스> 사업은 인터넷·스마트폰 중독 고위험군 청소년에 대해 조기 개입하여 치유 및 치료 연계

8) 여성가족부, 「2019년 인터넷·스마트폰 이용습관 진단조사 결과 발표」, 보도자료, 2019.5.14.
9) 김소아 외, 2019 게임 과몰입 종합 실태조사, 한국콘텐츠진흥원, 2020.
10) 한국갤럽, 2018년 청소년 도박문제 실태조사, 한국도박문제관리센터, 2018.12.

등 회복을 지원하는 것을 목적으로 하고 있으며, 사업 대상은 인터넷·스마트폰 중독 고위험군 전체(아동 · 청소년, 성인)가 대상이다. 사업 활동은 인터넷·스마트폰 중독 고위험군에 대한 단기개입(SBIRT)을 통한 상담 치유 및 전문기관(병원)으로의 치료 의뢰를 권유하고 있다. 여성가족부의 <청소년 과의존 진단·치유·치료 연계 서비스> 사업은 인터넷·스마트폰 과다사용군 청소년을 발굴하고, 종합적인 과의존 해소(치유와 치료) 서비스를 지원한다는 측면에서 더 포괄적인 사업 목적을 갖고 있다, 이 사업 대상은 인터넷·스마트폰 과의존위험군 청소년(초4 · 중1 · 고1)을 대상이며, 인터넷·스마트폰 과의존위험군 청소년에 대한 전문상담을 통한 치유, 및 과의존 위험군 공존질환 청소년에 대한 병원 연계 및 치료비의 직접 지원을 하고 있다. 인터넷 중독 대응정책의 실효적 효과를 강화하기 위해 개별 부처의 전문성 활용을 확대하는 방안을 검토할 필요가 있다. 아동·청소년 인터넷 중독 예방·치유·치료 정책이 주로 과학기술정보통신부와 여성가족부 중심으로 이루어지고 있어, 아동·청소년의 교육정책을 담당하는 교육부와 병원과의 직접적인 연계가 가능한 보건복지부의 역할은 두드러지지 않아 이들 부처의 역할을 강화하는 방안을 검토할 필요가 있다(최진응, 2020).

생각해봅시다

1 아동의 복지를 저해하는 환경을 해결할 수 있는 방안 대하여 토론해 봅시다.

2 아동청소년의 인터넷 및 게임 중독예방을 위한 방법에 대하여 토론해 봅시다.

CHAPTER

03

아동의 권리

1. 아동의 권리와 아동복지

권리란 인간의 여러 가지 욕구에 대한 사회적 표명이다. 즉, 여러 가지 욕구가 사회에 의하여 인식되고 주창(主唱)될 때 권리라고 표현하는 것이며, 따라서 권리의 내용은 욕구로 간주한다.

일반적으로 아동복지는 아동복지권 보장이라는 차원에서 전개되고 있다. 여기에서 아동의 복지권이란 아동이 한 독립된 인간으로서 최소한도의 기본적 생활을 영위할 뿐만 아니라, 나아가 인간다운 생활을 영위할 권리가 있는 존재로 파악되는 것을 말하며, 사회와 국가는 이러한 권리를 보장해 주어야 할 의무가 있다고 보고 있다.

역사적으로 볼 때, 19세기까지만 하여도 세계 각국은 아동복지를 일종의 자선사업으로 간주하는 경향이 짙었다. 그러나 20세기에 들어서 아동을 독립된 인격체로 받아들이기 시작하였는데, 엘렌 케이(Ellen Key, 1990)가 『아동의 세기』라는 저서에서 주창한 아동의 권리, 즉 아동은 튼튼하게 태어날 권리, 건전하게 키워질 권리, 정상적인 가정생활을 영위할 권리, 교육을 받을 권리, 정서적 및 도덕적 훈련을 받을 권리, 유희나 오락을 충분히 즐길 수 있는 권리에 잘 나타나 있다(도미향 외, 2013).

20세기의 아동-가족-국가 간 관계에 대한 인식의 재정립은 성인과 다른 아동의 독자적 인격성의 인정과 아동의 권리에 대한 논의가 발달되는 계기가 되었다. 아동의 권리(right)란 필요한 인적·물적 자원을 제공받고 사용할 권리, 위해한 환경으로부터 보호받을 권리, 그리고 자신의 성장과 미래에 대한 결정에 참여한 권리를 가질 권리의 세 가지 주요 개념을 포함하고 있다(이양희, 2004; 한지숙 · 홍은주, 1998).

UN은 아동권리협약에 따라서 아동의 기본 권리를 네 가지로 규정하고 있다.

1) 생존권

생명을 유지하며 또 그 최상의 건강과 의료 혜택을 받을 권리

• 위협 요인 : 굶주림과 영양실조, 신체적 학대를 포함한 성인에 의한 공

격, 빈곤, 보호시설에 수용된 아동 환경, 범죄에 개입한 아동(갱, 구걸, 마약, 절도 등), 집 없는 아동과 고아 등

- 피해아동 : 거리의 아동(비행, 가출 등), 학대당하는 아동, 성적으로 착취당하는 아동, 부모에게 버려진 보호시설의 아동

2) 보호권

차별대우와 착취, 학대와 방임, 가족과 인위적 분리 등으로부터 보호를 받을 권리

- 위협 요인 : 경제적 착취, 정신적 학대, 전쟁, 방임과 유기, 혹사, 차별대우
- 피해 아동 : 위협행위를 한 아동, 돌봐주는 사람이 없는 아동, 성적으로 학대당하는 아동, 거리의 아동

3) 발달권

육체적·정서적·도덕적·사회적 성장에 필요한 정규 교육, 비정규 교육을 포함한 모든 종류의 놀이, 여가, 정보, 문화 활동, 사상, 양심, 종교의 자유를 누릴 권리, 국적과 이름을 가질 권리

- 발달의 필요조건 : 정보와 자료, 교육, 놀이와 오락 활동 등, 문화 활동 참여, 사상, 양심 및 종교의 자유, 건강과 신체적 발달, 표현의 권리

4) 참여권

자신의 의사를 표현할 자유와 자기 생활에 영향을 주는 일에 대하여 말할 수 있는 권리, 아동 자신의 능력에 부응하여 적정한 사회활동에 참여할 기회를 가질 권리

- 참여의 필요조건 : 자신의 견해를 자유롭게 표현할 권리, 정보를 얻을 권리, 집회 참여의 자유와 결사 및 참여의 권리 단계

2. UN 아동권리협약

1989년 국제연합(UN)에서 채택한 아동권리협약(Convention on the Rights of the Child)은 아동의 권리문제에 대한 체계적이고 종합적인 권리 규범이다. 우리나라는 1990년 협약에 서명하고, 1991년 우리나라의 현행 관련 법들과 저촉되는 일부 조항을 유보[1])하는 형태로 비준하여 협약 실행의 당사국이 되었으며, 협약은 국내법과 동일한 효력을 지니게 되었다.

아동권리협약은 법적 구속력을 갖는 국제규범으로, 18세 미만의 모든 아동을 보호 대상으로 함과 동시에 적극적인 권리의 주체로 인정하는 아동권리에 관한 국제문서다. 아동권리협약은 아동권리에 대해 총체적으로 접근하고 있고 권리들은 상호 지지적이면서 연관된 것으로 아동의 존엄성과 발달을 실현하는 데 반드시 필요한 것들로 구성되어 있다고 평가되고 있다(김정래, 2002; 공계순 외, 2013).

1) 아동권리협약의 주요 원칙

(1) 무차별의 원칙(제2조)

아동과 그의 부모 또는 법적 후견인의 인종, 피부색, 성별, 언어, 종교, 정치적 또는 다른 의견, 국적, 민족, 사회적 추신, 재산, 장애, 출생 혹은 기타의 지위에 따른 차별을 금지하고, 아동의 부모, 후견인 또는 가족 구성원의 신분, 활동, 견해 또는 신념을 이유로 모든 형태의 차별과 처벌로부터 아동을 보호한다는 원칙이다.

---

1) 유보한 조항과 이유는 다음과 같다.

ⓐ 부모 면접권 보장 : 「민법」에서는 부모의 면접권만을 보장할 뿐 아동의 부모면접권은 보장되어 있지 않다.

ⓑ 관계 당국의 허가를 통한 입양만 인정 : 「민법」에 따르면 당사자의 합의나 「호적법」에 다른 입양 신고가 가능하다.

ⓒ 상소권의 보장 : 비상계엄과 군사 재판에서 단심제가 인정되고 상소권이 제한된다.

(2) 아동이익 최우선의 원칙(제3조)

이 원칙은 아동권리협약의 중심 원칙으로 볼 수 있다. 공공 또는 민간사회복지기관, 법원, 행정당국 또는 입법기관 등에서 실시하는 아동에 관한 모든 활동에서 아동의 최상의 이익을 최우선으로 고려하고, 아동에 대해 법적 책임이 있는 사람의 권리와 의무를 고려하여 아동복지에 필요한 보호와 배려를 보장하며, 이를 위하여 입법적·행정적 조치를 비롯한 모든 적절한 조치를 취하여야 한다는 내용이다.

(3) 아동의 생명존중 및 발달보장의 원칙(제6조)

모든 아동이 고유의 생명권을 가지고 있음을 인정하고 아동의 생존과 발달을 최대한 보장하여야 한다는 원칙이다.

(4) 아동 의사존중의 원칙(제12조)

자신의 견해를 형성할 능력이 있는 아동 본인에게 영향을 미치는 모든 문제에서 자신의 견해를 자유스럽게 표현할 권리를 보장하며, 아동의 견해에 대하여 아동의 성숙도에 따라 정당한 비중이 부여되어야 한다는 원칙이다. 아동에게 영향을 미치는 어떤 사법적·행정적 절차에서도 아동이 직접 또는 대표자나 적절한 기관을 통하여 자신의 의사를 표현할 기회가 주어져야 한다고 규정하고 있다.

2) 아동권리협약상의 아동권리

일반 원칙을 토대로 하여 제시되어 있는 구체적인 권리는 시민권과 자유권의 권리, 가정환경 및 대리보호에 관한 권리, 기초보건 및 복지에 대한 권리, 교육·여가 및 문화적 활동에 대한 권리, 특별보호조치에 대한 권리 등 다섯 가지 유형으로 나눌 수 있다(조홍식, 2000; 공계순 외, 2013). 구체적인 권리를 살펴보면 다음과 같다.

(1) 시민권과 자유에 대한 권리

① 이름과 국적을 가질 수 있는 권리 : 아동은 출생 후 즉시 등록되어야 하고, 출생 시부터 생명권과 국적 취득권을 가지며, 가능한 한 자신의 부모를 알고 부모에 의하여 양육되어야 한다.

② 신분을 보존할 수 있는 권리 : 당사국은 위법한 간섭 없이 국적, 성명 및 가족관계를 포함하여 법률에 따라 안정된 신분을 보존할 수 있는 아동의 권리를 존중한다.

③ 표현자유의 권리 : 아동은 표현의 자유를 갖는다.

④ 사상, 양심 및 종교자유의 권리 : 당사국은 아동의 사상, 양심 및 종교의 자유에 대한 권리를 존중하여야 한다.

⑤ 결사와 집회 자유의 권리 : 당사국은 아동의 결사의 자유와 평화적 집회의 자유에 대한 권리를 말한다.

⑥ 사생활보호의 권리 : 어떠한 아동도 사생활, 가족, 가정 또는 통신에 대하여 자의적이거나 위법적인 간섭을 받지 아니하며, 또한 명예나 신망에 대한 위법적인 공격을 받지 아니한다.

⑦ 정보접근의 권리 : 당사국은 아동이 다양한 국내적·국제적 정보원으로부터의 정보와 자료, 특히 아동의 사회적·정신적·도덕적 복지와 신체적·정신적 건강의 향상을 목적으로 하는 정보와 자료에 대한 접근권을 가지도록 보장하여야 한다.

⑧ 고문 및 기타 비인도적 취급을 받지 않을 권리 : 어떠한 아동도 고문 또는 기타 잔혹하거나 비인간적이거나 굴욕적인 대우나 처벌을 받지 아니한다.

(2) 가정환경 및 대리보호에 대한 권리

① 부모의 지도와 책임을 받을 권리 : 당사국은 부모 또는 현지 관습에 따라 인정되는 확대가족이나 공동체의 구성원, 법정 후견인 또는 기타 아동에 대한 법적 책임자들이 아동의 능력발달에 상응하는 방법으로 적절한 감독과 지도를 행할 책임과 권리 및 의무를 가지고 있음을 존중한다. 당사국은 부모 쌍방이 아동의 양육과 발전에 공동책임을 진다는 원

칙이 인정받을 수 있도록 최선의 노력을 기울여야 한다.

② 부모로부터의 분리가 가능한 권리 : 당사국은 법률 및 절차에 따라서 분리가, 아동의 최상의 이익을 위하여 필요하다고 결정하는 경우 외에는 아동의 의사에 반하여 부모로부터 분리되지 아니하도록 보장하여야 한다. 그러나 결정은 부모가 아동을 학대하거나 유기하는 경우나 부모가 별거하여 아동의 거소에 관한 결정이 내려져야 하는 등 특별한 경우에 필요할 수도 있다.

③ 가족재결합의 권리 : 가족의 재결합을 위하여 아동 또는 그 부모가 당사국에 입국하거나 출국하기 위한 신청은 당사국이 긍정적이며 인도적인 방법으로, 그리고 신속하게 취하여야 한다.

④ 아동을 위한 양육비 회수의 권리 : 당사국은 국내외에 거주하는 부모 또는 아동에 대하여 재정적으로 책임 있는 자로부터 아동양육비의 회수를 확보하기 위한 모든 적절한 조치를 취하여야 한다.

⑤ 가정의 보호를 받지 못하는 아동의 권리 : 일시적 또는 항구적으로 가족환경을 박탈당하거나 가족환경에 있는 것이 스스로의 최상의 이익을 위하여 허용될 수 없는 아동은 국가로부터 특별한 보호와 원조를 부여받을 권리가 있다.

⑥ 입양에서 아동이익 우선의 권리 : 입양제도를 인정하거나 허용하는 당사국은 아동의 이익이 최우선적으로 고려되도록 보장하여야 한다.

⑦ 불법 해외 이송 및 미귀환에 대한 권리 : 당사국은 아동의 불법 해외이송 및 미귀환을 퇴치하기 위한 조치를 취하여야 한다.

⑧ 아동학대로부터의 보호 및 신체적·심리적·사회적 회복의 권리 : 당사국은 아동이 부모, 법정 후견인 또는 기타 양육자의 양육을 받고 있는 동안 모든 형태의 신체적·정신적 폭력, 상해나 학대, 유기나 유기적 대우, 성적 학대를 포함한 혹사나 착취로부터 아동을 보호하기 위하여 모든 적절한 입법적·행정적·사회적 및 교육적 조치를 취하여야 한다. 잔혹하거나 비인간적이거나 굴욕적인 대우나 처벌 또는 무력분쟁으로 희생된 아동의 신체적·심리적 회복 및 사회복귀를 촉진하기 위하여 모든 적절한 조치를 취하여야 한다.

⑨ 양육 및 보호기관에 대한 심사권 : 당사국은 양육·보호 또는 신체적·정

신적 건강을 위한 치료목적으로 관계 당국이 양육 조치한 아동이 본인에게 제공되는 치료 및 양육지정과 관련, 여타 모든 사정을 정기적으로 심사하는 것에 대한 권리를 가짐을 인정한다.

⑩ 보육서비스 제공 : 당사국은 아동의 양육책임이행에서 부모와 법적 후견인에게 적절한 지원을 제공하여야 하며, 아동보호를 위한 기관, 시설 및 편의의 개발을 보장하여야 한다.

(3) 기초보건 및 복지에 대한 권리

① 보건서비스를 받을 권리 : 당사국은 최상의 건강수준을 향유하고, 질병의 치료와 건강의 회복을 위한 시설을 사용할 수 있는 아동의 권리를 인정한다. 이 권리의 이행을 위하여 당사국은 아동의 사망률 감소, 산모의 출산 전후 건강관리, 기초건강관리, 환경오염방지 등을 위해 적절한 조치를 취하여야 한다.

② 장애아동의 권리 : 정신적·신체적 장애를 가진 아동은 존엄성이 보장되고 자립이 촉진되며 적극적 사회참여가 조장되는 여건 속에서 충분히 품위 있는 생활을 누려야 한다. 당사국은 아동의 여건과 아동양육자의 사정에 적합한 지원이 아동과 그의 양육자에게 제공될 것을 장려하고 보장하여야 한다.

③ 사회보장 및 아동보호시설에 대한 권리 : 모든 아동이 사회보험을 포함한 사회보장제도의 혜택을 받을 권리를 가지며, 이의 실현을 위하여 필요한 조치를 취하여야 한다. 당사국은 취업한 부모의 아동들이 아동보호를 위해 자격을 갖춘 편의 및 시설을 이용할 수 있는 권리가 있음을 보장하기 위하여 모든 적절한 조치를 취하여야 한다.

(4) 교육 · 여가 및 문화적 활동에 대한 권리

① 생활순주에 대한 권리 : 당사국은 모든 아동이 지적·신체적·정신적·도덕적·사회적 발달에 적합한 생활수준을 누릴 권리를 가짐을 인정한다.

② 교육목표에 대한 권리 : 당사국은 다음과 같은 아동교육목표를 달성해야 한다. 아동의 잠재력의 최대 개발, 서로 다른 출신, 언어, 가치 및 문

명에 대한 존경심 개발, 사람과의 관계에서 이해, 평화, 관용, 양성평등, 우정 등에 입각한 자유사회에서의 책임 있는 삶에 대한 준비 등이다.

③ 교육을 받을 권리 : 아동의 교육에 대한 권리를 인정하며, 기회균등의 기초 위에서 점진적으로 이 권리를 달성하기 위하여 초등교육은 무상으로, 그리고 일반교육과 직업교육을 포함한 다양한 형태의 중등교육을 장려하는 조치를 취하도록 하고 있다.

④ 여가·오락 활동 및 문화적 활동에 대한 권리 : 당사국은 아동이 휴식과 여가를 즐기고 자신의 연령에 적합한 놀이와 오락 활동에 참여하고 문화생활과 예술에 자유롭게 참여할 권리를 인정하며, 이 권리를 촉진할 수 있는 적절하고 균등한 기회의 제공을 장려한다.

(5) 특별보호조치에 대한 권리

① 법적 분쟁상의 아동에 관한 권리 : 난민아동, 전쟁 시의 아동, 위급한 상황에 처한 아동, 자유가 박탈된 아동 등에 대한 보호와 권리, 아동에 대한 사형 및 종신형의 금지에 대한 권리, 사회복귀 지원에 대한 권리가 포함된다.

② 착취상황의 아동에 대한 권리 : 아동의 노동력 착취, 성적 착취와 학대, 마약과 향정신성 물질로부터의 보호, 기타 형태의 착취로부터의 보호에 대한 권리 등을 포함하고 있다.

3. 한국의 아동인권

우리나라는 1921년 방정환이 어린이라는 말을 처음 사용한 이후 1923년 어린이날이 제정되었고, 1975년 대한민국어린이헌장이 선포되었으며, 1975년 5월 5일부터 어린이날이 공휴일로 제정되었다. 이후 1990년 9월 25일 UN의 아동권리협약에 서명하고 이 협약의 3개 조항을 유보하고 비준하여 1991년 12월 20일부터 협약 당사국이 되었다(송정애, 2022).

1) 어린이날의 선포와 아동의 권리(이소희, 2019)

(1) 색동회와 소년운동협의회의 활약

최초의 어린이날은 천교도와 소파 방정환 선생님이 주축이 되어 결성한 색동회 및 소년운동협회가 주도적인 역할을 담당하였고, 전 국민들은 큰 반향을 일으켰으며, 대단한 공감대를 형성하기에 이르렀다.

당시는 일제의 통치를 받고 있던 암울한 시대였기 때문에 어린이날의 공표는 어린이 애호만이 민족을 살리고 부흥시키는 것이라는 믿음이 바탕이 되었으며, 따라서 이 운동은 어린이를 통한 애국애족의 성격을 지녔다. 1923년 5월 1일 '어린이날'이라는 공식 이름으로 전국적인 행사가 펼쳐졌으며, 이때 '어린이를 내려다보지 마시고 쳐다보아 주시오.'라는 당부가 적힌 '어린이날의 약속'이라는 제목의 전단지가 배포되었다. 당시 이러한 메시지는 뿌리 깊게 남아있던 유교적 전통에 정면 도전한 것으로 볼 수 있을 만큼 매우 획기적이었으며, 이후의 어린이에 대한 가치관과 태도의 형성에 지대한 영향을 미쳤다.

광복 이후인 1946년 어린이날은 5월 1일에서 5월 5일로 변경되었으며, 이에 따라 1961년 제정된 아동복리법에서는 5월 5일로 확정 규정하였다. 이로써 어린이날은 법적 기반 위에서 본격적인 활동을 더 활발하게 펼치게 된 것이다. 나아가 국가에서는 어린이날이 지닌 의미를 더욱 강화하기 위해 1970년, '관공서의 공휴일에 관한 규정'에 따라 공휴일로 지정함으로써 어린이 사랑과 나라 사랑이 지닌 의미를 더욱 공고히 하였다.

한편 1981년 전면 개정된 아동복지법 제4조에 '어린이에 대한 사랑과 보호의 정신을 높임으로써 이들을 옳고 아름답고 슬기로우며 씩씩하게 자라나도록 하기 위하여 매년 5월 5일 어린이날을 포함하여 5월 1일부터 5월 7일까지를 어린이주간으로 한다'고 규정하였다. 이러한 조치로 어린이날은 일회성 행사에 그쳐야 하는 것이 아니라, 전 국민이 매일 생활화해야 하는 공동의 약속임을 재천명한 것이라고 할 수 있다.

(2) 아동의 권리공약 3장 공표

공약은 널리 지키도록 하기 위해 알리는 약속이다. '공약'이라고 하는 용어를 사용한 것은 한두 사람들이 지켜야 하는 것이 아니라, 전 국민이 의식적으로 양육해야 한다는 것을 공개적으로 선언한 것이다.

소년운동협회에서 주관하였던 1923년 5월 1일의 어린이날 행사에서 '아동의 권리공약 3장이 공표되었다. 공약은 단 세 가지였으나, 함축된 의미는 매우 강력하다. 즉 아동이 한 인간이라고 하는 천부적 존재가치와 함께 아동의 발달적 특성을 고려하여 아동다운 생활을 할 수 있도록 육성되어야 한다는 의지를 표명하였기 때문이다. 더구나 이 공약은 1924년 제네바의 국제연맹에서 채택된 국제아동인권선언 보다도 1년 앞섰음을 볼 때, 우리나라 선각자들의 아동애호사상에 대한 선견지명을 읽을 수 있다는 점에서 의의를 지닌다고 할 수 있다.

2) 어린이헌장의 선포와 아동의 권리(이소희, 2019)

어린이헌장은 어린이 육성에 대한 전 국민의 기대목표와 각오를 명문화한 약속이며, 어린이날의 제정과 함께 우리나라 아동의 권리보장을 위한 사회적 인식강화에 초석이 되었다.

(1) 어린이날과 1957년 어린이헌장

우리나라에서 공표된 첫 어린이헌장은 어린이날처럼 소수의 아동애호가에 의해 발의되었는데, 동화작가인 마해송과 강소천 선생님 등이 중심이 되어서 1957년 2월에 작성되었다. 그리고 같은 해에 다시 전문과 9개 항의 어린이헌장으로 보완하여 제35회 어린이날인 5월 5일을 기해 공포하였는데, 이는 어린이날 제정 이후 약 30년 만에 이루어진 것이다. 이는 계속 이어지는 국난(國難) 속에서도 오직 아동애호와 육성이 나라의 번영을 약속한다는 점을 천명하였다는 점에서 기념비적인 의의를 지닌다.

'어린이날' 유래와 연혁

1921	방정환 선생이 '어린이'란 말 처음 사용
1923.5.1.	일본 동경에서 방정환 등 한국 유학생이 모여 '색동회' 창립을 위한 첫 회합을 하고 5월 1일은 어린이날로 정하고 기념 행사를 치름.
1924	국제연맹에서 '아동권리헌장' 채택
1927	5월 첫째 월요일을 '어린이날'로 변경
1937	'어린이날' 기념식 금지
1938.5.	'어린이날' 폐지
1946.5.5.	제24회 어린이날 기념식을 거행하고 5월 5일을 '어린이날'로 결정(건국준비위원회)
1948	국제연맹 '아동권리헌장' 개정 선언
1957.5.5.	'대한민국 어린이헌장' 제정 선언
1959.11.20.	유엔총회 '아동권리선언' 선포(전문 10개조)
1961.12.30.	5월 5일을 '어린이날'로 지정(아동복리법)
1973.3.30.	'각종 기념일에 관한 규정'에 규정
1975.1.27.	'어린이날'을 법정 공휴일로 지정(대통령령)
1976.9.3.	'각종 기념일에 관한 규정'에서 제외
1981.4.13.	5월 5일을 '어린이날'로 지정(아동복지법)
1982.5.15.	'각종 기념일에 관한 규정'에 재규정

출처: https://qq9447.tistory.com/296 [이 풍진 세상에:티스토리]

어린이헌장(1957)

어린이는 나라와 겨레의 앞날을 이어나갈 새 사람이므로 그들의 몸과 마음을 귀히 여겨 옳고 아름답고 씩씩하게 자라도록 힘써야 한다.

① 어린이는 인간으로서 존중하여야 하며 사회의 한 사람으로서 올바르게 키워야 한다.
② 어린이는 튼튼하게 낳아 가정과 사회에서 참된 애정으로 교육하여야 한다.
③ 어린이에게는 마음껏 놀고 공부할 수 있는 시설과 환경을 마련해주어야 한다.
④ 어린이는 공부나 일이 몸과 마음에 짐이 되지 않아야 한다.
⑤ 어린이는 위험한 때 맨 먼저 구출하여야 한다.
⑥ 어린이는 어떠한 경우에라도 악용의 대상이 되어서는 아니 된다.
⑦ 굶주린 어린이는 먹여야 한다. 병든 어린이는 치료해주어야 하고, 신체와 정신에 결함이 있는 어린이는 도와주어야 한다. 불량아는 교화하여야 하고 고아나 부랑아는 구호하여야 한다.
⑧ 어린이는 자연과 예술을 사랑하고 과학을 탐구하며 도의를 존중하도록 이끌어야 한다.
⑨ 어린이는 좋은 국민으로서 인류의 자유와 평화와 문화발전에 공헌할 수 있도록 키워야 한다.

(2) 1988년 어린이헌장

아동복지의 포괄적 주 행정부서인 보건복지부는 1988년 제66회 어린이날을 기해 1957년의 어린이헌장을 보완한 11개 항목의 어린이헌장을 재공포하였다. 새 어린이헌장은 아동과 나라를 사랑하는 소수의 선각자들에 의해 발의되었던 어린이헌장을 국가적 차원으로 승격시킨 것으로 이해할 수 있다. 다만 어린이헌장의 사회적 의미를 고려하여 담당 부서 차원을 넘어 국가적 차원으로 격상하여 공포할 필요성이 크다.

어린이헌장(1988)

대한민국 어린이헌장은 어린이날의 참뜻을 바탕으로 하여 모든 어린이가 차별 없이 인간으로서의 존엄성을 지니고 나라의 앞날을 이어나갈 새 사람으로 존중되며 아름답고 씩씩하게 자라도록 함을 길잡이로 삼는다.

① 어린이는 건전하게 태어나 따뜻한 가정에서 사랑 속에 자라야 한다.
② 어린이는 고른 영양을 섭취하고, 질병의 예방과 치료를 받으며, 맑고 깨끗한 환경에서 살아야 한다.
③ 어린이는 좋은 교육시설에서 개인의 능력과 소질에 따라 교육을 받아야 한다.
④ 어린이는 빛나는 우리 문화를 이어받아, 새롭게 창조하고 널리 펴나가는 힘을 길러야 한다.
⑤ 어린이는 즐겁고 유익한 놀이와 오락을 위한 시설과 공간을 제공받아야 한다.
⑥ 어린이는 예의와 질서를 지키며, 한겨레로서 서로 돕고, 스스로를 이기며 책임을 다하는 민주 시민으로 자라야 한다.
⑦ 어린이는 자연과 예술을 사랑하고 과학을 탐구하는 마음과 태도를 길러야 한다.
⑧ 어린이는 해로운 사회 환경과 위험으로부터 먼저 보호되어야 한다.
⑨ 어린이는 학대를 받거나 버림을 당해서는 안 되고, 나쁜 일과 힘겨운 노동에 이용되지 말아야 한다.
⑩ 몸이나 마음에 장애를 가진 어린이는 필요한 교육과 치료를 받아야 하고, 빗나간 어린이는 선도되어야 한다.
⑪ 어린이는 우리의 내일이며 소망이다. 나라의 앞날을 짊어질 한국인으로, 인류의 평화에 이바지할 수 있는 세계인으로 자라야 한다.

이와 같이 어린이헌장 발달과정을 통해 아동을 위한 몇 가지 사회적 인식 변화를 파악할 수 있다. 다시 말하면 1957년 어린이헌장은 어린이들을 건강하고 건전하게 육성하기 위해서 성인을 중심으로 한 사회구성원들이 지녀야 할 책임과 의무를 강조하고 있다. 예시로 9가지 조항들은 모두 '어린이는'으로 시작하고는 있지만, '~구출하여야 한다.', '~이끌어야 한다.' 및 '~키워야 한다.' 등의 표현을 사용하면서 어린이 육성의 책임을 위한 실행 주체가 바로 사회구성원들이라는 점을 강조하고 있다.

1988년 어린이헌장에서도 '어린이는'으로 시작하는 것은 동일하지만, 그 이후의 표현에서는 차이가 있다. 그 차이점은 '어린이가' 바로 주체가 되고 있다는 점인데, 구체적으로 예시하면, '~스스로를 이기며 책임을 다하는 민주시민으로 자라야 한다.' 등이 그것이다. 즉 어린이다운 질 높은 삶은 사회가 제공해야 한다는 점은 유사하다. 그러나 어린이의 존재론적 가치를 앞세우며, 역할 가치를 수행하도록, 그리고 세계평화와 안정에 나름대로 기여해야 한다는 책임의식을 강조하고 있다는 점에서 의미 있는 차이라고 할 수 있다. 바로 이러한 접근의식은 아동이 보호 또는 통제의 대상만은 아니라는 것을 재확인해 주고 있다(이소희, 2018).

3) 한국의 아동권리헌장

2016년 5월 2일 대한민국 정부에서 발표한 아동권리헌장은 아래와 같다.

아동권리헌장

모든 아동은 독립된 인격체로 존중받고 차별받지 않아야 한다. 또한 생명을 존중받고, 보호받으며, 발달하고 참여할 수 있는 고유한 권리가 있다. 부모와 사회, 국가와 지방자치단체는 아동의 이익을 최우선적으로 고려해야 하며, 다음과 같은 아동의 권리를 확인하고 실현할 책임이 있다.

① 아동은 생명을 존중받아야 하며 부모와 가족의 보살핌을 받을 권리가 있다.
② 아동은 모든 형태의 학대와 방임, 폭력과 착취로부터 보호받을 권리가 있다.
③ 아동은 출신, 성별, 언어, 인종, 종교, 사회 "경제적 배경, 학력, 연령, 장애 등의 이유로 차별받지 않을 권리가 있다.
④ 아동은 개인적인 생활이 부당하게 공개되지 않고 보호받을 권리가 있다.
⑤ 아동은 신체적 "정신적" 사회적으로 건강하게 성장하고 발달하는 데 필요한 기본적인 영양, 주거, 의료 등을 지원받을 권리가 있다.
⑥ 아동은 자신이 살아가는 데 필요한 지식과 정보를 알 권리가 있다.
⑦ 아동은 자유롭게 상상하고 도전하며 창의적으로 활동하고 자신의 능력과 소질에 따라 교육받을 권리가 있다.
⑧ 아동은 휴식과 여가를 누리며 다양한 놀이와 오락, 문화 예술 활동에 자유롭고 즐겁게 참여할 권리가 있다.
⑨ 아동은 자신의 생각이나 느낌을 자유롭게 표현할 수 있으며, 자신에게 영향을 주는 결정에 대해 의견을 말하고 이를 존중받을 권리가 있다.

2016년 5월 2일

대한민국정부

특집 | 어린이날 100주년 아동 인권 이야기

(대학신문 윤이정 기자/입력 2022.05.15. 09:01 자 신문기사 – 인터넷 검색 2022.7.27. 인용함)

어린이날이 올해로 100번째 생일을 맞았다. 어린이날은 소파 방정환 선생이 어린이를 '어른보다 한 시대 더 새로운 사람'으로 칭하며 경제적·윤리적 압박으로부터 어린이를 해방하기 위해 제정한 날이다. 아이를 한 명의 독립적인 사회 구성원으로 대우하고자 '어린이'라는 개념을 도입한 1921년 5월 1일부터 오늘날까지 아동 인권의 내용은 다양하게 변화하며 발전해 왔다. 어린이날 100주년, 아동 인권은 안녕한가. 아동 인권이 걸어온 발자취를 따라가 본다.

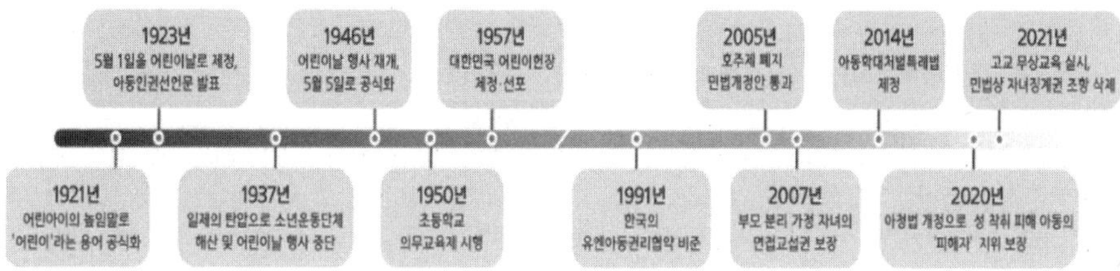

아동 인권이 걸어온 길

아동 인권이 사회적으로 자리 잡기까지는 방정환과 천도교 소년회의 기여가 컸다. 1920년대의 사람들은 어린이를 '애녀석', '아해놈' 등으로 부르며 어른에게 종속되는 존재로 여겨 이들을 하대하거나 멸시하고는 했다. 암울했던 일제강점기에, 희망과 미래를 어린이에게서 찾았던 방정환은 어린이를 독립적인 인격체로 존중할 것을 주장했다. 그는 어린아이를 높여 '어린이'라는 용어를 사용할 것을 선언하고 이를 널리 보급했다. 또한 그는 어린이날을 제정하며 「어린이」, 「신소년」과 같은 어린이 잡지를 출간하고, 동요와 동화 등 어린이를 위한 문화를 형성하는 데 힘쓰며 천도교 소년회와 함께 어린이 해방 운동을 적극적으로 펼쳤다.

방정환의 어린이 해방 운동은 당시 사람들에게 매우 파격적으로 다가왔다. "어린이에게 경어를 쓰시되 늘 부드럽게 하여주시오"나 "어린이를 내려다보지 마시고 쳐다보아 주시오"와 같은 당부는 일제강점기의 사회적 분위기상 즉각적으로 수용되지는 못했다. 대부분의 어린이가 교육을 제대로 받지 못하고, 농사일을 돕거나 공장에 나가 노동했기 때문이다. 어린이는 가정의 재산으로 여겨지거나 이후에는 전쟁에 동원돼 가장 기본적인 생존권과 발달권조차 보장받기 어려웠다. 해방 후에도 상황은 나아지지 않았다. 정부가 수립되고 2년이 채 지나기 전에 6·25 전쟁이 발발하며 10만 명에 달하는 전쟁고아가 양산됐다. 시대 변화 속 국가 재건이라는 과제 앞에서 어린이의 권리는 후순위로 밀리고 말았다.

사적 영역에서 아동 인권 개선은 더뎠고 사람들의 인권 의식도 미비했지만, 사회제도는 방정환의 정신이 반영되며 차차 발전했다. 1954년 '의무교육완성 6개년 계획'이 수립돼 6년의 초등 의무교육제가 시행됐고, 1961년 보호자가 없는 아동과 빈곤아동의 보호를 골자로 한 아동 복리법이 제정됐다. 시간이 흘러 1991년에 정부가 유엔아동권리협약을 비준하며 대한민국의 아동 인권 제도화가 가속화됐다. 이에 발맞춰 영유아보육법을 개정하고 청소년기본법을 제정하는 등 아동 인권을 제고하기 위한 정부의 입법 노력이 있었다. 부모의 자녀징계권을 명시한 민법 제915조 '친권자는 자녀를 보호·교양하기 위해 필요한 징계를 할 수 있다'를 1960년 제정 이후 61년 만인 지난해 삭제한 것도 이런 노력의 일환이었다. 훈육과 학대를 구분해야 하며, 아동학대를 가정이라는 사적 영역에서 해결하도록 방치해서는 안 된다는 생각이 만든 결과다.

잔존하는 사각지대

지난 100년간 어린이 복지와 권리 측면에서 눈에 띄는 제도적 진전이 있었지만, 보이지 않는 곳의 어린이를 다 포괄하기에는 어려움이 있었다. 가장 사적인 공간인 가정이 그곳이다. 그 안에서 일어나는 아동학대는 훈육이라는 이름으로 자행돼왔다. 명백한 신체적 학대일지라도 가정의 일이라는 이유만으로 공권력의 개입이 어려웠다. 민주사회를 위한 변호사모임 김희진 변호사는 "아동은 부모보다 취약한 존재이지만, 이것이 법적 지위가 낮고 권리의 내용이 적음을 의미하지는 않는다"라고 말했다. 신체적 폭력과 달리 상처가 겉으로 드러나지 않는 정신적 폭력의 경우 문제는 더욱 심각해진다. 임명호 교수(단국대 심리치료학과)는 "가정에서 이뤄지는 가스라이팅은 가해자인 부모도 폭력임을 인지하지 못한 채 일어나고, 피해자인 아동은 이를 양육의 한 방식으로 받아들이고 자책감을 느낀다"라고 말했다. 그는 "아동은 가스라이팅의 후유증으로 위축되고 자신감이 부족해진다"라며 "이는 외상 후 스트레스 장애나 우울증으로 이어지기 쉽고 대부분이 무기력증을 겪어 주변에 도움을 요청하지 못한다"라고 설명했다.

등잔 밑이 어둡듯이, 우리 역시 아동 인권 존중의 흐름에 역행하고 있었을지도 모른다. 영유아와 어린이를 동반한 고객의 출입을 제한하는 '노키즈존(어린이 제한 구역, No Kids Zone)'이 대표적이다. 2017년 국가인권위원회(인권위)가 노키즈존은 어린이에 대한 차별이라고 밝힌 바 있지만, 노키즈존의 정당성을 둘러싼 논란은 계속되고 있다. 아이의 행동으로 안전사고가 발생했을 때 상당 부분 책임을 지는 자영업자의 입장에서는 사고가 가져올 수 있는 영업적 손실을 애초에 방지함이 낫다는 것이다. 이에 대해 김 변호사는 "노키즈존은 어떤 사유로든 어린이의 존재를 배제하는 혐오가 드러난 것"이라며 "의사소통이 서툴고 사회규범에 관한 이해의 정도가 다른 것은 그 사람의 특성이지, 문제가 아니다"라고 주장했다. 그는 덧붙여 "지식과 경험의 부족으로 배제될 가능성이 있는 취약한 사람의 존엄성을 지키는 것은 사회 공동의 책무"라며 "노키즈존을 만들고 이에 동조하는 것은 어린이를 잠재적 가해자로 간주하는 낙인이자, 누군가의 자유를 침해해도 된다는 차별적 시각의 표출"이라고 역설했다.

종종 아동 혐오의 정서가 드러나기도 하는 우리의 언어 사용 습관에도 아동 인권의 사각지대가 존재한다. 어린이를 비하하는 용어는 과거 '초딩'에서 오늘날 '잼민이'*, '급식충'*으로 변화했다. 흔히 사용되는 '-린이'라는 접사는 각종 표현과 결합해 '어떤 것에 입문했거나 실력이 부족한 사람'을 의미한다. 이런 표현들은 어떤 일에 미숙한 사람을 정감있게 부르기 위한 목적으로 방송이나 공문서에서도 종종 사용된다. 하지만 인권위는 비하 목적이 아닐지라도 해당 표현이 사회적으로 무분별하게 사용될 경우, 어린이가 미숙하고 부족한 존재라는 편견이 강화될 수 있으므로 공공기관에서 해당 표현의 사용을 지양할 것을 권고했다. 이봉주 교수(사회복지학과)는 "이런 신조어의 배경에는 어린이를 한 명의 주체로 보는 것이 아니라, 아직 부족하고 서투른 존재로 보는 아동 혐오 인식이 있다"라고 말했다. 어린이를 어엿한 하나의 주체로 인정하는 언어 습관이 아동의 권리를 존중하는 사회적 분위기의 시발점이 된다.

아예 법의 울타리 밖에서 보호받지 못하는 어린이들도 있다. 출생등록이 되지 않은 미등록 어린이들은 이후 다른 권리들도 보장받지 못할 수 있기에 더욱 벼랑 끝으로 내몰린다. 시민단체 '보편적 출생신고 네트워크'가 진행한 '2021 출생신고 실태조사'에 따르면, 2019~2020년 출생신고가 되지 않은 채 아동복지시설에 간 아이들이 146명인 것으로 파악됐다. 또한 한국 국적이 아닌 이주 어린이는 국내법상 출생신고가 불가능하므로 취학통지서 발급 대상에서 제외돼 의무교육에서 배제될 가능성이 있다. '미등록'이라는 특성상, 이들의 정확한 규모를 파악하기조차 어려운 현실이다.

우리가 만드는 아동 인권

아동 인권 보장을 위한 부단한 노력이 있었지만, 혹시 우리가 놓치고 있는 부분은 없을까. 어린이 콘텐츠 제작 및 비평 사업을 진행하는 '타이밍포올' 최숙 대표이사는 한국 아동 정책의 기조를 지적한다. 그는 "지금까지의 아동 인권 정책은 수년간 '보호'에 초점이 맞춰져 있었다"라며 "아동 인권은 국가별로, 그리고 한 국가 안에서도 문화의 흐름과 맥락에 따라 정의될 수 있기에 '보호'로 한정돼서는 안 된다"라고 지적했다. 또한 그는 "어린이는 인간이라는 점에서 어른과 같지만, 성장 중에 있고 보호자에 의해 보호받을 권리를 지닌다는 점에서 어른과 다르다"라며 "어린이 인권의 특수성을 고려한 조항이 필요하다"라고 주장했다.

이에 아동 인권을 위한 정부의 적극적 책임을 규정해야 한다는 목소리가 나온다. 김희진 변호사는 "현행 가족관계등록법은 원칙적으로 신고 의무자의 출생신고가 있을 때만 출생등록이 이뤄지도록 규정한다"라고 설명했다. 그는 "이를 보완하기 위해 2016년에 출생신고 의무자가 그 의무를 이행하지 않는 경우, 검사 또는 지방자치단체의 장이 출생신고를 할 수 있는 예외 규정이 신설됐지만 지난해 10월까지 지자체장 직권으로 출생신고한 사례는 10건뿐"이라고 지적했다. 이에 여러 시민단체가 모여 결성한 '보편적 출생신고 네트워크'는 국가의 출생등록 의무를 가능케 하는 출생통보제의 도입을 요구한다. 김 변호사는 "의료기관이 지자체에 아동의 출생을 통보할 수 있게 된다면 출생신고가 없더라도 신속하게 아동복지서비스를 연계할 수 있기 때문에 위기아동 발굴과 보호에 기여하며, 국가의 공적 책무를 강화하는 기회가 될 것"이라고 말했다. 다만 그는 "출생통보제가 도입되더라도 여전히 의료보험에 가입할 수 없는 이주 아동과 의료기관에서 태어나지 않은 아동을 아우르지 못한다"라고 덧붙였다.

정부의 제도 정비로 채워지지 않는 부분은 시민사회와 우리의 몫이다. 아동이 출연하는 유튜브 채널이나 SNS에 육아일기나 정보 공유의 목적으로 이뤄지는 '셰어런팅'*의 경우 우리의 세심한 관심을 요한다. 아동의 무분별한 미디어 노출은 어린이에게 성별 고정관념이나 외모지상주의와 같은 부정적 인식을 심어주거나, 출연하는 아동의 초상권·사생활 침해로 이어질 수 있기 때문이다. 인권위 정책자문위원회 위원 이명숙 변호사는 "부모가 자녀의 일상을 담은 사진, 특히 알몸 사진을 올리는 것과 같은 인권 침해의 여지가 있다"라며 "아이의 의사를 반영했더라도 아이가 성장한 뒤 과거 부모가 올린 사진으로 불미스러운 일을 겪을 수 있다"라고 설명했다. 최숙 대표이사는 "보호자와 어린이 스스로가 경계의 끈을 놓지 않으면서 전국민적으로 디지털 시민성을 함양할 수 있는 미디어 교육이 이뤄져야 할 것"이라고 제언했다. 아동의 권리를 보장하기 위한 우리 모두의 경각심과 제도의 모니터링도 계속돼야 한다.

아동 인권의 발자취를 따라가 마주한 현실은 마냥 행복으로 가득 차 있지 않았다. 디지털 환경에서 발생하는 아동 인권 침해와 같이 매 순간 새로운 문제를 직면하는 아동 인권의 다음 한 걸음은 모두가 함께 만들어 가는 것이다. 우리 모두 한때 아동이었음을 떠올려 보며 온 세상이 녹색으로 물들어가는 5월에, 어린이의 삶도 아주 푸르기만을 바라본다.

*잼민이: 인터넷 방송 플랫폼 '트위치' 속 어린 남자아이 음성합성 시스템의 이름인 '재민'에서 유래해 모든 초등학생 혹은 민폐를 끼치는 초등학생 정도의 어린아이를 지칭한다.

*급식충: '급식'과 벌레를 의미하는 한자 '충(蟲)'의 합성어. 급식을 먹는 초·중·고생들 중 민폐를 끼치거나 비행을 저지르는 학생들을 비하하는 말.

*셰어런팅: '공유하다'의 'share'와 '육아'의 'parenting'이 합성된 용어로, 보호자가 아동의 일상이나 사진을 SNS에 공개하는 일.

생각해봅시다

1 우리나라 아동의 권리 중 우선적으로 실현되어야 할 영역은 어떤 것이 있는지 조사해 봅시다.

CHAPTER

04

아동복지의 역사

1. 외국의 아동복지 발달과정

1) 산업화 이전의 아동복지

산업화 이전의 사회에서 일부 상류층의 자제를 제외한 대부분의 아동은 소유물로 취급당했다. 즉, 평균적인 가정에서 가족 구성원의 지위는 수 세기 동안 아버지, 가축, 어머니, 아동의 순으로 아동이 가장 하위로 매겨졌다(Despert, 1965). 17세기 프랑스의 아동에 대해 조사한 연구에 따르면, 당시 아동의 지위는 과도기적인 존재로 완전한 동물도 아니고, 그렇다고 완전한 사람도 아닌 존재로 여겨졌다(Hunt, 1969; Kadushin & Martin, 1988; 공계순 외, 2013).

아동의 욕구와 능력이 성인과 별로 다를 게 없다고 생각한 사회에서의 일반적인 인식은 인구 대상층의 문제와 분화되지 않은 상태에서 아동에 대한 열악한 처우를 그대로 보여주었다(오주 외, 2012).[1)]

구민법은 1601년 영국에서 제정, 아동복지의 기원이 되었다. 요보호 아동을 양육할 의사가 있는 사람에게 무료나 유료로 아동을 위탁시킬 수 있는 조치와 일할 수 있는 청소년은 도제(apprentice)로 보내 기술을 연마, 또는 가사 등을 돕게 하였다(조재숙 외, 2007).

아동복지에 대해 국가의 책임을 최초로 규정하였고, 위탁보호제도와 도제제도를 마련하였다. 위탁보호 후 개선된 점으로 시설수용 아동의 수가 감소하고, 가정적 분위기의 안정된 생활을 하였고, 도제제도 후 개선된 점으로는 빈곤아동의 의식주와 생활상 어려움의 해결 등 직업적 능력을 길러 사회적으로 자립할 수 있는 기반을 조성하였다. 그리고 도제제도 후 문제점으로는 아동의 인권 무시와 노동력 착취 등 신분에 따라 일부 아동들의 권리만 인정함으로써 대부분의 아동은 가족 또는 장원의 단순한 부속물로 취급하였다. 이 시기의 아동보호 활동은 단순한 동정적인 감정에 의한 종교적 자선행위

---

1) • 사회구조 : 장원제도의 엄격한 신분 계급 사회를 갖는다.
- 아동의 지위 : 가장 하찮은 사회적 지위를 차지하고, 따라서 영주들은 필요한 노동력과 군사력의 차원으로 아동의 존재가치를 부여하고 이를 악용하였다.
- 가족구성원의 지위 : 아버지, 가축, 어머니, 아동의 순으로 가장 하위계층의 지위에 있었다. 즉, 17세기 프랑스의 아동에 대한 조사에 따르면, 아동의 지위는 과도기적 존재로 완전한 동물도 아니고, 완전한 사람도 아닌 존재였다.

나 개인의 욕구나 권리에 기반을 두고 있어 근대적 의미의 전문적 아동복지사업은 아니었다(김성경 외, 2005).

산업화 이전의 사회에서 신분계급이 낮은 아동은 농노가 되어 노동력 착취, 심할 경우 생명을 잃는 경우도 발생하였다. 이에 종교단체나 가톨릭교회가 중심이 되어 생명을 빼앗는 행위를 죄악으로 여겼다. 이를 위해 아동의 노동력 착취 등을 금지하려는 노력의 시작과 함께 가난하거나 의지할 곳 없는 아동을 보호하기 위해 교회 시설을 활용하기 시작하였다.

이상과 같이 산업화 이전 사회에서는 신분에 따라 일부 아동들의 권리만 인정되었고, 대부분의 아동들은 가족, 장원의 단순한 부속물로 취급당하였다. 그리고 종교단체의 활동을 통해 아동보호의 첫 출발이 이루어지기 시작했다. 그러나 이 시기에 이루어진 아동보호활동 대부분은 단순한 동정적인 감정에 근거를 둔 종교적 자선행위였고, 개인의 욕구나 권리에 기반을 두는 근대적 의미의 전문적 아동복지사업은 아니었다(장인협 · 오정수, 1999).

2) 산업화 이후의 아동복지

(1) 근대 산업 사회

봉건제도(농노제도, 장원제도) 사회의 붕괴와 함께 그 결과 빈곤, 실업, 노사문제, 주택문제 등 다양한 사회문제들이 발생하고, 아동 문제 인식 또한 변화가 시작되었다. 이 당시 아동에 대해 성인과는 다른 욕구와 능력을 가졌고, 성인기와 구분하여 독특한 시기를 통해 성장한다는 점을 인정하기 시작하였으며, 아동의 문제와 관련된 최대의 관심사는 집단적인 수용보호의 효율성에 대한 비판으로 집중되었다.

19세기 중반까지 고아나 유기 아동들의 구빈원에서 수용 생활은 열악하였고, 많은 수용 아동들이 사망하였다. 1851년 빈민 생활 조건 개선협회는 노숙아동, 방임아동을 보호하는 아동시설을 설립하였고, 도로시아 딕스(Dorothea Dix) 같은 개혁가들이 중심이 되어 아동시설의 참혹상을 사회에 알려 정부 차원의 개선이 이루어지기도 하였다. 그 결과 아동시설은 성인과 아동을 혼합 수용하던 것에서 벗어나 아동중심의 시설로 발전하였지만, 전문성 측면에서의 발전은 이루어지지 않았다. 이 당시 아동들을 장기간 수용하는 경향은 계속되었는데 이는 아동에 적절한 교육을 제공하는 수단이 되어야 한다는 인식 때문이었다(김성경 외, 2005).

19세기 산업혁명 이후 산업혁명 초기의 산업이었던 면방직 공업에 필요한 값싼 노동력으로 아동을 활용하였다. 장시간 노동 이외에 상업이나 가사노동으로 혹사당할 경우 신체에 위험을 주는 열악한 노동조건으로 일하는 경우가 많았다.

영국에서는 1802년 「옥면공장 등 도제의 건강 및 품성을 위한 법률」을 제정하였으며, 세계 최초로 연소 공장노동자의 노동시간을 규제하고, 최소 수준의 위생과 교육을 보장하는 법령이었다. 1819년 「공장법(Factory Act)」이 제정되어 취업연령을 최저 9세로 정하고, 9세 이상 16세 미만의 어린이는 하루 12시간을 초과할 수 없다고 규정하였다. 이후 1833년에 「공장법」이 개정되어 9세 미만 아동의 노동을 금지시켰고, 9세 이상 13세까지의 아동에게는 주당 48시간, 1일 9시간으로 노동시간의 제한으로 아동을 보호하였다. 그 후 프랑스는 1841년, 스웨덴은 1881년, 미국은 1895년 근로 아동을 위한 관계법을 제정하였고, 최저 근로연령을 상향 조정하고, 아동의 노동을 제한하는 직업의 종류를 규정하기 시작하였다(공계순 외, 2013).

(2) 현대산업사회

20세기는 종종 '아동의 세기'로 불리기도 한다. 이 시기에 아동을 고유한 인격체로 받아들이고, 이들을 위한 다양한 사회적 제도들이 마련되었기 때문이다(공계순 외, 2013).

20세기 현대 산업사회 선두 국가인 미국의 아동복지의 주요한 변화상을 중심으로 살펴보면 당시 미국의 대통령이었던 루스벨트는 아동을 위한 부모 역할의 중요성과 가정생활의 중요성을 세 가지로 제시하였다(표갑수, 2000; 조재숙 외, 2007).

첫째, 가난하다는 이유로 아동이 가정으로부터 이탈되어서는 안 된다. 둘째, 가정을 떠나야만 하는 이유가 확실한 경우는 차선책으로 잘 선정된 위탁가정이 바람직하다. 셋째, 필요에 따라 시설을 이용할 경우는 소숙사 형태

(Cottage System)가 좋으며 아동의 의존성이 나타나지 않도록 해야 한다고 주장하였다.

이후 연방정부에 아동문제를 전담하는 아동국을 설치하고, 아동노동과 비행 등 아동에 관한 업무를 담당하도록 하였다. 아울러 10년마다 백악관회의를 열어 변화하는 사회에서의 아동복지정책을 모색도록 하였다.

다음으로 아동복지의 대상을 요보호아동에 국한하지 않고 일반아동으로 확대하는 보편주의적 아동복지제도가 도입되었다. 이와 관련해 1933년에는 「아동청소년법(Children and Young Persons Act)」이 제정되었다. 이 법은 비행청소년뿐만 아니라 일반아동 및 청소년의 복지와 사회참여를 활성화시키는 것을 목적으로 제정되었다. 아동복지에 대한 국가적인 책임이 강조되고, 복지대상이 일반아동까지 확대됨에 따라 복지대책의 일환으로 아동수당 및 가족수당제도가 도입되었다. 아동수당은 가족수당제도의 체계 내에서 또는 독자적인 영역으로 발달하였는데, 영국은 1946년에 제정된 가족수당제도의 개선책으로 1974년 모든 아동을 대상으로 하는 「아동수당법」을 제정하였다(표갑수, 2000).

한편 위탁가정과 아동시설이 요보호아동을 보호하는 가장 발전된 형태로 자리를 굳혀 갔다. 20세기 초반에 이 두 제도의 상대적인 장점에 관해 논란이 제기되기도 하였으나, 두 제도가 아동복지의 향상을 위해 효과적으로 협력되고 조정되어야 한다는 것으로 결론지어졌다. 20세기 중반 이후 위탁가정 보호와 아동시설은 아동의 개별적인 욕구에 맞게 보다 효과적으로 대처할 수 있도록 발전하였다. 즉, 대규모 아동시설은 가정형태의 소규모 시설로 발전하였고, 위탁가정과 시설의 특성을 동시에 갖춘 소규모 가정시설이 개발되었으며, 특수아동의 욕구를 충족시키기 위한 특별 위탁가정이 개발되었다(장인협 · 오정수, 2001; Costin, 1985).

또한 1959년 유엔(UN)이 '아동권리선언'을 선포한 이후, 이를 바탕으로 1979년 아동의 해로 지정하여 유엔은 1959년 '아동권리선언'을 채택하고, 1989년에 아동권리에 관한 국제협약을 통과시켰다. 위 협약에 포함된 아동의 권리는 크게 가지다(이대근, 2001).

첫째, 제공(provision)과 관련된 권리로 아동이 필요로 하는 인적·물적 자원을 제공하고 이를 사용할 권리를 가진다.

둘째, 보호(protection)와 관련된 권리로 아동이 위험하고 유해한 행위로부터 보호받을 권리를 가지고 있음을 의미한다. 그 예로 상업적 또는 성적 착취, 육체적·정신적 학대, 전쟁참여 등으로부터 보호받을 권리가 있다.

셋째, 참여(participation)의 권리로 아동이 자신의 인생에 영향을 미칠 중대한 결정에 대해 알 권리가 있음을 의미한다. 이와 관련해 아동은 성장과 더불어 책임 있는 성년기에 대한 준비로 사회활동에 참여할 기회를 더욱 많이 가져야 한다.

그러나 이렇게 아동권리 옹호운동이 진전되면서 아동에 대한 권리인정과 특혜부여는 부모의 권리와 관련해 제로섬(zero sum)의 문제를 가져오기도 하였다. 즉, 부모의 권리와 반대편에 있는 아동권리의 신장은 필연적으로 부모가 가지고 있던 아동에 대한 통제 정도와 특권을 감소시키는 결과를 가져오기 때문이다. 이에 역사적 변천과정을 검토해 볼 때, 아동권리는 증진되고 부모가 아동에 가지고 있던 권리는 감소되는 방향으로 전개되어 왔다고 볼 수 있다(Kadushin & Martin, 1988).

20세기 이후 이루어진 아동복지서비스의 발전을 요약하면 <표 4-1>과 같이 발전되어 있다고 볼 수 있다.

〈표 4-1〉 20세기 이후 이루어진 아동복지 서비스의 발전과정

20세기 전	20세기 후
집단적 수용보호	소규모의 수용보호
시설보호중심	재가보호와 지역사회의 보호 강조
포괄적인 서비스	분화된 다양한 서비스
비전문적 서비스	전문적 서비스

자료 : 조재숙 외(2007). 아동복지의 변천과정. 아동복지론 report. p.5.

2. 한국의 아동복지 발달과정

1) 전통사회의 아동복지

신라시대 제3대 유리왕 5년(서기 28년)에 관가에서 병든 사람, 자활하지 못하는 사람들과 고아들에게 식량을 지급하였으며, 고구려 태조왕 56년(서기 108년)에는 재해를 당한 사람들 속에 아동을 포함시켜 관곡을 배급하기도 하였다. 고려 제6대 성종 13년(서기 994년)에는 고아에게 10세까지 식량을 지급하고, 원하는 곳에서 살게 하였다. 이후 충목왕 3년(서기 1347년)에는 관립의 영아원이라 할 수 있는 해아도감을 설치하여 유아들을 보호, 양육하였는데 이것이 우리나라 최초의 시설구제로 평가되고 있다(보건복지부, 2008).

그 후 조선 제22대 정조(서기 1793년)의 자휼전칙은 우리나라 전근대 시대의 대표적인 아동복지법령이라 할 수 있다. 여기서 자휼전칙[2])이란 흉년이 들어 기근이 심할 때 극빈아동, 부랑아동을 관가에 유양, 민간에 수양토록 허가하는 법으로 유기아는 0~3세의 자력으로 생존이 불가능한 아동을, 행걸아는 4~6세, 7~10세로 세분하여 급여를 제공하였다. 이 제도의 실시는 아동 구제사업에 대한 국가의 책임과 역할을 일정 부분 인정하였다는 점에서 그 의의를 찾아볼 수 있다(하상락, 1989).

---

2) 흉년에 걸식하거나 버려진 아이들의 구제방법을 규정한 법령으로 1책. 활자본. 1783년(정조 7) 버려지거나 걸식을 하다가 굶어 죽는 아이가 많으므로 윤음(綸音)을 내려 사목(事目)을 정하고 이들을 구제할 수 있는 길을 열었는데, 그 시행 방법을 규정한 것이다. 또한 당시 이를 널리 주지시키기 위하여 한글로 번역하여 전국에 반포했다. 서문에 해당하는 전문(前文), 본문인 사목, 이를 한글로 풀이한 부록으로 구성되었으며, 사목은 모두 9조로 되어 있다. 구제방법은 서울과 지방이 달랐다. 서울에서는 5부(五部)에서 4~10세의 걸식하는 아이와, 3세까지의 버려진 아이를 진휼청에 보고하면 진휼청에서는 이를 돌보되 걸식아이는 흉년의 경우 보릿고개까지만 돌보고, 버려진 아이는 풍흉에 관계없이 돌보도록 했다. 친척이 있는데 돌보지 않는 경우는 친척에게 보내도록 했다. 걸식아는 진휼청 밖의 빈터에 흙집을 지어 거처하게 하고, 버려진 아이의 양육은 거지 여인 가운데 젖 먹일 만한 사람을 택하거나, 지원자를 물색하되 양육에 필요한 양식을 지급하며, 의복은 진휼청에서 마련해주고 병에 걸리면 혜민서(惠民署)에서 구호하게 했다. 지방에서는 진읍(賑邑)에서만 실시하고 버려진 아이는 진휼에 관계없이 실시하되 곡물은 상진곡(常賑穀)으로 충당하고, 간장과 미역은 감영에서 담당하게 했다. 걸식아나 버려진 아이를 기르고자 하는 사람은 진휼청의 입안(立案)을 받아서 아이를 자녀나 노비로 삼을 수 있게 하고, 부모나 친족 중에서 3개월 전에 찾아가는 자는 그동안에 들어간 비용을 내게 했다. 이 법령은 구휼정책(救恤政策)의 중요한 핵심을 이루는 것으로 조선 후기 농촌사회의 실상과 사회정책 연구에 도움이 된다. 규장각 · 국립중앙도서관 등에 소장되어 있다.

2) 근대사회의 아동복지

조선시대 말부터 대한제국기까지 정치적 격동기와 맞물리면서 정부의 구제사업은 거의 공백기였다고 할 수 있다. 이 시기 아동복지분야에서 두드러진 활동은 서양선교사들의 자선사업이었었다(박정란 외, 2001).

조선 말 고종 25년(1888년) 3월 프랑스교회가 서울 명동에 천주교회 고아원을 개설하였고, 고종 32년(1895년) 3월 인천에 천주교 부속 고아원이 설립되고, 광무 10년(1906년) 3월 이필화가 경성고아원을 설립하였는데(표갑수, 2000), 경성고아원은 황실하사금과 정부보조금(기부금)으로 설립되었다(조재숙 외, 2007).

일제강점기인 1910년대에는 조선총독부 산하에 제생원이 설립되어 빈곤아동과 맹아들의 교육과 자활을 지원하였다. 제생원의 양육부는 이필화가 설립한 경성고아원을 인수하여 운영하였고, 광복 국립육아원의 전신이 되었다.

한편 아동보호를 위한 민간차원의 운동이 활발하게 일어났는데, 그 대표적인 운동이 천도교에서 펼친 소년운동이었다. 천도교의 소년운동은 봉건시대의 아동관을 불식하고, 시대에 맞는 새로운 아동관을 계몽하는 일에 힘썼으며, '어린이'라는 순수한 한글 말을 만들어 보급하고, '어린이날'을 제정하는 등 아동문화를 확산시키는 한편, 민족독립운동의 성격을 지닌 사회운동의 성격을 띠고 있었다.

특히 '천교도 소년회'와 '불교소년회' '조선소년군'이 중심이 되어 발족한 '조선소녀운동협회'는 1923년 5월 1일 제1회 어린이날에 '소년운동선언'을 발표하였는데, 이것은 아동의 인권을 보호하고자 한 우리나라 최초의 아동권리선언이라 할 수 있다(박정란 외, 2001).

이 선언에는 어린이를 종래의 윤리적 억압에서 해방시키고 완전히 인격적으로 대우할 것, 어린이를 종래의 경제적 억압에서 해방시키고 완전히 인격적으로 대우할 것, 어린이를 종래의 경제적 억압에서 해방시켜 만 14세 이하 아동에 대한 유상 또는 무상의 노동을 금지할 것, 어린이에게 안심하고 즐겁게 뛰놀 수 있는 가정 또는 사회시설을 설립할 것 등의 내용을 담고 있다. 하지만 이러한 소년운동은 일제의 끊임없는 탄압과 어용소년단체의 출현과 장려, 내부적으로는 사회주의 계열과 민족주의 계열 간의 분열 등으로 1930

년대 들어 급속히 축소되면서 소멸되었다(공계순 외, 2013).

한편 1921년 미국의 감리교 선교사들이 설립한 태화사회관은 초기에는 교육사업에 치중했지만, 태화진료소를 중심으로 점차 아동보건과 사회사업을 전개하였다. 아동건강진단의 실시와 가정방문을 통한 위생교육, 육아법 등을 보급하였고 빈곤아동을 위한 탁아사업, 무료목욕사업, 우유급식사업들을 실시하였다. 태화사회관을 중심으로 결성된 '경성연합 소아건강 구제회'는 세브란스 병원, 동대문 부인병원, 태화진료소를 거점으로 지역의 아동보호 활동을 전개하였다. 태화사회관은 이후 일제의 종교탄압으로 인한 선교사 추방, 재산 몰수 등의 시련을 겪게 되었고, 결국 시국에 맞지 않는다는 이유로 일제가 완전중지명령을 내리고 말았다(박정란 외, 2001).

3) 해방이후의 아동복지

(1) 사회구호적 차원의 아동복지사업기(해방 이후~1960년)

사회구호적 차원의 아동복지사업은 1945년부터 1960년까지의 기간에 이루어졌으며, 이 기간 동안 한국전쟁을 거치면서 수많은 전쟁고아와 기아와 부랑아들이 발생하였다. 이에 국가 및 국내의 민간단체는 많은 아동보호시설을 설립하여 응급구호를 하였다. 이러한 수용시설 중심의 아동보호사업은 1950년대에 급속하게 증가하였고, 1960년 이전까지 아동복지는 국가책임의 원칙이 정착되지 못했고 전문화된 서비스를 제공받을 수 없었으며, 빈곤계층의 아동을 대상으로 민간과 해외원조에 의존해 운영되는 사회구호사업이 대부분이었다(장인협 · 오정수, 2001; 표갑수, 2000).

국가책임의 사회적 보호가 미비한 가운데 다수의 민간외국 원조기관들이 국내에 들어와 활동하였는데, 기독교아동복리회(C. C. F.: 철수 후에 한국 어린이재단, 한국복지재단으로 명칭 변경), 선명회 세계본부(철수 후 최근 월드비전으로 명칭 변경) 등의 외원단체의 아동 후원사업이 전개되었다. 이러한 외원 중심의 아동복지시설은 1960년대까지 지속되었다(공계순 외, 2013).

(2) 잔여적 아동복지 정책기(1960년대 초~1970년대)

1960년대 초 「생활보호법」과 「아동복리법」이 제정되어 요보호아동에 대한 국가책임의 원칙이 처음으로 법제화되었다.

「아동복리법」의 내용에서도 성장론에 기초한 잔여적 아동복지관과 가정보호의 강조가 표현되고 있다(이혜경, 1993). 「아동복리법」의 보호대상은 '보호자로부터 유실, 유기 또는 이탈되었을 경우, 보호자가 아동을 양육하기에 부적당하거나 양육할 수 없는 경우'로 명확히 한정하여 이 법에 따른 아동복지제도는 사후조치적이고 잔여적인 성격을 갖고 있음을 명시하고 있다.

또한 시와 도에 아동복리위원회를 설치하고 아동복지지도원을 두어 아동지도에 필요한 가정환경 조사, 입양위탁업무, 거택구호에 관한 업무 등 요보호아동의 탈시설화와 제반 아동복리 증진에 관한 업무를 담당하게 하였으며, 보육시설 외에 아동상담소 등 다양한 시설과 일시위탁보호제도를 두었다.

1961년에는 「고아입양특례법」이 제정되어 아동을 원가정에서 보호할 수 없는 경우 다른 가정에서라도 아동을 보호하도록 하고자 하는 정책적 의지를 담아내었다.

이 시기의 아동복지정책은 요보호아동을 대상으로 한 매우 제한적인 보호대책이었다. 당초 법안에 있었던 모든 아동의 건전 육성이란 규정은 국가재정의 어려움을 이유로 제외되어 버렸고, 대신 법의 대상이 요보호아동으로만 제한되어 입법되었다(장동일, 1996).

1970년대까지 우리나라 아동복지는 일반아동을 대상으로 한 보편적 서비스로 발전하지 못하였고, 보호를 필요로 하는 아동을 중심으로 하는 선별주의 원칙에 기초한 잔여적 형태의 서비스였다(장인협 · 오정수, 2001). 1979년 「세계 아동의 해」를 계기로 「한국 어린이의 해」를 선포하였다(조재숙 외, 2007).

(3) 통합적 아동복지정책의 모색기(1980년대~현재)

1970년대 후반부터 산업화, 도시화, 핵가족화, 가치관의 변화로 소년소녀가장문제, 가출 아동, 부랑아동, 비행아동, 정서장애아동, 신체장애아동의 문제뿐만 아니라 저소득층 또는 일반가정의 방치된 아동문제 등을 광범위하고 다양한 아동문제가 등장하게 되었다. 그뿐 아니라 여성의 사회참여가 늘어나고 보편주의 원칙에 입각한 전 국민의 의료보장과 소득보장이 중요한 국가정책의 영역이 되면서 아동복지에서도 그 대상이 요보호아동뿐 아니라 일반가정 아동에게까지 보편화되어야 한다는 새로운 아동복지관이 대두되었다. 도시로 이주한 가정, 핵가족, 취업모가정 등 일반가정 아동을 위한 발전적이고 예방적인 프로그램의 필요성이 주장되었다(공계순 외, 2013).

한편 외국의 원조도 우리나라의 경제력 신장을 의식하여 1970년대 중반부터 줄이기 시작하면서 국가가 더 이상 아동복지의 책임을 민간으로 미루기 어려운 상황이 되었으며, 국가·경제적으로도 실제 아동복지에 대한 국가의 책임을 수행할 수 있는 기반이 마련되기 시작하였다(이혜경, 1993).

이에 변화된 가정과 아동의 욕구에 부응하여 「아동복리법」을 전면 개정하여 1981년 4월 13일에 「아동복지법」을 제정하였다.

새로운 「아동복지법」은 적극적인 사회복지법으로서 요보호아동을 포함하여 모든 아동을 대상으로 아동이 가진 문제해결과 동시에 건전하게 자랄 수 있도록 하는 지원을 목적으로 반영하고 있다(현외성, 2001).

1980년대 중반 이후로 갈수록 기혼여성의 취업확대에 따른 탁아수요증가에 대응하고 아동의 건전한 육성을 위하여 탁아시설의 설치에 대한 관심이 높아졌다. 이러한 과제에 대처하기 위해 1989년 9월 「아동복지법 시행령」 중 일부가 개정되었고(장동일, 1996) 그 내용은 다음과 같다.

아동복지시설의 종류에 아동을 보호·양육하는 탁아시설이 추가되었다. 저소득층의 생활자립기간 조성을 위하여 탁아시설의 장은 아동입소 시에 「생활보호법」이 정하는 생활보호해당자의 자녀를 우선적으로 입소시키도록 했다.

그러나 1991년 1월 「영유아보육법」의 제정으로 탁아와 관련된 내용은 「아동복지법」에서 분리되었으며, 시설탁아 및 가정탁아시설은 아동복지시설에서 제외되었다(장동일, 1996).

이 시기는 외원의 감소와 국가의 지원강화, 그리고 일반아동의 복지까지 도모하는 아동복지로 변모를 시도한 시기로 정리할 수 있다.

이상의 변화과정을 정리해 볼 때 분명 우리나라의 아동복지는 점차 새로운 모습으로 발전하기 위해 다양한 노력과 시도가 이루어지고 있다고 볼 수 있다.

생각해봅시다

1 우리나라의 아동복지에 필요한 자원 동원을 위한 노력에는 어떤 것들이 있는지 생각해 봅시다.

CHAPTER

05

아동복지의 실천원리

1. 아동복지와 사회복지실천

아동복지실천은 아동을 위한 사회복지실천이다. 즉, 아동의 삶을 증진하기 위하여, 아동의 특수성을 고려하면서 사회복지의 기본적인 실천방법과 원리를 적용하는 과정을 의미한다. 아동복지의 특수성은 아동의 발달이 가족에 달려 있다는 가족중심 관점과 아동의 복지는 아동과 환경 간의 상호작용에 영향을 받는다는 생태체계적 관점을 도입했을 때 잘 설명될 수 있다. 가족중심 접근에서는 문제를 가졌다고 가정된 아동이 사회복지기관에 의뢰가 되었을 때 사회복지사는 아동뿐만 아니라, 부모와 전체가족을 클라이언트로 고려한다. 그리고 가족과 함께 문제를 아동으로부터 가족 전체와 외부환경의 맥락으로 관심을 넓히고 전환시키는 가족초점(family focus)을 유지한다(Petr, 1998).

생태체계적 관점에서 아동 및 아동문제는 아동의 생리적·심리적·사회적 맥락과 그 외부환경과의 상호작용에서 이해될 수 있고, 개입의 초점은 각 요인들 사이의 상호작용 촉진에 있다고 보는 것이다. 아동복지실천은 아동의 발달단계별 특성과 부모의 특성, 가족의 발달주기, 가족의 사회심리체계, 그리고 가족과 외부체계의 상호작용, 사회복지사와 사회복지기관의 개입 등 복합적인 요인이 상호작용하는 맥락에서 설명될 수 있다(윤혜미 외, 2013).

1) 생태체계이론과 아동복지실천

'한 아이를 키우기 위해서는 온 마을이 필요하다.'라는 아프리카 속담이 있다. 더불어 '좋은 담이 좋은 이웃을 만든다.'라는 아라비아 속담도 있다. 이 속담들은 건강하고 건전한 아이의 성장과 발달을 위해서는 부모와 가족만이 아닌, 가까운 친구와 이웃과 같은 주변 사람들은 물론 지역사회 및 국제사회 관심과 실질적인 지원 제도 등이 매우 필요하다는 것을 시사해 준다.

브론펜브래너(Bronfenbrenner, 1979)에 의해 주창된 생태체계이론은 체계이론과 생태이론을 합한 것으로서, 인간발달의 차원에서 인간행동의 근원과 구조를 설명하는 사회과학의 한 이론이다. 이 이론에서는 '인간'을 환경과 지속적으로 상호작용하며 존재하는 하나의 체계, 즉 '환경 속의 인간(person in environment)'이라는 개념으로 보고 있다.

생태체계이론은 전통적인 심리학이 지닌 한계를 극복하고 인간에게 영향을 미치는 환경의 영향을 보다 효과적으로 설명하기 위해서 정립된 이론으로 지난 수십 년 동안 사회과학 분야에서 적용되어 왔다. 특히 인간 생활처럼 시시각각 역동적으로 계속 변화하는 과정을 파악하는 데 매우 영향력이 큰 이론이다.

생태체계론은 아동의 복지에 영향을 미치는 다양한 환경의 영향을 '체계'라는 관점에서 접근하고 있으며, 특히 넓은 의미로 본 아동복지에서의 아동복지실천은 효과가 크다고 볼 수 있다.

아동복지실천은 법제에 기반하여 이루어지고 있다. 아동복지의 기본법이라고 할 수 있는 「아동복지법」 제1조 목적에서는 아동이 건강하게 출생하여 행복하고 안전하게 자라나도록 그 복지를 보장하는 것이라고 명시되어 있다. 이러한 관점에서 아동복지의 대상은 직접적인 실천대상으로써의 아동, 아동을 위한 간접적인 실천대상으로써의 아동의 보호자인 부모와 가족은 물론 아동복지와 관계되는 대부분의 사회구성원들이 포함된다. 이와 같이 아동복지실천의 범위는 매우 넓으므로 이러한 특성을 고려하여 의미 있는 실천 효과를 낼 수 있는 이론이 필요하며, 생태체계이론은 매우 적합성이 높다고 볼 수 있다.

인간발달 생태체계이론의 차원에서 본, 인간 이해는 당연히 아동에게도 적용된다. 아동은 느끼고, 생각하고, 행동하는 영적, 심리적, 사회적, 문화적 존재이다. 구체적으로 말하면, 아동은 생활하는 가운데 환경과의 상호작용을 더욱 활성화하거나 저지하는 유전적 소인을 가지고 태어나며, 이러한 특성은 성장발달과정에서 선택적 및 강제적으로 적용되어 아동복지에 크고 작은 영향을 미친다.

그러므로 인간과 환경을 총체로 이해하는 생태체계적 입장에서 볼 때 아동복지는 '아동과 환경의 상호작용', 더 구체적으로 '환경 속의 아동'으로 이해할 수 있다.

다시 말해서 아동의 행복과 건전한 성장 및 발달을 위해서는 아동을 둘러싼 환경을 함께 고려하여 이해하고 대처해 나가는 것이 매우 중요하다. 그러므로 아동과 환경이 어떻게 상호작용하는지에 대한 이해의 틀을 기본으로 적절한 복지실천이 계획되고 실현되어야 한다는 것이며, 이렇게 볼 때, 아동복지실천에서 아동의 환경은 아동의 문제와 욕구의 원인이면서 동시에 해결 가능한 자원으로 기능한다고 할 수 있다(이소희, 2019).

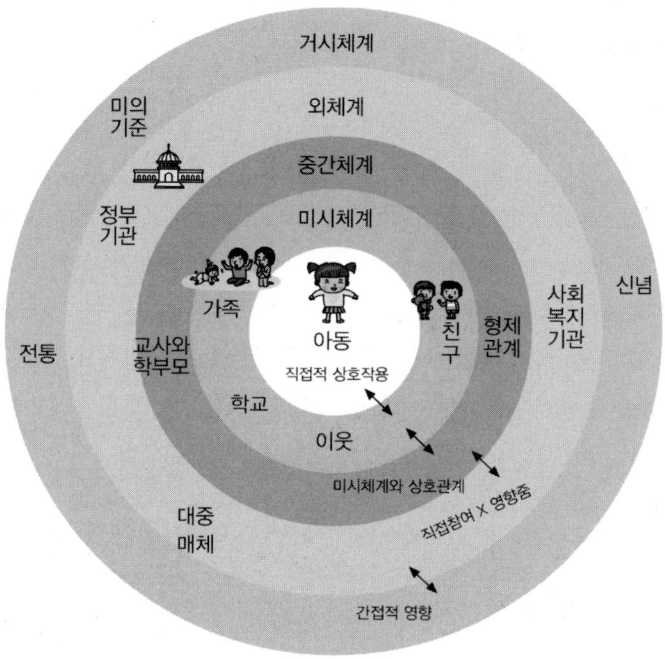

[그림 5-1] 생태체계이론의 네 가지 체계

생태학적 접근의 대표적인 학자인 브론펜브레너(Uri Bronfenbrenner)[1]는 '맥락 속의 발달(development-in-context)' 혹은 '발달의 생태학(ecology of development)'을 연구해야 한다고 주장하였다. 여기서 생태학(ecology)이란 개인이나 유기체가 경험하고 있는 혹은 개인과 직접·간접으로 연결되어 있는 환경적 상황을 의

---

1) 유리 브론펜브레너(Urie Bronfenbrenner)는 1917년 러시아의 모스코에서 태어났고, 6살 때에 미국으로 가게 되었다. 1938년 코넬대학교(Cornell University)에서 심리학과 음악을 복수 전공하였으며, 1940년 하버드 대학교에서 교육학 석사 학위, 그리고 1942년 미시간 대학교에서 발달 심리학 박사 학위를 취득했다. 박사 학위 취득 후 군 입대를 하여 심리학자로서 복무했다. 전후, 교육기관에서 임상 심리학자의 조교로 일했다. 이후 2년간 미시간 대학교에서 조교수로 일했고 1948년 코넬대학교 조교수로 옮겼다. 코넬대학교에서 그는 아동 발달과 사회적 영향에 대해 중점적으로 연구했다. 평생 300편 이상의 연구 논문과 14편의 저서를 남겼다. 당뇨병 합병증으로 2005년 9월 25일(88세) 사망했다.

미한다.

생태학적 접근(ecological approach)에서는 가족, 지역사회, 문화 등 인간이 몸담고 있는 생태환경을 보다 체계적으로 구조화하고 이들 환경체계와 개인 간의 관계를 이해하는 것을 인간발달의 주요 과제로 삼고 있다. 즉, 활동적이며 성장하는 인간이 환경과 어떻게 관계되어 있는지를 이해하는 방법으로 인간 발달의 생태학을 생각하였다. 그는 아동의 발달이 이루어지는 주변 세계와 더 넓은 세계 사이의 관계를 이해하려고 하였고, 아동들의 주변 세계에 대한 해석과 그 해석들이 어떻게 변화하는지에 초점을 두었다.

브론펜브레너는 그의 저서, 『인간 발달의 생태학(The Ecology of Human Development)』(1979)에서 사람과 상황이 상호작용한 방식들을 설명했다.

브론펜브레너의 모델을 가장 잘 이해하기 위해서, 우리는 그 모델에 대한 그의 은유(metaphor), 즉 러시아 인형이란 가장 큰 인형 속에 점차 작은 인형들이 차례로 들어 있는 것이다. 상황들도 역시 더 큰 상황 속에 담겨 있다. 미시체계는 중간체계 속에 담겨 있고, 중간체계는 외체계 속에 담겨 있다. 그는 이러한 각각의 상황들 속에서의 역동성과 그 상황들 간의 전이(轉移)에 관심을 가졌다.

브론펜브레너는 인간을 둘러싸고 있는 생태학적 환경을 가장 가까운 것에서부터 가장 먼 것에 이르기까지 네 개의 구조체계로 구분하였다.

(1) 미시체계(microsystem)

미시체계(microsystem)는 가정환경이나 학교환경처럼 개인에게 직접적인 영향을 주는 체계이다. 어머니와 아동의 의사소통, 또래집단에서 인기도(예를 들면 가정, 학교, 친구 간의 관계 등을 말하며) 그에 관한 연구가 그 예이다.

즉 미시체계는 발달하는 아동과 사회 사이의 직접적이고 복잡한 관계를 말한다. 특별히 가정, 학교, 또래집단, 이웃, 운동팀, 수련캠프, 교회 등과 같이 일대일로 만나서 직접적으로 친숙한 대인관계를 형성하는 물리적 사회적 환경이다. 이 환경에서 상호교류 함으로 아동은 자아정체감을 획득한다. 개인이 발달하고 변화하는 것처럼 미시체계의 환경도 매일 매 순간 변화한다. 따라서 항상 변화하고 유동하는 존재로 파악된다.

미시체계는 일개인의 일생에 있어서 가장 절실하고 지대한 영향을 끼친다. 특히 청소년기에 미시체계가 동료집단일 경우 개인의 심리발달에 미치는 영향력은 대단하다. 동료집단은 지위, 우정, 인기, 소속감 같은 중요한 심리적 보상을 제공하기도 하고 절도, 흡연, 음주, 약물사용, 성적 행동 등을 부추기는 역기능적인 면을 동시에 가지고 있다.

브론펜브레너의 정의에 따르면, 미시체계란 "특정한 물리적·물질적 특징들의 주어진 장면에서 발달하고 있는 개인이 시간과 더불어 경험하는 활동들, 역할들, 대인관계들의 패턴"이다. 물적 자원적 특성을 지닌 환경(학교, 집, 또래 친구)에서 아동은 활동과 역할 및 대인적 관계의 패턴을 경험한다. 활동이란 사람의 행동이며, 역할이란 사회가 그 개인의 위치에 근거하여 요구하는 행동이다. 그리고 대인적 관계란 언어, 비언어적으로 사람끼리 서로 반응하는 것을 의미한다. 아동의 발달은 그들의 활동, 역할, 상호 개인적 관계를 어떻게 해석하고 지각하는가에 따라 달라진다. 브론펜브레너는 아동들이 여러 가지 미시체계들 사이에서, 그리고 미시체계들 속에서 전이를 한다고 강조했다. 예를 들어, 미시체계들 사이에서의 전이는 집에서 보육 기관으로 가는 아동에 해당될 수 있다. 미시체계 속에서의 전이는 새 동생이 생겨서 가족 장면에서 새로운 역할을 갖게 되는 아동에 해당될 수 있다.

브론펜브레너는 발달의 정의를 그러한 전이의 설명에 연결시켰다. 발달적 변화는 둘 이상의 미시체계에서의 행동변화 측면에서 설명되어야 한다. 변화가 발달적 변화로 간주되기 위해서는 아동들이 여러 장소와 시간에 걸쳐 더욱 진보된 태도나 행위를 나타내야 한다.

(2) 중간체계(mesosystem)

그다음 수준의 중간체계(mesosystem)는 미시체계들을 연결시켜 주며 미시체계들이 중복되어서 생기는 대인관계를 의미한다. 즉, 아동이 적극적으로 참여하는 두 개 또는 더 많은 수의 환경들 간의 상호관계를 말한다. 아동의 경우, 가정과 학교의 관계, 가정과 동료집단과의 관계가 대표적이다. 예를 들면, 가정의 경험이 학교 행동에 영향을 미치는 것 또는 또래 간의 사회성과 학교성적과의 관련성 여부를 살펴보는 연구 등을 말한다.

중간체계는 한 개의 미시체계와 다른 한 개의 미시체계 사이의 연결관계를 말하기 때문에 어떤 하나의 미시체제에서 일어나는 사건들은 다른 미시체제에서 일어나는 아동의 행동과 발달에 영향을 끼친다는 점에 있다. 따라서 가정, 학교, 동료집단에서 각각 경험한 것들이 아동에게 통합적으로 맥락을 가지면서 경험된다. 그래서 한 개인이 여러 가지 역할을 수행하는 데 그 역할 사이에 적절한 조정이나 비율이 발생하고 각각의 미시체계의 구성원들 사이에도 조화와 통일이 발생한다.

(3) 외체계(exosystem)

외체계(exosystem; 외부체계)는 개인이 직접적인 관련성은 없으나 개인에게 영향을 미치는 사회적 구조인 환경요소를 포함한다. 예를 들어 부모의 직업은 그들의 사고와 행동에 영향을 미치고, 자녀의 양육방식에 영향을 미쳐 마침내 자녀의 성격발달에 영향을 미치게 된다. 외체계(exosystem)는 발달하는 개인에 직접적으로 관여하는 발달의 장은 아니지만 아동의 발달에 간접적으로 영향을 끼치는 사건이나 장면을 말하며 그러한 예로는 아동의 경우, 부모의 직장, 손위 형제가 다니는 학교, 학급, 이웃의 특징, 학교와 지역사회 간의 관계가 속한다.

즉 정치적·경제적·사회적 의사결정기구(예: 교육부, 문화관광부, 법무부, 보건복지부 등 청소년 관련 기관 등)와 같이 보다 큰 환경맥락을 일컬어 외체계라고 한다. 개인이 속해 있는 체계도 있지만 직접적으로 관련되지 않은 체계도 있다. 청소년 발달에 가장 큰 영향을 미치는 외체계는 부모의 직장, 부모의 친구집단, 이웃공동체 등이다. 그 이외에도 대중매체, 교육위원회, 지방의회, 지방교통체계, 종교단체, 시민단체, 산업체 등이 외체계에 포함될 수 있다. 비록 청소년은 이러한 외체계의 의사결정과정에 직접적으로 참여하지는 않지만, 외체계 내에서 결정된 사항들은 중간체계와 미시체계를 통해 직접적으로 혹은 간접적으로 청소년의 생활에 영향을 미친다.

외체계 분석의 요점은 부모들과 아동들의 행동이 수많은 비직접적인 변인들에 의해서 영향받는다는 것이다. 직업적 요구, 가족 외의 지원체계, 또래 집단과 같은 변인들은 모두 아동들과 부모들의 행동에 심각한 영향을 미친다.

외체계의 또 다른 주요양상은 학교정책이다. 학교 정책은 교실에서 중요시되는 것과 저지되는 것을 결정한다. 유치원 수준에서 예를 들면, 놀이의 역할에 대한 정책이 교사들과 아동들의 직접적인 상호작용에 중대한 영향을 미친다.

(4) 거시체계(macrosystem)

거시체계(macrosystem; 거대체계)는 개인이 속한 사회나 하위문화의 이념 및 제도의 유형으로 사회문화적 규범과 같은 커다란 체계를 말하며 개인에게 간접적 영향을 준다.

앞서 설명한 세 가지 체계를 포섭하는 신념체계 또는 이데올로기라고 할 수 있다. 규칙, 규범, 기대, 가치, 역사 등이 여기에 속한다. 한 사회가 다른 사회와 다른 이유는 바로 이 거시체계가 다르기 때문이다. 여자로서 행동해야 하는 방법, 남에게 존경을 표현하는 방법이 각 사회마다 다른 경우가 이에 속한다. 그의 저서 『Two World of Childhood(1970)』에서 나타난 것처럼, 소련에서 자라난 아동과 미국에서 자라난 아동이 여러 가지 면에서 다르게 행동하는 이유가 바로 여기에 있다.

따라서 거시체계는 문화적, 정치적, 사회적, 법률적, 종교적, 경제적, 교육적 가치와 공공정책의 핵심을 구성한다. 개인과 직접적인 관련이 거의 없지만 가장 근본적이고 중대한 변화를 초래한다. 거시체계가 가지는 시대정신이나 풍토는 청소년의 신념과 구체적인 행동에 영향을 미친다. 예를 들어, 오늘날 포스트모더니즘은 청소년 세대의 행동준거 틀이 되었으며, 성적 매력에 대한 사회 전반의 거시체계적 가치는 거식증, 폭식증과 같은 청소년의 섭식장애를 유발하는 요인이기도 하다.

이러한 네 가지 체계는 상호작용하며 영향을 미친다.

시간체계는 시간에 걸쳐 일어나는 변화와 사회, 역사적인 환경을 의미한다. 예를 들면 가족 제도의 변화, 결혼관의 변화, 직업관의 변화 등을 들 수 있다.

그래서 인간은 처음에는 일차적인 양육자를 이해하고 그다음으로 가정, 학

교환경을 이해하며 사회, 문화 등 더 큰 측면들을 이해하고 그 속에서 발달해 간다.[2)]

2) 아동복지실천의 과정

아동복지실천 과정을 단계별 과업에 따라서 사회복지사와 아동의 초기 접촉, 사정과 계획, 개입, 그리고 종결의 4단계 과정으로 구분한다.

(1) 초기 접촉

아동이 직접 심리적 도움을 요청하는 경우는 거의 없다. 도움을 청하는 경우는 그들의 문제가 또래의 행동범주에서 많이 벗어나거나 심각한 경우 성인에 의해서가 대부분이다. 청소년의 경우는 독립성에 대한 욕구가 강하기 때문에 최악의 경우가 되어서야 누군가의 도움이 필요하다는 사실을 받아들인다. 강제적인 법원의 명령에 의한 사례가 아닌 경우에, 청소년이 외부의 도움을 받아들였다면, 그는 자신의 사고방식이나 행동방식에서 변화가 필요하다고 스스로 생각한다는 뜻이다. 통상 접촉은 부모의 전화나 방문으로 시작된다.

① 문제와 욕구 확인

초기 접촉과정에서 부모에게 어떠한 이유로 기관에 왔는지, 무엇을 기대하는지를 질문하는 것이 좋다. 이러한 질문을 통해서 부모의 아동에 대한 걱정이 적절한 내용과 수준인지, 기관을 통해서 해결될 수 있는지를 가늠할 수 있다. 문제가 비롯된 외부의 스트레스원이 분명하고 포괄적인 발달기준에 근거할 때 충분히 있을 수 있는 정도의 일탈이나 퇴행행동일 경우에는 그 행동이 발생한 시점을 중심으로 선행사건과 행동의 결과에 대하여 탐색할 필요가 있다.

한편 문제에 대하여 부모와 사회복지사가 다르게 인식할 경우에는 우선적

2) 호주 크리스천라이프 & 에듀라이프 주간 신문 기사 인터넷 검색 2022.7.28. 인용.

으로 부모의 인식과 욕구에서 시작하여 사회복지사가 중요하게 여기는 부분으로 초점을 옮겨가는 것이 바람직하다. 부모가 아동의 욕구보다는 자신과 가족 외부의 스트레스 압박에 압도되어 있을 때도 동일한 원칙이 적용된다.

② 서비스 제공 또는 다른 기관으로 의뢰 결정

초기 접촉에서 사회복지사는 부모나 아동에 의하여 제기된 문제의 성격이나 제공받고자 하는 서비스 내용이 기관의 목적이나 기능에 부합하는지를 검토한다. 부합하는 경우에는 클라이언트와 초기 계약을 하고 사정과정으로 진전된다. 그러나 부합되지 않을 경우에는 그 이유를 설명하고, 관련된 다른 기관에 대한 정보를 제공하거나 의뢰를 하게 된다. 의뢰를 할 경우 기관명, 위치, 연락처, 제공하는 서비스 등을 가능한 구체적으로 알려준다.

③ 전문적 관계 형성

클라이언트와의 전문적 관계의 특징은 목적 지향적, 시간제한적, 클라이언트 중심적이며, 전문가가 책임감과 자기통제를 잘할 것이라는 암묵적인 기대를 가지는 것이다(Perlman, 1979). 사회복지사는 클라이언트 중심주의에 기초하여 클라이언트와 관계에서 따스함, 수용, 감정이입, 돌봄, 진실함을 표현하도록 한다. 사회복지사는 아동과 처음 만날 때 자신을 '아동과 가족을 돕는 사람'으로 소개하고, 어떻게 도울 것인지를 쉽게 설명하여야 한다. 또한 아동과 일할 때 인형이나 장난감을 사용하여 '클라이언트가 있는 곳에서 시작하라'는 원칙을 따른다. 초기 신뢰관계 형성의 관건은 사회복지사가 성인중심주의를 극복하고 아동의 입장에 공감하는 정도에 달려 있다.

④ 비밀보장에 대한 설명

사회복지사는 아동에게 비밀보장을 설명하여야 한다. 아동은 부모의 자녀로서 낯선 사람에게 가족의 비밀스러운 부분을 드러내기를 두려워하고, 그것을 다른 사람에게 말했을 때 부모로부터 혼나거나 버림을 받을 수 있다고 생각한다. 한편 아동은 자유롭게 사고와 감정을 표현할 권리가 있으며, 정신건강을 위하여 감당하기 어려운 비밀유지의 부담을 사회복지사와의 면담을 통하여 환기할 필요가 있다. 사회복지사는 면접실에서 아동이 한 말이나 행동은 부모와 다른 사람에게 비밀을 유지할 것이라는 약속을 하고, 아동에게는 스스로 원한다면 면담내용을 부모나 다른 사람에게 이야기해도 좋다는 승인을 해준다.

(2) 사정과 계획

사정과 계획은 사회복지사의 실천을 안내한다. 사정은 사례의 상황이 의미하는 바를 파악하고, 사례의 특수한 사실들에 순서를 정하며, 적절한 개입을 이끄는 사고과정이다(Meyer, 1993). 사정은 평가의 과정으로서, 사회복지사는 아동의 동기와 능력에 초점을 두고, 생물학적·심리적·사회문화적 요인들 간의 상호작용을 분석할 필요가 있다. 실천과정에서 사정은 개입과 동시에 발생하며, 지속적인 과정이고, 특히 아동은 발달하고 변화하는 존재이므로 아동에 대한 사정은 잠정적인 것이다(Webb, 1996; Spiegel, 1989).

① 사정의 범위

사회복지사의 관심 단위를 결정하는 과업으로부터 사정은 시작된다. 웹(Webb, 1996)은 생태체계적 관점에 기초하여 아동의 개인 요인, 문제와 관련된 상황 요인, 가족을 포함한 지지체계 요인이 상호작용하는 사정 틀을 제시하고 있다([그림 5-2] 참조). 이 모델은 광범위한 문제 상황에 적용하기 위하여 포괄적인 요인들을 제시하고 있으므로 사정작업을 위한 전체조망도로서 기능한다.

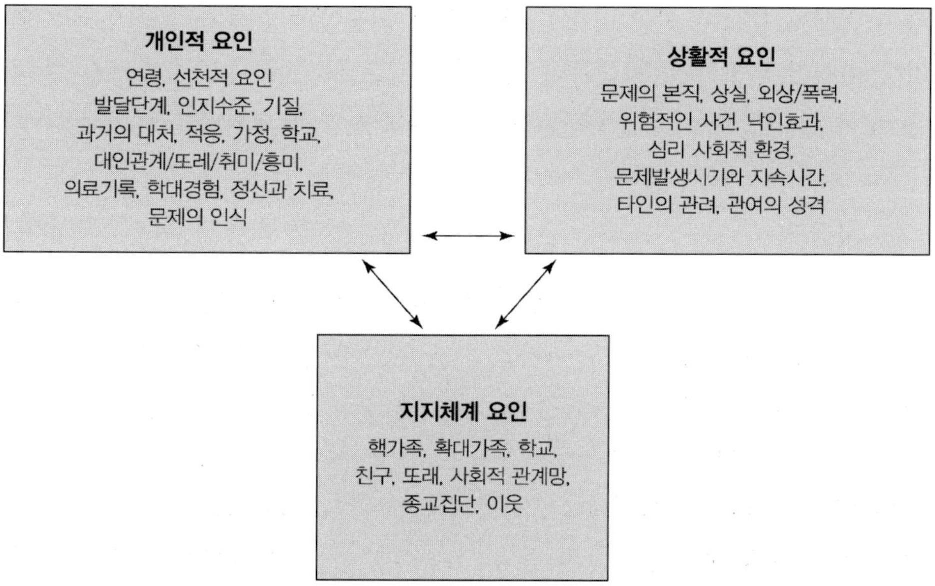

[그림 5-2] 사정의 상호작용적 요소

② 사정의 순서와 지침

아동이 클라이언트로 의뢰될 때, 일반적인 사정의 순서는 부모, 아동, 전체 가족이다. 부모를 먼저 만나는데 부모가 별거나 이혼의 상태라면, 이상적인 만남은 양부모를 함께 만나는 것이다. 상황에 따라 부모 양쪽을 따로 만날 수 있고, 함께 살지 않는 부모와는 전화로 접촉할 수 있다. 또는 부모가 재혼하거나 특별한 관계에 있는 파트너가 있다면 함께 만나는 것이 유용하다. 13세 이상의 청소년 클라이언트는 사회복지사를 부모의 대리인으로 보는 경우가 많기 때문에, 부모에게 자녀를 먼저 만난다는 것을 알리고, 청소년과 의논하여 부모와의 만남을 계획한다. 그리고 사정계획에 따라서 필요하다고 판단되면 심리검사를 의뢰한다.

사정의 일반적인 지침은 먼저 부모와 접촉에서 부모와 협력관계를 형성하고, 아동의 생육사에 관한 정보를 얻으며, 아동이 사정에 임할 수 있도록 부모를 안내하고, 모든 외부자료 획득에 대한 승인을 얻는다. 아동과의 접촉에서는 아동이 낯선 사무실 환경에 불편하지 않도록 편안한 분위기를 마련하고, 놀이를 활용하여 2~3번의 사정회기를 가진다. 아동평가에서는 아동이 연령에 적절한 놀이를 하는지, 놀이의 분위기와 질이 어떠한지, 놀이의 주제와 갈등 영역이 무엇인지, 사회복지사와 관계하는 데 있어 분리 불안 또는 능력을 보여주는지, 그리고 집중하는 능력은 어떠한지를 파악한다.

③ 사정도구

사정도구로는 생육사와 가족배경·가족사진, 아동 개인요인·상황요인·지지체계요인의 상호작용, 가계도·생태도·사회 관계망도, DSM-V에 의한 정신의학진단, 심리검사 및 학습능력검사, 그림 그리기 검사, 투사적 질문, 행동관찰 등이 활동된다.

아동은 자신의 어려움이나 욕구, 문제의 발달력을 표현할 능력이 부족하므로, 부모는 가장 중요한 정보원 중의 하나이다. 아동 생육사와 가족배경에 관한 자료를 수집하기 위한 부모와 면담에서 사회복지사는 부모의 아동에 대한 걱정거리를 먼저 듣고 난 뒤에, 관련된 중요한 것들에 관한 질문을 한다. 아동은 가장 중요한 정보원이다. 행동관찰이나 사정도구에 의하여 아동이 표현하는 것을 통하여 사회복지사는 사정자료를 반복적으로 수집하여야 한다.

④ 관련된 자료의 요약

사정의 핵심은 사정자료의 요약이다. 헵워스와 라슨(Hepworth & Larsen, 1993)의 「다차원적 사정자료의 요약」 틀을 아동사례에 적용할 수 있다.

- 아동문제의 본질
- 아동과 중요한 타자의 대처능력
- 아동문제에 관련된 관련 체계
- 가능하거나 요구되는 자원
- 문제를 다루고자 하는 아동의 동기

⑤ 개입계획

사회복지사는 사정결과를 부모 그리고 사례에 관련된 다른 전문직과 검토하여 개입계획을 수립한다. 아동이 클라이언트로 의뢰되면, 가족의 참여는 당연하다. 사회복지사는 개입계획을 수립할 때 개인과 환경의 적합성을 고려하여, 환경적 고려와 관련된 사람들 양쪽에 초점을 두는 포괄적인 시각을 유지해야 한다. 개입계획에는 목표설정, 개입기간과 개입대안이 포함된다. 목표와 시간을 설정할 때 아동의 참여는 필수적이며, 서면으로 기록하는 것이 바람직하다. 목표는 성취가 능한 것을 설정해야 하며, 아무리 작은 것일지라도 아동이 성공을 경험할 수 있는 것이어야 한다. 구체적이고 다루기 쉬운 제한된 수의 목표를 설정하여, 초기 목표가 성공한 후에 새로운 목표를 추가한다. 특히 아동의 실패 경험이 있는 경우에 실패에 대한 두려움이 크므로, 첫 번째 계획이 성공해야만 한다. 개입 대안은 기관 내부와 외부의 프로그램으로 나누어 고려할 수 있다. 아동과 부모를 위한 지지집단, 아동과 부모를 위한 개별상담, 가족에 대한 사례관리, 기관 외부의 각종 지원 서비스 등이 제안될 수 있다.

(3) 개입

① 아동의 참여 촉진

개입단계에서는 클라이언트의 참여를 촉진하고, 과정을 모니터링한다. 아동은 개입에 대한 저항을 성인과 다르게 표현한다. 아동은 말하기를 거부하고, 문제가 없다고 부정하며, 쓸데없는 주제를 말하는 것으로 저항을 표현한다. 때로 눈을 마주치지 않고, 약속시간을 어기고, 부정적인 몸짓이나 적대적인 표정이나 행동을 보이기도 하며 책상 뒤에 숨기도 한다(공계순 외, 2003). 아동의 저항을 해결하고, 참여를 촉진하기 위해서는 아동의 관점에 공감적으로 반응을 해야 한다. '문제가 되는 것은 문제이지 아동이 아니다'는 시각을 유지하는 것이 도움이 된다.

② 놀이를 통한 접근

놀이는 아동생활의 대부분을 차지하고 긴장과 불안을 감소시켜 주는 데 효과적이므로 중요한 아동복지 실천도구이다. 어린 아동일수록 놀이를 통하여 자신의 생각과 감정을 투사하고 경험을 재현하므로, 놀이 활동은 사정과 치료의 좋은 기회가 된다. 특히 언어적으로 미숙하고 심한 외상을 입은 아동에게 유용하다(Webb, 1996). 사회복지사는 아동이 놀이에 참여할 때 놀이를 통하여 자신의 의지와 감정을 표출하도록 간섭하지 않고 관찰한다.

③ 아동과 가족에 대한 통합적 개입

필요하다면 부모와 정기적인 면담을 계획하여 가정에서의 아동의 변화를 모니터링하고 기관과 가정이 일관된 방식으로 아동의 변화를 격려하도록 한다. 가족 내에 복잡한 문제가 있을 경우 부모나 가족을 위한 별도의 개입을 계획할 수 있다.

(4) 종결

종결단계에서 사회복지사의 과업은 아동이 종결감정을 잘 다루도록 돕고, 사정과 개입과정에서 나타난 아동의 변화를 확인하며, 아동이 변화를 유지할 수 있도록 지원하며, 필요한 경우 사후면접을 계획한다.

일반적으로 의도된 종결은 문제가 해결된 시점이다. 그러나 아동이 이사를 가거나 사회복지사가 이직하거나 문제해결에서 진전이 없어서 중단되는 등 다양한 요인으로 인하여 예기치 못한 종결이 초래될 수 있다. 의도하지 않은 종결은 사회복지사뿐만 아니라 아동에게도 힘든 경험이 된다. 가능한 한 아동에게 종결 상황에 대한 설명과 이별의 의식을 제공하여 상실감을 가지지 않도록 원조한다.

아동은 자신에게 따뜻하고 지속적인 관심을 보이는 사회복지사에게 쉽게 애착을 형성하기 때문에 사회복지사와 경험한 좋은 관계를 끝내고 싶어 하지 않는다. 종결은 아동에게 성인에 의하여 버려지는 사실의 경험으로 인식될 수 있다. 따라서 아동에게 종결은 예정되었던 것이며, 하나의 과정을 끝내고, 새로운 과정을 시작하는 것으로 인식할 수 있게 이끈다. 종결시점을 2~3회기 전에 미리 아동에게 알려서, 아동이 분리에 대한 감정을 자유롭게 표현하도록 한다. 감정 표현이 어려울 때는 '손 인형'을 사용하여 이별을 재현하도록 하는 것도 좋다. 놀이를 통하여 어려움이 다시 발생하면 어떻게 행동할 것인지를 미리 연습할 수 있다. 실천과정에서 경험한 아동의 변화를 명확화하기 위하여, 그동안 좋았던 것, 즐거웠던 것, 변화한 것 등을 되새기게 한다.

아동의 분리과정을 돕기 위하여 사후회기를 계획할 수 있다. 파티나 간단한 수료식 등을 통해 성취감을 제고해 주는 것이 좋다(공계순 외, 2003).

3) 아동복지 실천에서의 윤리적 쟁점

사회복지는 그 출현과정에서 사회로부터 가치, 도덕, 윤리와 관련된 사명과 기능을 부여받은 것으로 간주한다. 그런데 현대 사회복지 실천 활동의 특징적인 요소인 사회복지사, 혹은 사회복지기관이 클라이언트와 맺는 전문직 관계(professional relationship)에서 윤리적 측면이 발생한다. 미국사회복지사협회와 한국사회복지사협회는 사회복지사가 직업을 수행함에 있어서 지켜야 할 가치를 중심으로 윤리강령을 제시하고 있다. 그럼에도 불구하고 아동복지 실천에서 사회복지사는 윤리적 갈등 상황에 자주 부딪힌다. 여기서는 아동복지실천에서 빈번한 윤리적 갈등 상황에 대하여 살펴보도록 한다(윤혜미 외, 2013).

(1) 비밀보장과 보고의 의무

비밀보장이란 실천 활동에서 알게 된 정보를 클라이언트의 허가 없이는 접근을 제한하는 사회복지사의 윤리적 의무이다. 하지만 법원이 관련될 때 비밀보장은 한계를 가진다. 아동학대의 경우에 사회복지사는 학대사건을 보고할 법적인 의무가 있다. 사회복지사가 아동학대에 대한 보고의 의무를 알려주었을 때도 아동을 학대하는 부모는 사회복지사의 행동에 적개심을 가진다. 또는 클라이언트가 사회복지사에 대한 소송을 제기할 때, 사회복지사는 클라이언트와 계약했던 비밀유지를 파기하게 된다. 그 밖에 사회복지사는 클라이언트가 자신이나 타인을 살해할 의도를 표한 경우, 성희롱이나 성폭력, 또는 가정폭력에 대한 사실을 말한 경우에는 법적으로 규정된 보고의무로 인하여 비밀보장을 지킬 수 없게 된다.

(2) 부모의 동의와 아동의 권리

아동에 대한 개입에는 부모의 동의가 필요하다. 부모의 이해나 동의 없이 사회복지사가 아동과 함께 일할 때는 아동의 권리와 부모의 권리 사이에서 긴장이 발생한다. 예를 들면 질병에 걸린 아동이 회복을 위해서 수술을 받아야 하는데, 부모가 종교적인 이유로 수술을 반대하는 상황이 발생했다면, 사회복지사는 아동의 생명 존중 및 건강할 권리와 부모의 동의 사이에서 갈등하게 된다. 법은 아동의 생명에 위험하다는 근거가 명백하지 않을 때는 부모의 권리를 인정한다. 따라서 아동과 일할 때는 부모와 관계하는 능력이 필요하다.

(3) 기록의 비밀유지

아동복지실천의 기록이 윤리적 이슈가 될 수 있다. 아동의 심리적 정신적 평가나 면접회기의 기록을 볼 권리가 누구에게 있는가를 명확히 확인할 필요가 있다. 사회복지사는 자신의 업무에 관련된 법에 대하여 숙지하여야 한다. 예를 들면 부모가 별거하거나 이혼한 경우, 사회복지사는 양육권을 가지고 있지 않은 부모에게 아동에 관한 정보를 알려주기 전에 반드시 양육권을 가진 부모에게 허락을 얻어야 한다는 것이다.

아동복지실천의 기록과 관련하여 부모와 아동 사이의 비밀보장이 문제가 될 수도 있다. 부모는 아동이 사회복지사의 활동에서 어떤 일이 발생하는가를 알고 싶어 한다. 이럴 경우에 사회복지사는 실천의 본질과 비밀유지의 중요성을 부모에게 설명할 수 있고, 부모에게 정보를 말한 것인지를 아동에게 물어볼 수 있으며, 동시에 부모와 아동을 면담하여 자신들이 문제를 해결하도록 촉구할 수 있다(Remley, 1990; Tompson and Rudolph, 2000 재인용).

2. 아동복지의 기본요소

아동의 욕구가 충족되어 건전하게 성장하고 발달하여, 자신이 지니고 있는 잠재능력을 최대한 발휘하기 위해서는 기본요소가 갖추어져야 한다. 즉, 아동복지가 실현되기 위해서는 전제조건이 필요하다. 아동복지의 전제조건이 되는 기본요소는 아동권리에 관한 선언이나 법에 의해, 또 여러 학자들에 의해 제시되고 있는데 이를 정리하면 다음과 같다(윤혜미 외, 2013).

1) 경제적 안정

빈곤은 아동의 복리에 직접적인 위험을 의미할 수 있다. 빈곤은 부모의 정신적·신체적 질병에서 연유할 수도 있고, 부모의 낮은 교육수준과 직업적 기술 및 접근성의 부족에 기인할 수 있다. 이유를 불문하고 가정의 경제적 상황은 아동의 성장과 발달에 상당히 영향을 미친다. 빈곤한 아동은 영아사망, 사고, 영양실조, 비위생적 환경, 질병 등으로 사망의 위험에 노출될 확률이 높다. 또 경제적 불안정으로 가족이 해체되기도 하여 부모의 교육에 대한 관심의 부족과 교육기회의 박탈로 아동의 지능발달이나 학업성취도가 저조할 수 있고 욕구충족의 좌절로 우울 증상이나 비행이 나타나기도 한다.

오늘날 빈곤의 개념은 최저생계비 이하의 상태를 의미하는 것뿐 아니라 교육, 건강, 기회 등의 사회적 여건 또는 자원의 결핍상태를 의미한다. 그러므로 절대적 빈곤과 상대적 빈곤의 상태에 처한 가정의 요구와 필요에 부응할 수 있는 각종 복지대책이 마련되어야 한다. 이를 위하여 국가는 공적 부조, 사회보험, 아동수당제도 등을 실시하고 부모에게 취업훈련과 취업알선을 통한 고용의 기회를 제공하여야 한다.

2) 안정된 부모와 가정

안정된 부모와 가정은 아동복지에 일차적 책임을 지며 직접적인 영향을 미친다. 아동은 일차적으로 안정된 가정에서 생존에 필요한 생리적 욕구를 충족시키며, 정서적인 인간관계를 경험하고 사회화의 기초를 형성한다. 오늘날 가족은 과거에 비해서 구조와 기능면에서 많은 변화를 겪고 있으며, 가족 내 아동양육체계는 약화되어 가고 있다. 현대의 부모와 가정은 전통가정에 비해 아동을 양육하고 교육하기 위한 인적 자원 및 연계가 부족하므로 안정된 부모 및 가정은 아동복지의 우선적 전제가 된다. 「건강가정기본법」에는 '가정'이란 '가족구성원이 생계 또는 주거를 함께 하는 생활공동체로서 구성원의 일상적인 부양·양육·보호·교육 등이 이루어지는 생활단위'로 정의하고 있다. 동시에 이 법의 목적은 건강가정의 구현에 있다고 하면서 '건강가정'이란 '가족 구성원의 욕구가 충족되고 인간다운 삶이 보장되는 가정'으로 정의함으로써 건강한 가정이 아동복지의 우선 조건임을 강조하고 있다.

따라서 아동의 복지를 위해서는 가정생활을 보호하고 보장하며 강화하고, 가족구성원들이 저마다 사회적 기능을 원활하게 수행할 수 있도록 주택정책과 가족정책 및 가족복지서비스가 기본적으로 제공되는 가족 중심적(family-centered) 아동복지가 되어야 한다. 예방적 접근으로 제도적·거시적·환경적 차원에서 주택공급, 가족수당, 공적 부조, 취업모에 대한 지원 대책 등이 마련되어야 하며, 직접적 가족복지서비스로는 부모역할훈련, 자녀와의 대화기법, 가족상담, 가족치료 등이 제공되어야 한다. 가정과 부모가 없는 아동에 대한 서비스로는 그룹홈이나 가정위탁보호서비스, 입양제도 등이 마련되어야 한다.

3) 보건 및 의료보호

아동의 건강은 아동복지의 기본이다. 아동의 건강은 모체의 건강과 직결된다. 모체의 건강은 태아의 건강에 직접적 영향을 미치므로 모체가 영향을 충분히 공급받고 심리적 안정을 유지하며 약물 등에 노출되지 않아야 한다. 이를 위하여 청소년 대상의 임신과 출산에 대한 교육, 결혼 전 준비교육, 출산 전후 아동의 양육 및 발달에 대한 부모교육 등을 포함한 모자보건교육이 실시되어야 한다. 특히 경제적 어려움, 산모의 연령, 미혼모, 약물오용 등과 같은 임산부의 경제적·사회적 상황은 높은 영아 사망률, 저체중아 및 장애아 출산 등의 위험을 초래할 가능성이 높으므로 이에 대한 특별한 대책이 필요하다. 아동의 성장발육 증진과 질병의 조기발견을 위하여 충분한 음식 공급과 아울러 적시의 건강검진 및 예방접종이 이루어져야 하며, 학교나 보육시설에는 영양공급을 위한 시설과 위생 및 보건시설을 갖추도록 하여야 한다. 아동의 건강유지와 영양공급은 부모가 어떤 상황에 처해 있든 아동에게 보장되어야 할 기본전제이며, 건강한 사회성원으로 자라도록 하기 위한 필요조건이다. 그러나 우리나라의 경우 예방적 차원의 의료서비스는 의료보험이 적용되지 않으므로 대부분의 빈곤가정아동들은 예방적 차원의 의료보건서비스를 제대로 받지 못하고 있는 실정이다.

아동에게 있어서 신체적 건강 못지않게 정신적 건강도 대단히 중요하다. 아동이 자신에 대한 긍정적인 자아개념을 형성하고 자신의 능력에 대해 자신감을 가지며 자신과 타인을 있는 그대로 수용하고 자율성과 통합성을 가지고 살아갈 수 있도록 도와주어야 한다. 오늘날 아동은 가족해체를 비롯한 여러 가지 가정문제 속에서, 또 부모의 과잉기대와 무관심이라는 양극 상황과 지나치게 경쟁적인 학교분위기 속에서 스트레스를 겪고 있다. 이로 인해 아동들은 불안, 우울, 위축, 외로움 등의 내재화 문제행동과 공격성, 폭력, 파괴적 행동, 도벽 등의 외현화 문제 행동을 보인다. 아동기의 이러한 정서적·행동적 문제는 청소년 비행으로 진행되거나 성인기에도 지속되는 경우가 많으므로 조기발견과 적절한 전문적 개입을 통하여 도움을 주어야 한다.

4) 교육

모든 아동에게는 자신의 타고난 잠재력을 최대한 신장시키고 계발할 수 있도록 교육적 기회가 주어져야 한다. 교육받을 권리는 중요한 생존권 중의 하나이다. 생존권이란 국민이 인간다운 생활을 하기 위하여 국가에게 적극적인 급여와 배려를 요구할 수 있는 권리를 말하며 생활적 기본권, 사회권적 기본권이라고도 한다(성민선 외, 2004). 우리나라 헌법은 모든 국민은 능력에 따라 균등하게 교육받을 권리가 있고(제31조 제1항) 모든 국민은 그 보호하는 자녀에게 적어도 초등교육과 법률이 정하는 교육을 받게 할 의무를 진다고(제31조 제2항) 명시하고 있다. 우리나라는 2002년부터 의무교육 기간을 중학교육까지 9년으로 연장 실시함으로써 아동의 교육받을 권리를 실현하기 위한 기본 여건을 마련하고 있다. 또한 급격하게 변화하는 사회와 가족의 요구에 따라 조기교육의 중요성이 대두되면서 초등학교 이전의 유아교육에 대한 여건을 마련하고 제공해야 할 필요가 있다. 하지만 유아들은 가정의 경제적 상황에 따라 다양한 사적 영역의 유아교육에 맡겨야 한다. 유아교육이 사적 영역 위주로 운영될 경우 빈곤계층에게는 교육에 대한 접근기회가 제한되어 있을 뿐 아니라 교육의 기회를 가진 경우도 교육내용과 질에 있어서 차이가 있다. 특히 특수한 장애를 가진 유아나 아동의 경우 조기교육과 특수교육의 기회를 부여해야 한다. 우리나라에서는 장애인 등에 대한 특수교육법(2007)을 통하여 신체적·정서적·언어적·지적 장애를 지닌 유아에 대한 조기 개입을 통해 장애아동이 가진 잠재력을 최대한 발달시켜 사회 속에 통합되고 행복을 추구할 수 있도록 교육적 기본을 마련해 주고자 노력하고 있다.

5) 놀이 및 문화

놀이는 아동에게 훌륭한 학습과 발달의 기회를 제공한다. 일찍이 연구자들은 아동에게 있어 놀이의 의미에 대해 탐색했는데, 놀이의 이유와 이점에 대한 각 연구자들의 결과는 <표 5-1>과 같다. 놀이는 아동의 인지적·신체적·사회적·생리적 발달에 영향을 미친다.

〈표 5-1〉 놀이의 이유와 이점

이론	이론가	놀이하는 이유	이점
잉여에너지이론	Spencer	신체의 자연적 에너지 소비	신체적
에너지 재생설	Patrick	신체의 자연적 운동기능이 회복되는 동안 지루함을 피하기 위해서	신체적
반복이론	Hull	인간종의 진화과정 시기를 반복	신체적
연습이론	Gross	성인기에 필요한 지식과 기술을 연습, 개발	신체적, 인지적
정신분석이론	Freud Erikson	주위세계에 대한 통제감, 무의식적, 충동 표현, 불안감 감소	정서적, 사회적
인지발달이론	Bruner Piaget Sutton-Smith	인지발달의 촉진, 새로운 학습 가능성을 수용하면서 이미 일어난 학습을 통합	인지적, 사회적
신경심리학	Weininger Fitzgerald	두뇌의 우반구와 좌반구의 기능을 통합	생리적, 인지적

출처 : Hughes, 1998. 「유아의 놀이와 발달」. 이순형 외, 2003. p.98에서 재인용.

구체적으로 살펴보면 놀이는 다음과 같이 아동의 발달을 촉진시킨다.

- 성인기에 필요한 지식과 기술을 연마시킨다.
- 주위세계에 대한 통제력을 발달시킨다.
- 무의식적 충동을 표현함으로써 억압된 감정을 해소하고 불안감을 감소

시킨다.

- 새로운 학습가능성을 수용하면서 이미 습득한 학습을 통합하는 인지적 발달을 촉진시킨다.
- 협상하기, 협동하기, 타인의 생각과 감정을 이해하기 등 중요한 사회적 기술을 습득할 수 있는 기회를 제공한다.
- 아동의 정서적 관심이나 문제를 탐색하고 극복하도록 해준다.

아동의 권리에 관한 협약(1989)에도 제31조에 국가는 '휴식과 여가를 즐기고 자신의 연령에 적합한 놀이와 오락 활동에 참여하며, 문화생활과 예술에 자유롭게 참여할 수 있는 아동의 권리를 인정'하고 국가는 '문화적·예술적 생활에 참여할 수 있는 아동의 권리를 존중하고 촉진하며 문화, 예술, 오락 및 여가활동을 위한 적절하고 균등한 기회를 제공해야 한다'고 명시하고 있다. 따라서 아동들이 놀이를 통하여 즐기면서 자신의 신체적·인지적·정서적·사회적 발달을 할 수 있도록 놀이의 기회가 제공되어야 하며 건전하게 여가활동을 할 수 있도록 전문적 지도를 받아야 한다.

놀이기회의 제공도 중요하지만 놀잇감이나 놀이기구 및 놀이시설과 놀이환경에 대한 안전도 아동복지의 중요한 조건이 된다. 이를 위하여 우리나라도 아동복지법에 아동복지시설과 아동용품에 대한 안전기준을 정하고 아동용품을 제작·설치·관리하는 자에게 이를 준수하도록 하고 있다(아동복지법 제30조).

6) 노동

모든 아동은 연소노동이나 유해노동으로부터 보호받아야 한다. 아동의 권리에 관한 협약(1989)에도 아동은 경제적 착취 및 위험, 아동의 신체적·지적·정신적·도덕적·사회적 발전에 유해한 여하한 노동으로부터 보호받을 권리가 있음을 국가가 인정해야 한다고 규정하고 있다(제32조). 그러나 산업혁명 이후 많은 근로아동들은 장시간 노동, 저임금, 비위생적인 작업환경 속에서 노동을 착취당해 온 것이 사실이다.

우리나라 근로기준법[3]은 15세 미만인 자는 근로자로 사용하지 못하며(제64

조) 18세 미만자는 도덕상 또는 보건상 유해·위험한 사업에 사용하지 못하고(제65조) 15세 이상 18세 미만자의 근로시간은 1일 7시간, 1주일에 35시간을 초과하지 못한다(제69조)고 규정하고 있다.

또 아동복지법[4] 제17조에도 아동에게 구걸을 시키거나 아동을 이용한 구걸행위 등을 금지한다고 규정하고 있다. 이와 같이 아동을 연소노동으로부터 법률로 보호하는 것은 아동이 아직도 성장하고 보호받아야 하는 대상이라는 아동 발달적 관점에 근거한 것이다.

그러나 아동이 불가피하게 취업할 경우 아동의 연령과 능력을 충분히 고려해야 하며 취업과 함께 아동의 욕구를 충족시킬 수 있는 제반 교육과 복지대책이 수반되어야 할 것이다(장인협 · 오정수, 2002). 근로청소년을 위해서는 사업장에 교육시설 및 기술교육제도를 마련하여 그들의 교육적 욕구와 기회를 제공해야 하며 연소노동의 임금에 대해서는 적정수준을 지급함으로써 최소한의 생활을 보장하고 좌절감을 극복하고 미래의 생활을 계획할 수 있도록 개별 상담서비스도 제공해야 한다.

7) 특수한 욕구를 가진 아동에 대한 보호

특수한 욕구를 가진 아동에 대해서는 사회적으로 특별한 보호가 마련되어야 한다. 신체적·정신적·발달적·행동적 장애를 가진 아동들에게는 조기발견과 함께 특수한 보호와 치료의 기회를 부여하고 최소한의 제한적 환경(LRE : least restrictive environment)을 마련하여 이들이 사회적 기능을 보다 잘 수행할 수 있도록 대안적 조치를 마련해 주어야 한다. 따라서 최소 제한적 대안(LRA : least restrictive alternative) 원칙에 따라 서비스의 욕구를 가진 아동과 가정은 자신들의 권리에 대한 제한이 최소인 상태에서 서비스를 받아야 한다(Petr, 1998). 또한 저소득지역의 아동들에게는 정상적인 교육, 보건, 오락 및 문화설비를 마련해 주어야 한다. 특히 사회문화적으로 소수집단에 속하는 다문화가정 자녀와 북한이탈가정의 자녀들에게는 저소득, 열악한 주변 환경 및 불충분한 교육환경, 문화적 부적응 등에 대해 특별히 고려하여 이들이 겪을 수

---

3) 근로기준법 [시행 2021.11.19.] [법률 제18176호, 2021.5.18., 일부개정]
4) 아동복지법 [시행 2022.7.1.] [법률 제17784호, 2020.12.29., 일부개정]

있는 사회 심리적 문제에 대한 대책이 마련되어야 한다.

3. 아동복지의 실천원칙

아동의 건전한 성장과 발달을 위해서는 다양한 사회정책의 직접적인 서비스가 필요하다. 아동을 대상으로 한 정책과 복지서비스를 펼칠 때는 아동권리협약의 주요 원칙이 반드시 이루어지도록 해야 할 것이다. 또 고려해야 할 원칙으로는 권리와 책임의 원칙, 보편성과 선별성의 원칙, 개별적 기능의 원칙, 포괄성의 원칙, 전문성의 원칙 등이 있다(장인협 · 오정수, 2001; 공계순 외, 2013).

1) 권리와 책임의 원칙

아동은 아동, 부모, 사회의 조화 속에서 건전하게 육성될 수 있다. 이 세 가지는 각각의 권리와 책임을 확립하고 상호의 권리와 책임에 대한 인정과 상호작용을 통하여 균형을 유지하도록 해야 한다. 이 중 어느 한 부분의 권리나 책임에서 야기되는 갈등, 혹은 지나친 요구는 아동에게 어려움을 가져다줄 수 있다.

아동은 부모와 상관없이 한 인간으로서 독자적인 권리를 가지고 태어났다. 아동은 생존하고 발달하기 위해서 의식주를 제공받고, 건강하고 위생적인 삶을 누리며, 교육적이고 문화적인 생활을 할 권리를 가지고 있다. 아동의 권리는 아동의 권리에 관한 선언이나 법률에 나타나 있는데, 아동복지의 이념적 기반이 되므로 아동복지사업을 전개하는 데 가장 중요시되어야 한다. 또한 아동은 권리를 가지고 있는 동시에 책임도 가지고 있다. 아동은 스스로 자기 자신의 발달을 촉진하고자 능동적으로 노력해야 하며, 그들을 양육하는 성인들의 합리적인 요구와 기대를 받아들여야 한다.

아동양육의 일차적인 권리와 책임은 부모에게 있다. 부모는 아동이 생활하는 제반 환경을 마련하고 일상적인 상호작용을 통해 아동의 발달에 지대한 영향을 미친다. 부모는 아동의 생활방식과 행동기준을 결정할 권리를 가지며, 동시에 아동을 사회에 필요한 올바른 인간으로 양육할 의무와 아동의 사회적 행동에 대해 책임을 진다. 부모가 아동의 권리를 보호하고 노력하는 것은 당연하나 부모가 양육의 의무를 다하지 못했을 때는 양육 자체만 부모의 권리라고 할 수 없으며, 아동의 최상의 이익을 위하여 부모의 권리가 제한당할 수 있다고 여겨지고 있다.

사회와 국가는 아동의 복지를 증진시키기 위한 권리와 책임을 가지고 있다. 국가는 아동복지정책의 개발을 위한 입법 권한과 실제적인 대책을 수행할 권리와 책임을 갖는다. 의무교육을 통해서 아동의 교육권을 보장하고, 통제력을 행사하여 아동에게 술과 담배를 파는 행위를 금지하는 등 유해한 환경으로부터 아동을 보호한다. 또한 부모가 양육의 의무를 제대로 수행하지 못했을 때는 위탁가정이나 아동생활시설의 보호를 받도록 한다.

2) 보편성과 선별성의 원칙

아동복지의 대책에는 보편주의의 원칙과 선별주의 원칙이 다 적용될 수 있다. 보편주의는 사회문제란 사회체계가 불완전하고 불공평한 데서 발생되고, 사회문제를 예측할 수 있고 공공의 노력으로 예방할 수 있다고 보며, 사회문제가 어느 계층의 사람들에게 특수하게 발생하는 것은 아니라는 관점에서 출발한다(김상균 외, 2001). 따라서 아동복지대책에서 보편주의 원칙을 적용하는 것은 아동의 성별이나 부모의 사회 계층적 지위 등에 상관없이 모든 아동에게 급여나 서비스를 제공하는 것을 말한다. 예를 들어, 우리나라에서 실시하는 무상의무교육과 가족수당, 외국의 여러 나라에서 실시되는 아동수당이나 아동에 대한 보건서비스 등이 포함된다. 보편주의 원칙에서 제공되는 급여나 서비스는 조세에 따라 재정이 충당되므로 누진적 조세 구조일 경우 소득계층 간의 재분배 효과도 볼 수 있다.

선별주의는 자발적이든 비자발적이든 간에 개인적 결함으로 파생되는 문제를 보완하거나 해소하기 위하여 사회로부터 최소한의 보호를 받지 않을 수 없는 상태에 놓였을 때 도움을 제공하는 것을 말한다. 따라서 가족이나 시장경제와 같은 주요 제도들이 제대로 그 기능을 수행하게 되면 사회복지

활동은 필요치 않고 급여와 서비스는 일시적·보충적·잔여적 성격이 강해진다. 선별주의 원칙이 적용되는 예는 빈곤계층의 아동 또는 장애아동과 같이 범주화해서 서비스를 제공하는 경우이다. 선별주의 원칙에 따른 급여와 서비스는 시혜적이고 열등 처우의 원칙이 불가피하므로 낙인에 의한 수치심을 초래할 수 있다.

앞서 다루어진 아동의 여러 권리가 실현되고 아동복지를 이루기 위한 전제 조건이 갖추어지기 위해서는 선별주의적 접근만으로는 어렵다. 앞으로 아동에 대한 대책은 보호와 치료 중심의 보충적인 성격을 벗어나서 예방과 개발중심의 방향으로, 모든 아동을 대상으로 이루어져야 할 것이다.

3) 개발적 기능의 원칙

아동복지에서 개발적 기능의 원칙이란 사후대책적인 기능이 주가 되는 과거의 복지지향적인 것이 아니라 예방적이며 의도적인 변화를 가져올 수 있는 개발 지향적 아동복지체계를 형성함을 말한다. 그동안 우리나라 아동복지의 주요사업은 고아나 기아, 특별보호가 필요한 아동을 대상으로 한 시설보호나 거택보호 중심의 구호적이고 사후대책적인 방식이 지배적이었다. 그러나 오늘날 사회의 변화와 더불어 가족 및 아동을 둘러싼 환경이 변화하고 이에 따라 욕구가 다양해졌으며 아동의 권리에 대한 인식이 증가하여 아동복지에 대한 기대가 높아졌다. 예를 들어 과거에 보육서비스는 어머니가 일하는 가난한 가정의 아동에게 필요한 서비스였다. 그러나 이제는 여성의 사회참가율이 높아지고 아동의 조기교육에 대한 관심이 증가하면서 보육서비스에 대한 욕구가 증가하고 있고, 국가는 여성인력을 활용하여 국가경쟁력을 높이려면 보육서비스를 개선해야 한다. 앞으로 아동복지대책은 사회적·경제적 여건의 변화 속에서 아동의 욕구나 문제가 어떻게 변화할 것인가를 정확히 예측해 이루어져야 하며, 사회 전체적 개발체계와 보조를 맞추어야 한다.

4) 포괄성의 원칙

포괄성의 원칙이란 아동복지를 달성하기 위해서는 경제, 교육, 보건, 주택, 노동 등 여러 분야의 포괄적인 대책이 아동 관련 정책과 서비스에 수반되어야 함을 말한다. 아동의 신체, 정서, 인지, 사회발달 등은 각각의 발달이 분리된 것이 아니라 역동적으로 상호 관련되어 있으므로 아동의 욕구에 대해서 통합적인 관점으로 접근하여야 한다. 아동에 관한 제도나 프로그램을 운영하는 정부조직으로 처리하거나 다른 곳으로 전가하게 되면 아동의 중요한 욕구가 제대로 다루어지지 않거나 중복되어 처리될 수 있으므로 관련 부서의 유기적인 협조체계가 이루어져야 한다. 가족과 아동에게 직접적인 서비스를 제공하는 기관은 아동이 필요로 하는 다양한 욕구를 충족시킬 수 있도록 지역사회 내 관련기관 간의 연계망을 구축해야 한다.

5) 전문성의 원칙

아동의 건전한 성장과 발달을 위해서는 아동을 위한 전문기구와 전문 인력이 필요하다. 아동은 성인과 다른 사고방식과 의사소통방법을 가지고 있으며 끊임없이 변화하고 성장하는 과정에 있다. 또한 오늘날 우리가 당면한 아동들의 문제는 점점 복잡해지고 다루기 어려워지고 있다. 그러므로 아동에 대한 전문지식과 기술 없이는 아동을 제대로 이해하지 못하며 아동이 겪고 있는 문제를 완화하거나 해결하는 데 도움을 줄 수 없다.

아동복지는 사회복지 실천현장의 중요한 한 부분이었으나 아동을 대상으로 한 사회복지 실천방법에 대한 교육과 훈련의 기회는 많지 않았다. 따라서 아동 관련 정책을 개발하고 프로그램을 기획하며 실천할 수 있는 전문가의 양성이 필요하다.

4. 아동복지서비스의 유형

아동복지서비스는 서비스 대상과 제공 장소, 서비스 기능, 서비스 수행방어선의 위치에 따라 다양하게 분류될 수 있다(송정애, 2022).

1) 서비스 제공 장소에 따른 분류

아동복지 대상아동이 서비스를 제공받는 장소에 따라서 아동복지서비스를 분류할 수 있다. 즉, 아동이 자신의 가정에서 생활하면서 서비스를 제공받는 재가서비스(in-home service)와 자신의 가정과 분리되어 시설이나 다른 가정에서 서비스를 제공받는 가정 외 서비스(our of home service)로 분류된다.

(1) 재가서비스(in-home service)

재가서비스는 여러 가지 도움이 필요한 아동들을 그의 가정에서 분리하여 시설에 수용하지 않고, 지역사회에서 일상생활을 위한 서비스를 제공하는 것을 의미한다.

일반적으로 재가서비스는 시설보호와 상반되는 개념으로 재가보호, 재가복지서비스 등을 일컫는다.

재가서비스는 질병, 장애, 부모의 사망, 질병 실직 등 다양한 이유로 생활상의 곤란에 직면하여 아동보호와 양육에 어려움이 있을 때 지역사회 내에서 아동이 가족 등 이웃과 함께 생활할 수 있도록 필요한 서비스를 제공하는 것이라고 할 수 있다. 다문화가정, 맞벌이가정 등 가족의 구조적 결손은 없지만 심각한 스트레스나 가족의 역기능적 요소가 있을 경우, 한부모가정이나 조손가정과 같이 구조적 결손과 가족기능의 문제가 있는 경우 제공되는 서비스이다.

재가서비스는 아동을 가정에 머물게 하면서 제공되며 아동과 그 가정의 손상된 기능이나 결핍된 기능에 대한 보충적 기능을 수행한다. 특히 아동과 가정의 특성과 강점을 토대로 접근할 수 있으므로 가정기능을 회복할 수 있는 보충적·지지적서비스이다. 아동을 위한 재가복지서비스의 유형으로는 급식서비스, 장애아를 위한 순회목욕서비스, 가정봉사원 파견서비스, 방문재활서비스, 방문교육 및 상담서비스, 부모상담 및 교육서비스, 특수교육방문서비스, 다문화아동 언어교육서비스 등을 들 수 있다.

(2) 가정 외 서비스(our of home service)

가정 외 서비스는 아동이 생활하던 자신의 가정에서 분리되어 일정 기간 동안 혹은 영구히 시설, 위탁가정 등에서 제공받는 서비스를 의미한다. 이를테면 맞벌이부부의 아동이 집에 머물면서 그 가정을 방문하여 양육서비스를 제공하는 아이돌보미서비스의 경우는 재가서비스에 해당되지만 부모가 근무하는 시간 동안 보육시설에서 양육지원서비스를 제공받게 되면 가정 외 서비스에 해당된다. 아동을 위한 가정 외 지원서비스로는 가정을 떠나 시설이나 기관을 중심으로 제공되며 장기간 혹은 영구히 보호서비스가 제공되는 가정위탁보호서비스, 입양서비스, 시설보호서비스와 일정기간 혹은 단기간 제공되는 보육서비스, 아동상담 및 치료서비스, 장애아주간보호서비스, 방과후 아동돌봄서비스 등이 있다.

2) 서비스 기능에 따른 분류

서비스기능에 따른 분류는 아동의 발달적 욕구충족을 위한 가족의 기능과 역할 중 어떠한 기능에 대한 서비스를 제공하느냐에 따라서 분류하는 방식이다.

카두신(kadushin, 1998)은 가족기능에 따라 아동복지서비스 유형을 지지적서비스(supportive service), 보충적서비스(supplementary service), 대리적서비스(substitute service)로 구분하였으며, 이것을 3S모델이라고 지칭하기도 한다.

(1) 지지적서비스(supportive service)

지지적서비스는 재가복지서비스에 해당되며 아동의 성장발달을 위하여 가족기능을 회복, 향상시키고 가족문제를 예방하기 위한 접근방법이라고 할 수 있다. 즉, 가족이 스트레스 상황이나 위기에 처하게 되고 그에 대한 적절한 대처를 하지 못하게 되면 가족갈등 및 문제가 발생하게 된다.

지지적서비스의 방법으로는 가족상담 및 치료서비스, 가족생활교육서비스, 부모교육서비스, 아동상담서비스, 가족문화조성서비스, 집단상담 서비스, 예비부모 및 부부교육서비스, 이혼 전후 상담서비스 등이 있으며 서비스제공기관으로는 건강가정지원센터, 아동상담소, 가족상담소, 정신보건센터, 아동보호전문기관 등이 있다.

(2) 보충적서비스(supplementary service)

보충적서비스는 부모의 보호, 양육의 질이 아동에게 적절하지 않거나 부모나 가정에서 아동을 전적으로 양육하기 어려운 여러 가지 사정이 있는 경우 아동양육을 위한 가족의 부족한 기능과 역할을 부분적으로 대신 수행해 주거나 지원해 주는 서비스이다.

즉, 지지적서비스를 통하여 가족기능이 회복 혹은 유지되기 어려운 경우에 사회가 부분적으로 아동양육에 대한 책임을 지고 부모역할의 일부를 보충해 주는 2차 방어선으로서 서비스가 제공된다(Zuckerman, 1983). 보충적서비스 방법은 사회보험, 공적 부조를 통한 경제적 지원서비스, 가사지원서비스 장애아동보호서비스, 보육서비스, 방과 후 아동보호서비스, 급식지원서비스, 다문화가정아동지원서비스 등이 있으며 서비스제공기관으로는 공공기관, 건강가정지원센터, 보육시설, 다문화가족지원센터, 장애인복지관, 종합사회복지관, 지역아동센터, 재가복지센터 등이 있다.

(3) 대리적서비스(substitute service)

대리적 서비스는 아동이 속한 가정이 부모의 사망, 이혼, 질병 등으로 완전히 해체되어 가족 중 누구도 아동을 보호, 양육의 기능과 역할을 수행하기 어려운 경우 부모와 가정을 대신하여 보호양육의 기능을 대신하는 서비스를 의미한다.

즉, 부모가 아동에 대한 양육기능을 상실하거나 포기하게 되고, 아동은 자신의 가정을 떠나서 다른 가정이나 시설에서 그 기능을 대신하게 된다. 대리적서비스는 아동을 보호, 양육하기 위한 마지막 대책에 해당되며 대리적서비스 방법으로는 가정위탁서비스, 입양서비스, 시설보호서비스 등이 있다. 서비스제공기관으로는 가정위탁지원센터, 입양상담소, 아동일시보호시설, 아동양육시설, 공동생활가정 등이 있다.

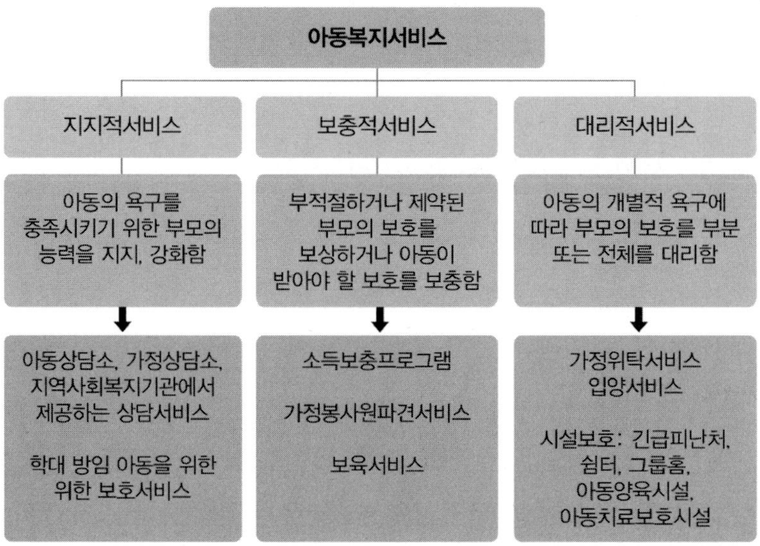

[그림 5-3] 서비스 기능에 따른 아동복지서비스 유형

출처 : 송정애(2022). 아동복지론 이해와 실천. p.78.

3) 방어선의 위치에 따른 분류

저커먼(Zuckerman, 1983)은 방어선의 개념으로 아동복지서비스를 구분하였다. 이는 카두신(Kadushin, 1998)이 기능에 따라 아동복지서비스를 분류한 것과 비교적 유사하다. 방어선의 위치에 따라 1차 방어선서비스, 2차 방어선서비스, 3차 방어선서비스로 구분하였으며 주요특징은 [그림 5-4]와 같다.

1차 방어선(가정지원)

• 지지적서비스에 해당되며 가족기능회복, 유지, 향상을 위한 서비스
– 상담서비스, 교육서비스, 가사지원서비스, 양육지원서비스

2차 방어선(대리가정)

• 1차 방어선이 무너진 경우 원가정을 대신하여 부분적 혹은 장기적으로 원가정을 대신하는 보호, 양육하는 서비스
– 보육서비스, 가정위탁서비스, 입양서비스

3차 방어선(시설보호)

• 원가정과 대리가정에서 보호, 양육이 어려울 때, 시설에서 보호하는 서비스
– 양육시설 서비스, 그룹홈서비스

[그림 5-4] 방어선에 따른 아동복지서비스 유형

출처 : 송정애(2022). 아동복지론 이해와 실천. p.78.

생각해봅시다

1 지지적·보조적·대리적 서비스의 분류기준 중 어느 하나에만 포함시키기 어려울 수 있는 아동복지서비스는 어떤 것이 있는지 알아봅시다.

2 우리나라 아동복지시설의 유형 중 한 기관을 선정하고 그 기관에서 제공하는 서비스 현황을 인터넷이나 기관 홈페이지를 통해 조사해 봅시다.

3 자신의 생육사를 작성해 봅시다.

CHAPTER

06

아동복지의 실천방법과 기술

1. 아동상담

1) 아동상담의 필요성

아동상담은 상담의 한 유형으로 아동을 대상으로 하는 상담을 의미한다. 아동상담자와 아동과의 일대일 전문적 인간관계를 통하여 아동의 건강한 성장과 발달을 돕고 환경에 효과적으로 적응할 수 있는 능력을 회복 혹은 향상시키는 전문적인 활동으로 정의할 수 있다.

아동복지실천현장에서의 상담을 필요로 하는 대부분의 아동들은 부모의 이혼이나 사망, 가장의 실직, 빈곤 등으로 인한 문제를 지니고 있으며 이러한 문제들로 인하여 아동 개인의 문제와 증상을 유발시키고 있다. 이러한 점을 감안하여 사회복지사는 아동상담을 함에 있어 다음과 같은 사항을 고려하여 전문적 상담기법을 활용하거나 아동상담을 위한 지원을 요청할 수 있어야 한다(송정애, 2022).

- 아동은 성인에 비하여 인지적·언어적 기술이 부족하기 때문에 비언어적 의사소통 기술이 중요하다.
- 아동의 발달수준에 맞는 상담기법을 활용할 수 있어야 한다.
- 효과적인 아동상담을 위하여 발달적 접근을 해야 한다.
- 아동상담은 부모상담이나 부모교육과 병행하여 실시할 수 있어야 한다.
- 아동상담을 할 때 상담자는 자신의 역할한계를 인식하고 필요한 지원을 요청할 수 있어야 한다.

2) 아동상담의 목표와 특징

아동은 신체적·정신적·사회적 미성숙 때문에 그들의 생활에 부정적인 영향을 미치는 여러 인적·물적 환경을 통제하기가 어려울 뿐 아니라 바람직한 방향으로 나아가기는 더욱 어렵다. 따라서 아동을 대상으로 특별한 대응이 필요하다(이소희, 2019).

(1) 아동상담의 목표

아동은 여러 가지 이유로 문제를 지니고 있을 경우, 문제의 성격과 수준에 따라 아동은 물론, 부모도 각각 또는 함께 교육과 상담을 받음으로써 문제를 경감시키거나 해결할 수 있다.

일반적으로 아동상담의 목표는 크게 다섯 가지로 구분할 수 있다.

- 본능적인 욕구를 적절히 충족시켜 준다.
- 자기 통제력의 전략 습득을 적절히 도와준다.
- 각 발달과업에 따른 적절한 학습 및 경험을 하도록 배려한다.
- 아동 스스로가 주위 환경에 보다 잘 대처해 나갈 수 있도록 능력을 길러 준다.
- 아동으로 하여금 문제를 발생시키기 않도록 유해한 환경을 바람직한 환경으로 새롭게 조성하도록 한다.

이러한 아동상담의 목표를 효과적으로 이루기 위해서는 아동은 물론, 성인 가족이나 주변 사람 등의 인적 환경뿐만 아니라 물리적 환경에도 세심한 주의를 기울여서 바람직한 환경을 의도적으로 조성하여야 한다.

(2) 아동상담의 특징

아동이 지닌 문제를 보다 더 잘 해결하기 위하여 아동을 대상으로 상담을 실시하기 위해서는 먼저 아동 행동의 정상 여부를 판단하는 것으로부터 시작되어야 한다. 그런데 성인과는 달리 아동은 한창 자라나는 과정에 있으므로 정상 여부를 판단하는 것이 그리 쉽지 않다. 다시 말하면 아동이 자라는 과정상에서 일시적으로 발생하는 현상인지 아닌지의 여부를 파악하기가 쉽지 않다는 것이다. 그렇기 때문에 아동의 연령에 따라 부모의 역할이 달라야 하는 것처럼, 아동이라는 특수 연령층을 대상으로 하는 상담에 있어서 상담자의 자세, 기술이 달라야 한다. 이렇게 볼 때, 아동을 대상으로 한 상담은 아동이 발달 초기에 있다는 점과 함께 다음과 같은 아동상담이 지니는 특징을 염두에 두고 상담해야 한다.

- 아동은 성장 중이라는 점

- 아동은 언어능력이 덜 발달했다는 점
- 아동 스스로 상담동기가 낮다는 점
- 아동문제는 부모와의 관계의 문제라는 점
- 아동의 정신세계를 성인 상담자가 잘 모른다는 점
- 아동에게는 미래에 선택의 폭이 넓다는 점

3) 아동상담의 방법

아동에 대한 관심과 사랑은 다양한 연구로 축적되었으며, 마음이 아픈 아이를 치료하는 데 유용하게 활용된다. 따라서 아동의 특성 및 그 아동에 대한 상담의 목표에 유의하여 적정한 상담방법을 선택하여야 한다.

(1) 개별상담과 집단상담

개별상담은 가장 전형적인 상담의 방법이자, 모든 상담의 기초를 이루는 것으로 전문가와 내담자인 부모가 1 : 1로 상담하는 것을 말한다. 그리고 집단상담은 집단의 역동성을 활용하여 전문가와 여러 내담자 사이에 이루어지는 상담 방법을 말한다.

(2) 전문가상담과 또래상담

전문가상담은 그야말로 상담에 관한 이론과 임상능력을 겸비한 전문가로부터 상담을 받는 것을 말한다. 그것은 아동과 아동을 둘러싼 주변 사람들이 가진 문제는 복잡, 다양하여 일반 사람이 해결하기는 어렵기 때문이다.

한편 또래상담은 비교적 최근 들어 시도되면서 활용도가 높은 방법이다. 즉 동일 연령대의 사람들로 하여금 문제를 해결하는 방법으로써, 정상적인 또래들에게 상담교육을 시킨 후, 이 또래들로 하여금 문제를 가진 다른 또래들로 상담케 하는 방법인 것이다. 개별상담 및 집단상담 모두에서 활용되고 있으며, 특히 청소년 상담에서 활용도가 높다.

(3) 면대면에 의한 상담

면대면에 의한 상담은 일정한 장소에서, 일정한 시간에, 전문 상담자와 얼굴을 마주하며 이루어지는 상담을 말한다. 이러한 상담은 밀착된 상담으로 아주 구체적인 문제까지 심층적으로 다룸으로써 상담의 효과를 기대할 수 있는 장점이 있지만, 반면에 얼굴과 얼굴을 마주 대함으로써 발생하는 심리적 부담감 때문에 오히려 상담 효과가 낮아질 수도 있다. 또한 시간적으로나 공간적으로 제약을 받는다는 점에서 오늘날과 같이 바쁜 사회생활에서, 특히 맞벌이 부모를 대상으로 하는 보육시설에서는 활용도가 낮은 방법이기도 하다.

(4) 통신과 컴퓨터를 활용한 상담

전화와 컴퓨터를 활용하여 상담할 수 있다. 이 방법은 내담자와 상담자 모두에게 편리한 방법이며, 비교적 경미한 문제는 쉽게 해결할 수 있다. 구체적으로 인터넷 E-mail과 채팅 및 게시판을 활용하는 것이다.[1)]

4) 아동상담에 필요한 부모교육과 부모상담

(1) 부모교육(이소희, 2019)

부모교육은 부모를 대상으로 한 교육을 말한다. 아동복지를 위한 대상자로서의 부모에 대한 교육은 부모 역할의 수행 정도를 고려하여 이루어지고 있다.

아동은 신체적·정신적·사회적 미성숙 때문에 그들의 생활에 부정적인 영향

1) 특히 부모상담에 유용하다. 즉 자신의 자녀가 가진 문제를 공개하는 데 부담을 가진 부모가 익명으로 다른 부모로부터 체험적 동료상담을 받을 수 있으며, 또한 준전문상담가 및 전문상담가로부터 문제해결을 위한 다양한 도움을 공개적으로 받을 수 있다. 그리고 다수의 전문가로부터 유사하면서도 다양한 견해를 접할 수 있기 때문에 문제 해결력을 강화시킬 수 있다. 동시에 전자우편과는 달리 문제를 지닌 부모가 알고 있지 못했던 미지의 전문상담가로부터도 뜻밖의 좋은 도움을 받을 수가 있다. 또한 유사한 자녀문제를 가진 다른 부모에게도 문제해결에 관한 도움을 간접적으로 제공해 줄 수 있다. 나아가 상담전문가에게 다른 상담전문가의 견해를 쉽게 파악할 수 있는 기회를 제공해 줌으로써 여러 전문상담가의 역량을 강화할 수 있는 기회에 제공하게 된다.

을 미치는 여러 인적·물적 환경을 통제하기가 어려울 뿐 아니라 바람직한 방향으로 조성하기는 더욱 어렵다.

따라서 이러한 환경조성은 주로 부모, 보호자, 교사 등의 교육에 의해 이루어져야 할 필요성이 매우 크다. 부모교육은 예방 및 치료적 관점에서 이루어지고 있으며, 다음과 같은 내용이 포함된다.

- 부모 역할의 준비교육 : 예비부모, 임산부교육
- 아동발달 단계별 교육 : 영아기, 유아기, 아동기, 청소년기 자녀교육
- 가정환경 : 맞벌이가정, 한부모가정, 다문화가정, 입양가정, 폭력가정, 빈곤가정
- 가족구성원 간의 부조화로 인한 어려움 : 성격, 갈등, 스트레스 등
- 부모의 문제행동으로 인한 어려움 : 도벽, 거짓말, 약물남용, 폭력, 성격이상 등

그리고 부모교육의 성격에 따라 크게 부모훈련, 부모참여, 부모관여의 형태로 구분된다.

- 부모훈련(parent training) : 좋은 부모가 되기 위해서는 보다 체계적이고 전문화된 교육을 적극적·의도적으로 받아야 한다는 관점에서 실시된다. 대표적으로 최근에 실시되는 대화법(기술)을 들 수 있다.
- 부모참여(parent participation) 및 부모관여(parent involvement) : 부모를 교사로서 본다. 따라서 아동의 교육과정 전반에 걸쳐 계획·실행·평가·수정 등의 활동에 부모가 참여하게 된다.

부모교육은 부모회, 가정방문, 가정통신문, 전화 대화, 부모교육 자료의 제작·배부, 부모회를 통한 초청강연회, 비디오 상영, 교구대여 프로그램, e교육 등으로 이루어진다.

(2) 부모상담

부모상담[2)]은 부모교육의 차원에서 진행된 하나의 교육 방식이라고 할 수

2) [네이버 지식백과] 부모상담일지[父母相談日誌, counseling daily record for parents] (예스폼 서식사전, 2013.)

있다. 교사는 교육의 효과를 높이기 위해서 부모들을 대상으로 청소년의 발달 및 교육과정 등을 교육하고, 가정의 협력을 요구하게 된다.

다양한 유형의 부적응 행동이 영유아기를 비롯한 아동기와 청소년기에 이르기까지 부모-자녀관계에 교육 또는 부모상담에 관한 필요성이 널리 확산되었다. 임상장면에서의 부모교육과 상담에 관하여 전문적인 접근에 대한 인식이 날로 증가하고 있어, 보다 적극적인 의미에서의 부모상담 인력을 교육하고 훈련시킬 수 있는 프로그램의 개발과 보급이 필요하다.

2. 통합사례관리기법(송정애, 2022)

1) 사례관리의 필요성과 목적

최근 사회복지서비스의 실천방향은 통합사례관리와 개별적 맞춤서비스에 초점을 두고 있다. 특히 사회복지서비스를 전달함에 있어 관련 서비스들 간의 중복과 단절을 최소화하면서 생애주기별 지속적인 서비스를 제공하는 데 관심을 두고 있다. 이러한 관심의 사회복지서비스 전달방법이 필요하게 된 원인은 다음과 같다.

첫째, 클라이언트의 욕구와 원하는 서비스 수준이 높아졌다는 것이다. 종전의 단순보호차원에 단순보호를 포함한 심리 정서적·사회적 욕구 충족을 통하여 삶의 질 향상을 추구하고 있다.

둘째, 이와 같이 증가된 클라이언트의 욕구에 보다 효율적으로 대처하고, 중복되는 사회복지서비스 제공을 위한 막대한 비용을 적절하게 관리하기 위하여 새로운 서비스 전달방식이 필요하게 되었다.

셋째, 전문직으로서 사회복지사의 유사전문직과 차별화된 역할에 대한 필요성이 제기되고 있기 때문이다.

초기 사례관리는 만성질환이 있는 노인이나 중증 장애인들을 대상으로 다양한 서비스를 효과적으로 전달하고 관리하기 위한 방법으로 도입되었으며 이후에 사회복지실천현장에서 사례관리 적용 대상과 분야가 폭넓게 확대되고 있다. 아동복지실천분야에서는 저소득가정아동을 위한 위스타트사업, 드림스타트사업, 학교사회사업, 교육복지우선지원사업 등에서 사례관리실천기법이 적용되고 있다.

2) 사례관리 대상으로서 아동

아동은 발달단계에 따라 성장과 발달특성의 차이가 있으나 일반적으로 아동은 미성숙한 존재로서 가정과 사회 안에서 성장·발달에 필요한 보호와 교육을 필요로 하는 존재다. 아동의 기본적 혹은 발달적 욕구가 통합적으로 이루어질 때 건강한 성장·발달을 할 수 있게 되는 것이다. 이러한 측면에서 아동의 발달적 특성과 개별적 특성을 기반으로 한 통합적 접근방법 모색이 필요한 것이다.

아동복지실천현장에서 경험하게 되는 아동의 문제는 단지 정서적·행동적 문제뿐만 아니라 가정환경, 가족구조문제와 부모로부터의 학대, 방임, 폭력 등의 문제를 동시에 가지고 있는 경우가 많다. 아동을 위한 사례관리는 아동의 문제를 가정과 학교 등 사회환경, 즉 '상황 속의 아동'이라는 관점에서 접근하며 환경 속에서 아동의 발달적 욕구를 충족시켜 건강한 성장·발달할 수 있도록 하는 데 그 목적이 있다.

아동대상 사례관리의 대상자는 사회복지대상아동, 즉 요양보호대상 아동과 복합적인 욕구를 가진 아동으로 구분된다. 아동사례관리 대상은 사회복지시설이나 기관을 이용하는 아동일 수도 있지만 주민자치센터, 시청, 보건소, 경찰서, 고용안정센터 등 공공기관과 지역 내 학교, 지역아동센터, 어린이집, 건강가정지원센터, 다문화가족지원센터, 자원봉사센터 및 단체의 협조를 통해 발굴될 수 있다.

3) 아동복지실천영역 사례관리 과정

아동복지실천영역에서의 사례관리실천은 일반적으로 초기·사정단계(욕구사정, 장애물사정, 자원사정), 계획단계, 실행단계(자원개발 및 연계, 조정 및 점검), 평가 및 종결 단계로 구분되어 이루어진다.

(1) 초기 단계

초기 단계는 아동이 경험하고 있는 문제욕구에 대한 정보와 가족과 아동을 둘러싼 환경에 대한 정보를 파악하는 단계다. 정보를 파악한 후 사례관리가 필요한지 스크리닝을 하고 사례관리 개입수준을 결정한다. 이 단계에서는 아동과 면담하고 면담결과와 수집된 자료를 토대로 인테이크지를 작성하고 보호자의 사례관리 동의서를 작성한다. 아동을 면담할 때 아동을 존중하는 마음으로 발달단계에 따라 접근하는 전문적 방법을 활용할 수 있어야 한다. 발달단계에 따른 면담방법은 <표 6-1>과 같다.

〈표 6-1〉 발달단계별 아동과의 면담방법

발달단계	연령	면담방법
취학 전 아동	0~6세	• 6세 이전 아동은 부모나 보호자와 함께 놀이실 등 편안한 분위기 속에서 면담을 실시한다. • 부모와 아동과의 관계와 다양한 분야의 발달수준을 평가한다(운동발달, 활동수준, 언어발달, 문제해결능력, 사회성 수준 등). • 놀이는 아동의 내면세계를 평가하는 데 매우 중요하기 때문에 놀이를 통한 기법을 활용한다. • 놀이실은 인형모형과 인형집, 장난감, 이외 다양한 놀이 도구를 구비하여 아동의 내면세계를 평가할 수 있도록 한다.
취학아동	7~12세	• 부모면담 전에 아동과 먼저 면담하는 것이 좋다. 상황에 대한 생각을 물어보고 면담이 나쁜 행동으로 인한 벌로 인식되지 않도록 한다. • 일반적으로 45분 면담이 가능하고 개방형 질문을 통하여 표현하게 한다. • 아동은 부모로부터 거부당하는 것으로 생각하여 협조하지 않거나 사실을 말하지 않을 수도 있고 비밀을 지켜주기를 원할 수도 있다는 것을 존중해야 한다.
청소년	13~18세	• 청소년은 면담자를 잘 믿지 않고 반항적 태도로 면담자를 자극할 수 있다. • 청소년의 입장에서 공감한다는 태도를 보이고 청소년 문화나 청소년들의 언어사용에 대한 이해가 필요하다. • 청소년은 부모로부터 독립, 기존 가치관에 대한 도전, 학업 성취, 열등감, 미래에 대한 기대, 친구 관계, 이성 관계 등의 중요한 질문대상이 된다. • 자살 의도나 약물남용, 게임중독에 대하여 구체적으로 직접 질문하며, 부모보다 청소년을 먼저 면담하는 것이 좋고 비밀을 유지한다.

출처: 대전광역시 사회복지사협회(2012). 사례관리실천매뉴얼. 재구성.

(2) 사정단계

사례관리대상자로 선정되면 사정 척도지를 활용하여 사정을 실시한다. 사정을 통하여 사례관리 개입수준의 정도를 결정하며 사정영역으로는 발달력, 개인기능, 가족기능, 환경기능, 사회기능으로 구분하여 사정이 이루어지며 아동과 주양육자를 대상으로 실시한다. 아동을 위한 사례관리 사정영역의 구체적 내용은 <표 6-2>와 같다.

〈표 6-2〉 아동을 위한 사례관리 사정영역

구 분	내 용	
발달력	출생상태	만숙아, 미숙아, 과숙아, 선천성기형, 질환 등
	초기애착	아동과 모의 초기애착 정도
	현재상태	건강상태, 영양상태, 장애 및 질병유무
개인기능	신체발달	운동발달, 언어발달, 지적발달 등
	심리발달	정서상태 및 대인관계
	문제증상	행동증상(결석, 도벽, 거짓말 등), 신체증상
	강점	잘하는 것, 가지고 있는 꿈, 친밀한 사람 등
가족기능	경제기능	주양육자 취업상태, 기초해결능력, 자산관리 등
	자녀양육	양육형태 및 태도
	가족사항	가정폭력유형과 위급 정도
	비공식지지체계	친인척, 종교기관, 이웃 주민, 복지기관 등
	강점	가족의 친밀성, 근로의욕, 양육, 교육 관심 등
환경적응 기능	주거환경	거주하는 곳의 침실, 놀이 공간 및 주변 환경
	학교적응상태	학교적응, 학업성취도, 학업욕구 등
	방과 후 활동	프로그램 참여 여부, 주 활동장소, 참여유형, 학습지도, 저녁식사 등
	관계	또래와의 관계, 가족과의 관계, 성인과의 관계
사회적 지원망	공식적 자원	아동을 둘러싼 사회적 장점과 자원
	비공식적 자원	개인, 가족을 둘러싼 자원(종교기관, 친인척, 이웃 등)

출처: 대전광역시 사회복지사협회(2012). 사례관리실천매뉴얼.

일반적으로 활용되는 아동을 위한 사정척도는 자아개념, 심리 및 정신건강, 사회적 기능, 가족 관련 기능, 사회관계망 등이며 구체적 내용은 <표 6-3>과 같다.

〈표 6-3〉 아동을 위한 사정척도유형

구분	척도명	활용대상	목적	문항 수	소요 시간
자아 개념	자아정체성	아동, 청소년	• 자기이해, 자기인식과 자기수용 능력 수준 측정	27	20분
	자아존중감	자아존중감에 어려움이 있는 아동·청소년	• 자아존중감에 대한 측정	10	15분
심리 및 정신 건강	아동용 우울척도	6~17세 아동·청소년	• 총점 13점 이상일 경우 임상적으로 유의미한 수준의 우울을 경험하는 것으로 측정	27	40분
	ADHD 척도	주의집중에 어려움이 있는 아동·청소년	• 과잉행동, 충동성 수준을 측정	18	20분
	한국형 인터넷 자가중독	인터넷 사용에 문제가 있는 아동·청소년	• 인터넷 중독 여부와 그 수준을 측정	40	50분
	정서적 및 사회적 고립	학교폭력 피해자 및 가해 아동·청소년	• 사회적 관점과 정서적 관점에서의 고립과 소외의 수준을 측정	15	30분
사회적 기능	사회성 척도	자립성이 약한 아동	• 아동의 사회성 및 사회성 발달 정도 측정	17	20분
	아동비행 행동	초등 4~6학년	• 초등생의 비행행동에 대한 정도와 부적응행동측정	13	15분
	청소년 대처행동	중·고등생	• 학교영역의 계획성, 학교또래영역, 통제감 측정	17	20분
	학교적응유연성	중·고등생	• 학교생활의 흥미, 학업태도, 학교규범 준수 등을 측정	22	25분
가족 관련	가족관계척도	가족관계에 문제가 있는 13세 이상 아동	• 가족관계상의 문제를 파악, 전반적인 가정환경을 파악 측정함	25	40분
	갈등전술척도	가출일반아동	• 가족 내의 이성적 방법, 언어적 공격성, 폭력을 측정함	17	30분
	부모유대척도	12세 이상 중·고등학생	• 부모와의 유대감을 측정함	18	20분
사회 관계망	사회적지지 지각척도	아동청소년	• 주위사람들로부터 받는 도움, 인정, 관심 등에 대한 인지적 평가측정	24	40분

출처: 대전광역시 사회복지사협회(2012). 사례관리실천매뉴얼.

이와 같이 다양한 방법에 의한 사정이 이루어지면 사례관리 사정결과표를 작성하는데, 사례관리 사정결과표에는 욕구에 대한 기초사정, 우선순위, 현재상황이나 문제, 요구사항과 욕구, 자원, 강점, 이용서비스를 포함한 공식·비공식 자원, 전문가의견, 척도를 활용한 사정 등이 포함된다.

(3) 계획수립 단계

사정단계에서 조사된 아동과 가족상황, 욕구, 자원과 강점을 종합적으로 고려하여 아동에게 적합한 서비스 제공 및 계획을 수립한다. 사례계획표에 의하여 기본적 사항, 욕구에 기반한 목표설정과 계획을 수립하고, 서비스 계획이 수립된 후 아동과 보호자, 사례관리자와 서비스 동의를 함으로써 아동과 보호자의 참여를 높이고 계획단계부터 함께 참여하여 협조할 수 있도록 한다.

효과적인 계획수립을 위해서는 다음과 같은 전제조건이 갖추어질 필요가 있다.

첫째, 사정과정을 통하여 아동의 다양한 욕구를 충분히 이해한다.

둘째, 개인, 가족, 조직, 지역수준의 욕구들에 우선순위를 정하고 이를 세분화한다.

셋째, 욕구충족을 위한 내·외적 자원파악 및 이에 걸림돌이 되는 장애물을 파악한다.

넷째, 아동과의 협력적 관계 형성 및 변화를 위한 동기를 강화한다.

사례관리 계획은 욕구사정내용에 대한 숙고, 장·단기 변화목표 수립, 서비스 제공자 및 기관의 선정, 시간계획 수립, 계약 수립, 서비스 계약표 공유 등의 6단계 과정을 통하여 수립된다.

1단계	욕구사정 내용에 대한 숙고 사정 단계에서 이루어진 내용을 종합적으로 정리, 분석하여 욕구사정 평가내용 최종 검토
2단계	장·단기 변화목표 수립 계획 수립은 1년 단위로 하되, 여건에 따라 장기목표는 6개월 이상, 단기계획은 3개월 소요
3단계	서비스제공자/기관선정 목표달성을 위하여 누가 어떻게 참여하고 협력할 것인지 선정
4단계	시간계획 수립 정해진 서비스를 어느 정도 기간 동안 어떤 주기로 받을지 계획 수립
5단계	계획 수립 장·단기 목표 및 서비스 제공기관, 시간계획 확정 후 대상자와 계약
6단계	서비스 계약표 공유 서비스 계약표가 완성되면 대상자에게 사본을 주고 전체 일정을 쉽게 알도록 함

[그림 6-1] 서비스계획수립 과정

출처 : 송정애(2022). 아동복지론 이해와 실천. p.192.

(4) 실행단계

수립된 서비스 계획을 실행하는 단계이며 이 단계에서는 자원개발 및 연계, 조정 및 점검을 주요내용으로 하고 있다. 이 단계에서 사례관리과정을 기록하고 서비스를 의뢰하며 사례관리를 점검한다. 사례관리와 슈퍼비전을 위한 회의를 하고 기록해야 하며 이것을 토대로 사례보고서를 작성한다. 실행단계에서 사례관리자는 클라이언트로 하여금 스스로 서비스에 접근하고 이용할 수 있는 능력과 기술 향상을 돕는 과정인 직접적 개입과 클라이언트를 대신하여 관련 체계에 영향을 주고 변화를 유도하기 위한 간접적 개입을 할 수 있다. 직접적 개입과 간접적 개입의 주된 내용과 역할은 <표 6-4>와 같다.

〈표 6-4〉 직 · 간접적 개입의 내용과 기술

개입 유형	내용	사례관리자의 역할	구체적 기술
직접적 개입	• 클라이언트에게 자기표현기술을 가르치는 것 • 자기옹호기술을 가르치는 것 • 위기 시 대처하는 것	상담자, 치료자, 교육자, 안내자, 실행자, 정보제공자	의사소통기술, 상담기술, 집단상담기술, 갈등대처기술, 분노조절기술 등 기타 임상적 기술
간접적 개입	• 대인서비스 제공자와 클라이언트와 연결하는 것 • 서비스를 중개하는 것 • 클라이언트를 옹호하는 것 • 사회적 지원이나 혜택을 증가시키는 것	중재자, 옹호자, 사회적 망 구성자	연계기술, 옹호기술, 협력과 조정기술

출처 : 송정애(2022). 아동복지론 이해와 실천. p.193.

① 자원개발과 연계 : 서비스 계획을 실행하기 위하여 다양한 자원을 필요로 한다. 사례관리자는 지역사회자원을 개발하고 대상아동과 연결하기 위하여 지역 내 자원목록을 체계적으로 작성하여 활용할 수 있어야 한다. 공식적·비공식적 사회적 지원망을 포함하는 실행 단계의 자원개발과 연계는 사례관리 과정 중 가장 핵심적인 기능이라고 할 수 있다. 대상아동의 사회지원망을 측면에서 지원할 수 있는 사례관리자의 역할수행이 필요하며 구체적 역할은 다음과 같다.

〈표 6-5〉 사회지원망 지원을 위한 사례관리자의 역할

역할	주요내용
교육적 활동	• 대상아동에 대한 이해를 증진시킴 • 대상아동의 욕구에 대응하는 방법을 가르침 • 자조집단으로 발전시키기
이차적 지원활동	• 일차적 지원망이 지치지 않도록 쉬는 시간을 제공해줌 • 일차적 지원망(가족, 주부양자 등)이 이차적 지원을 활용하도록 돕기 • 일차적 지원망의 스트레스 해소, 긴장 완화를 위한 지지망 증가시키기 • 사회망을 위한 위기개입상담과 실제 서비스 제공
기술적 지지/협상을 제공하는 활동	• 사례관리자가 서비스제공기관에 새로운 지식, 정보, 전략을 소개하여 서비스 대상자에 대한 서비스 수준과 내용을 향상시키는 것 • 필요한 자문과 교육에 응하는 것 • 서비스 제공자에게 격려와 지지를 해주는 것

출처 : 송정애(2022). 아동복지론 이해와 실천. p.193.

② 점검과 조정 : 대상아동과 사례관리자, 그리고 관련 지원망이 계획 단계에서 합의한 목표를 계속적으로 공유하면서 잘 진행되고 있는지 혹은 협력관계에 갈등이 발생하거나 위기가 나타나지 않는지를 확인하고 조정한다. 전반적인 사례관리과정에 대한 점검은 최소 3개월 단위로 하되 단위별 하위목표 점검활동은 필요시 수시로 할 수 있다. 점검과 조정을 위한 세부지침 내용은 <표 6-6>과 같다.

〈표 6-6〉 점검과 조정을 위한 세부지침 내용

점검을 위한 질문	조정을 위한 질문
• 대상아동의 상황이 변화하고 있는가? • 서비스의뢰는 적절한가? • 서비스지원기관의 협력 정도는 어떠한가? • 희망하는 결과가 달성되고 있는가? • 현시점에서 서비스계획은 수정되어야 하는가? • 재사정이 필요한 상황인가? • 대상아동의 참여 정도와 서비스 만족 수준은 어떠한가?	• 사례관리자는 클라이언트와 함께 수립한 상호목표와 실천방법을 위해 지원망 속의 개인들과 함께 일하고 있는가? • 각자의 노력이 상대방의 직업에 어떤 영향을 미치고 있는가? • 각자는 이 영향관계를 인식하고 있는가? • 각각의 노력을 통합하고 갈등을 줄여나가고 있는가? • 성공을 평가하기 위하여 사례관리자는 경계확장자로서 기능을 수행하고 있는가?

출처 : 송정애(2022). 아동복지론 이해와 실천. p.194.

(5) 평가 및 종결 단계

평가와 종결 단계는 대상자에게 제공된 서비스에 대한 변화와 그 성과에 대한 평가를 실시하는 단계이다. 일반적으로 사례관리 평가는 사례관리 체계 및 기관의 역량에 대한 평가인 구조평가와 서비스가 어떻게 제공되었는가에 대한 과정평가, 사례관리 전반에 대한 효과성과 효율성을 평가하는 결과평가 등으로 구분된다. 또한 사례관리의 종결은 개입의 완전한 종결이기보다는 서비스 제공기관이 만료되는 시점에 이루어지며 목표를 달성했을 때, 의뢰가 효과적일 때, 대상자가 서비스 중단을 원할 때 이루어지며 이 단계에서 <표 6-7> 지침에 의거, 종결보고서를 작성한다.

〈표 6-7〉 종결보고서 작성지침

• 종결보고서에는 크게 네 가지를 기록한다. 목표달성평가, 대상자만족도, 사회관계망이나 지지망의 변화, 추후계획을 포함한 사례관리자의 의견을 포함한다. • 목표달성평가는 합의된 단기(3개월 전후), 장기목표(6개월 이상)에 대한 달성 정도를 성과평가 란에 5점 만점으로 기록한다. • 대상자의 사례관리자에 대한 신뢰 및 서비스에 대한 충분한 고지, 전문가로서의 책임성을 포함하여 대상자의 사례관리서비스를 통한 삶의 변화를 5점 척도로 측정한다. • 사회관계망 및 지지망의 변화는 개입 초기와 종결 시점의 전후 상태를 제시하며 사례관리자의 의견에는 사후관리계획을 비롯하여 종결과 관련된 기타 사항을 기록한다. • 척도를 활용했던 경우에는 그 결과를 초기와 비교하여 제시한다. • 종결에 대한 심사는 종결과 재심사로 구분되면 종결의 유형을 기록한다.

출처 : 송정애(2022). 아동복지론 이해와 실천. p.195.

3. 드림스타트

드림스타트는 2004년 5월 시작된 위스타트(We Start) 사업을 모태로 하여 시작되었으며, 2020년(5월 말 기준) 전국 시군구 229개로 사업지역을 확대하여 저소득 취약계층 아동에 대한 통합지원 체계의 역할을 담당하고 있다.

1) 드림스타트 사업의 근거

「아동복지법」 제37조 및 「아동복지법시행령」 제37조에 따라 취약계층 아동에게 맞춤형 통합서비스를 제공하여 아동의 건강한 성장과 발달을 도모하고, 공평한 출발기회를 보장하여 건강하고 행복한 사회구성원으로의 성장을 지원하기 위한 목적으로 하는 사업이다.

이 사업의 추진배경은 가족해체, 사회양극화 등에 따라 아동빈곤 문제의 심각성 대두, 빈곤 아동에 대한 사회투자 가치의 중요성이 강조되어 아동과 가족에 초점을 둔 통합사례관리를 통해 모든 아동에게 공평한 출발기회 보장하기 위함이다.

2) 사업대상 및 신청방법

(1) 사업대상

- 만 12세 이하(초등학생 이하) 취약계층 아동 및 가족, 임산부
  - (기본대상) 「아동복지법」 제37조 제1항 제1호 「국민기초생활보장법」에 따른 수급자 또는 차상위계층, 「한부모가족지원법」 제5조 제1항에 따른 한부모가정 등이다.
  - (특화대상) 사회적으로 취약한 법정 한부모 외 한부모가정, 다문화, 조손가정
    ※ 특화대상은 농산어촌 기초단체(82개 시 · 군 · 구)만 적용하며, 반드시 사례회의를 거쳐 대상을 결정한다.
- 다음 대상을 사업대상으로 추가 가능하다.
  - 만 13세 이상의 초등학교 재학 아동
  - 연령 도래 종결 시점(만 12세 이후)의 위기, 집중사례관리 아동 중 지속사례관리가 필요한 아동(사례회의 후 지방자치단체장의 승인하에 최대 만 15세까지 연장 가능)
  - 보호대상아동은 원칙적으로 제외하며, 발굴된 보호대상아동은 시·군·구 아동보호팀(아동보호전담요원, 아동학대전담공무원 등)으로 의뢰
    ※ 해당 시·군·구 내 적절한 전달체계(사례관리, 타 기관 등)가 없는 경우 드림스타트 대상자로 선정 가능하다.
    ※ 보호대상아동은 보호자가 없거나 보호자로부터 이탈된 아동 또는 보호자가 아동을 학대(방임 포함)하는 경우, 기타 보호자가 아동을 양육하기에 적당하지 아니하거나 양육하기 어려운 경우의 아동을 의미(아동복지법 제3조)한다.

(2) 신청방법

거주지의 시·군·구청 또는 드림스타트에 직접 방문하거나 전화하여 신청이 가능하다. 다만, 위기도 사정 결과 및 대상자 우선 지원 원칙에 따라 지원이 제한될 수 있다. 전국 시군·구 드림스타트 홈페이지를 확인하고 전화 연락하

면 빠르게 도움받을 수 있다.

3) 사업내용 및 사업방향

취약계층 아동과 가족 중 사업대상 아동 발굴 및 문제·욕구 파악, 지역자원 연계를 통해 건강, 영양, 교육, 문화, 복지 등의 맞춤형 통합서비스를 제공한다.

주요 기능으로는 ① 지역사회 내 통합서비스 지원이 필요한 아동 발굴, ② 지역자원을 조사·발굴하여 서비스 연계망을 구축하고 서비스 전달·연계의 중심축 역할 수행, ③ 욕구조사, 위기도 검사를 통한 사례판정 및 연계서비스 기획·조정, 사례점검, 재사정 등 통합사례관리 실시, ④ 사례관리 과정에서의 서비스 개입은 지역자원과 연계하여 지원 등이다.

〈표 6-8〉 드림스타트 사업 서비스 내용

서비스 구분	서비스 내용	프로그램(예시)
신체·건강	- 아동의 건강한 성장과 신체발달 증진 - 건강한 생활을 위한 건강검진 및 예방, 치료 - 아동발달에 필요한 신체·건강 정보 제공	- 건강검진, 예방접종, 건강교육, 영양교육 등
인지·언어	- 아동의 의사소통 및 기초학습 능력 강화 - 맞춤형 인지·언어 서비스를 통한 아동의 강점 개발	- 기초학력검사, 기초학력배양, 경제교육, 독서지도 등
정서·행동	- 자아존중감 및 긍정적 성격 형성을 위한 정서발달 서비스 제공 - 사회성 발달 및 아동 권리 신장을 위한 교육	- 사회성발달프로그램, 아동학대예방, 심리상담 및 치료, 돌봄기관 연계 등
부모·가족	- 부모자녀 상호작용 및 적합한 교육환경을 위한 부모 역량 강화 - 부모의 유능감 및 자존감 강화 - 부모의 양육기술 지원	- 임산부의 건강한 출산 및 양육 지원 - 부모교육, 가족상담 및 치료, 부모취업지원, 산전산후관리 등

출처: 드림스타트 홈페이지 자료

2022년 드림스타트 사업안내(보건복지부, 2022)에서 드림스타트 사업방향은 다음과 같다.

(1) 조기개입 효과 제고를 위한 취약계층 아동 사례관리의 예방성 강화

- 사례별 욕구·위기도·강점 반영한 아동발달 사정으로 위기발생 전 사전개입 강화
- 사례관리의 실효성 확보를 위해 사례등급별 가정방문 횟수 확대
- 저연령대 조기개입 강화를 위한 가정방문 사례관리 연구 등 추진
- 아동에 대한 공적 책임 제고를 위한 아동보호체계와의 연계·협력 강화

(2) 취약계층 포용률 향상을 위한 사업운영 모형 제시

- 사례관리 등급별 업무량 등을 반영한 사례등급 가중치 시범적용
- 다양한 특성의 가구에 개입하기 위한 특화 사업대상 추가(농 · 산 · 어촌 지역)
- 조직운영 및 지역사무소 설치 등 지역유형별 가이드라인 제시

(3) 고난도 사례 대응을 위한 전문역량 강화

- 취약계층 아동 사례관리 특성에 맞는 현장 밀착형 슈퍼비전 체계 구축
- 아동통합사례관리의 질적 성과를 확대 반영한 3년 주기 평가체계 추진 등이다.

생각해봅시다

1 아동복지 실천을 위하여 주변의 아동을 대상으로 아동상담을 실습해 봅시다.

CHAPTER

07

아동정책과 전달체계

1. 아동복지 관련 법률

아동복지정책 및 프로그램을 수행하기 위해서는 근거법이 있어야 한다. 우리나라의 아동복지를 위한 법은 「아동복지법」과 관련 법으로 「영유아보육법」, 「한부모가족지원법」, 「입양특례법」, 「보호소년 등의 처우에 관한 법률」, 「청소년기본법」 등과 2022.1.1.부터 시행되고 있는 「장애아동 복지지원법」(약칭 : 장애아동복지법)이 있다. 각 법은 그 목적에 따라 대상으로 하는 아동과 포괄하는 정책내용이 상이하다. 이하 내용에서는 아동복지의 근간이 되는 「아동복지법」에 대하여 살펴보고 관련 법의 내용을 약술하여 본다.

1) 아동복지법

「아동복지법」[1]은 사회복지서비스에 관한 법이자 「사회복지사업법」에 기초하는 특별법으로 볼 수 있으며, 현재 아동복지와 관련하여 기본이 되는 주요 법이다. 동법의 내용은 주로 아동복지서비스를 초점으로 하고 있다.

「아동복지법」의 골자는 다음과 같다.

(1) 「아동복지법」의 목적, 대상 및 책임주체

「아동복지법」 제1조에 따르면 「아동복지법」의 목적은 아동이 건강하게 출생하여 행복하고 안전하게 자라나도록 그 복지를 보장하는 것이다. 아동의 문제해결과 아동이 건강하게 자랄 수 있도록 지원하는 것을 목적으로 하는 적극적인 성격을 갖고 있음을 알 수 있다.

제4조에서 국가와 지방자치단체는 아동의 안전·건강 및 복지 증진을 위하여 아동과 그 보호자 및 가정을 지원하기 위한 정책을 수립·시행하여야 한다고 규정하고 있다.

제5조에서는 아동의 보호자는 아동을 가정에서 그의 성장 시기에 맞추어 건강하고 안전하게 양육하여야 하고, 아동의 보호자는 아동에게 신체적 고통

1) 아동복지법 [시행 2022.7.1.] [법률 제17784호, 2020.12.29., 일부개정]/법제처 2022.8.11. 검색 자료

이나 폭언 등의 정신적 고통을 가하여서는 아니 된다고 명시하고 있고, 모든 국민은 아동의 권익과 안전을 존중하여야 하며, 아동을 건강하게 양육하여야 한다고 정하고 있다.

이런 규정들을 통해 아동의 건전한 육성과 행복의 보장이 이제 더 이상 가정의 책임으로 한정되는 것이 아니라 국가와 지역사회, 그리고 국민이 함께 노력하여야 하는 것임을 명시하고 있다.

(2) 아동의 보호

아동의 보호와 관련된 내용으로는 아동보호를 위한 절대적 금지행위 규정과 요보호아동에 대한 보호조치 규정이 있다.

「아동복지법」 제17조(금지행위)에는 누구든지 아동에게 해서는 안 되는 금지행위에 대하여 규정하고 있고 내용은 다음과 같다.

① 아동을 매매하는 행위

② 아동에게 음란한 행위를 시키거나 이를 매개하는 행위 또는 아동에게 성적 수치심을 주는 성희롱 등의 성적 학대행위

③ 아동의 신체에 손상을 주거나 신체의 건강 및 발달을 해치는 신체적 학대행위

④ 아동의 정신건강 및 발달에 해를 끼치는 정서적 학대행위(「가정폭력범죄의 처벌 등에 관한 특례법」 제2조 제1호에 따른 가정폭력에 아동을 노출시키는 행위로 인한 경우를 포함한다)

⑤ 자신의 보호·감독을 받는 아동을 유기하거나 의식주를 포함한 기본적 보호·양육·치료 및 교육을 소홀히 하는 방임행위

⑥ 장애를 가진 아동을 공중에 관람시키는 행위

⑦ 아동에게 구걸을 시키거나 아동을 이용하여 구걸하는 행위

⑧ 공중의 오락 또는 흥행을 목적으로 아동의 건강 또는 안전에 유해한 곡예를 시키는 행위 또는 이를 위하여 아동을 제3자에게 인도하는 행위

⑨ 정당한 권한을 가진 알선기관 외의 자가 아동의 양육을 알선하고 금품을 취득하거나 금품을 요구 또는 약속하는 행위

⑩ 아동을 위하여 증여 또는 급여된 금품을 그 목적 외의 용도로 사용하는 행위

아동에 대한 보호조치는 보호를 필요로 하는 아동에 대한 것으로 시·도지사 또는 시장·군수·구청장은 그 관할 구역에서 보호대상아동을 발견하거나 보호자의 의뢰를 받은 때에는 아동의 최상의 이익을 위하여 대통령령으로 정하는 바에 따라 다음 각 호에 해당하는 보호조치를 하여야 한다고 규정하고 있다(아동복지법, 제15조).

① 전담공무원, 민간전문인력 또는 아동위원에게 보호대상아동 또는 그 보호자에 대한 상담·지도를 수행하게 하는 것
② 「민법」 제777조 제1호 및 제2호에 따른 친족에 해당하는 사람의 가정에서 보호·양육할 수 있도록 조치하는 것
③ 보호대상아동을 적합한 유형의 가정에 위탁하여 보호·양육할 수 있도록 조치하는 것
④ 보호대상아동을 그 보호조치에 적합한 아동복지시설에 입소시키는 것
⑤ 약물 및 알코올 중독, 정서·행동·발달 장애, 성폭력·아동학대 피해 등으로 특수한 치료나 요양 등의 보호를 필요로 하는 아동을 전문치료기관 또는 요양소에 입원 또는 입소시키는 것
⑥ 「입양특례법」에 따른 입양과 관련하여 필요한 조치를 하는 것

아동에 대한 보호조치는 아동복지를 위한 문제 예방의 내용도 일부 함께 포함하고 있으나 이미 요보호상태의 아동에 대한 일련의 보호조치가 주를 이루고 있다. 단, 시설보호의 경우는 아동 보호자의 의견 존중도 규정하고 있다.

(3) 아동의 복지를 위한 위원 및 기관 등

2003년 12월 22일 개정된 「아동복지법」에 의하여 국무총리를 위원장으로 하는 아동정책조정위원회를 두게 되었다. 아동정책조정위원회는 아동의 권리증진과 건강한 출생 및 성장을 위해 종합적인 아동정책을 수립하고 관계부처의 의견을 조정하며 그 정책의 이행을 감독하고 평가하는 것을 목적으로 한다. 상기 위원회를 설치하게 된 구체적인 계기는 국제조약인 아동권리협약의 이행을 점검할 필요성이었다.

그밖에 일선의 아동복지 수행을 위하여 시·도, 시·군·구에 아동복지 전담공무원을, 시·군·구에 아동위원을 두도록 하고 있다(아동복지법 제13조, 제14조). 아동복지전담공무원은 아동과 그 가족에 대한 상담, 보호조치, 조사, 지역의 학교부적응아 및 비행청소년에 대한 예방, 지도 및 원조 등의 업무를 수행한다. 아동위원은 일종의 명예직 혹은 자원봉사자로 지역의 아동복지를 위하여 아동복지전담공무원 및 행정기관과 협력하면서 아동의 생활상태 파악, 아동복지에 필요한 원조 및 지도를 행한다. 아동의 건강 유지를 위하여 보건소, 아동의 안전을 위한 학교의 장 등의 역할에 대해서도 규정하고 있다.

2) 아동복지 관련 법의 구성과 내용

아동을 대상으로 하는 아동복지 관련 법으로는 「영유아보육법」, 「한부모가족지원법」, 「입양특례법」, 「보호소년 등의 처우에 관한 법률」, 「청소년기본법」, 「청소년보호법」 등이 있다.

「영유아보육법」은 영유아의 심신을 보호하고 건전하게 교육하여 건강한 사회 구성원으로 육성함과 아울러 보호자의 경제적·사회적 활동이 원활하게 이루어지도록 함으로써 영유아 및 가정의 복지 증진에 이바지함을 목적으로 하고 있다.

6세 미만의 취학 전 아동을 대상으로 하는 이 법은 취업모의 증가에 따른 가정 내 아동양육의 취약성을 보완하여 아동의 건전한 양육을 지원하는 것으로 보육위원회, 보육정보센터, 보육시설 등에 관한 규정을 담고 있다.

「한부모가족지원법」은 한부모가족이 안정적인 가족 기능을 유지하고 자립할 수 있도록 지원함으로써 한부모가족의 생활 안정과 복지 증진에 이바지함을 목적으로 한다. 이 법은 생계비, 아동교육지원비, 아동양육비, 복지자금의 대여(사업에 필요한 자금, 아동교육비, 의료비, 주택자금 등), 청소년 한부모 자립지원, 한부모가족복지시설의 설치에 관한 규정을 담고 있다. 청소년 한부모가정, 모자가정과 부자가정을 함께 강조하고 있으며, 미혼모 및 미혼부에 대한 추가적인 지원을 규정하고 있는 등 보다 현실적인 접근을 하고 있다. 「한부모가족지원법」은 한부모가족에 대한 지원을 통하여 그 가족 내의 아동을 지원하는 근거법이 된다.

「입양특례법」은 요보호아동의 입양(入養)에 관한 요건 및 절차 등에 대한 특례와 지원에 필요한 사항을 정함으로써 양자(養子)가 되는 아동의 권익과 복지를 증진하는 것을 목적으로 한다. 국내 입양 우선 추진, 입양아동 등에 대한 복지 지원, 입양요건, 입양기관, 양육보조금 등의 지급 등을 담고 있다.

2022년 1월 1일부터 시행되고 있는 「장애아동복지법」은 국가와 지방자치단체가 장애아동의 특별한 복지적 욕구에 적합한 지원을 통합적으로 제공함으로써 장애아동이 안정된 가정생활 속에서 건강하게 성장하고 사회에 활발하게 참여할 수 있도록 하며, 장애아동 가족의 부담을 줄이는 데 이바지함을 목적으로 하고 있다. 장애아동의 권리, 중앙·지역 장애아동지원센터 운영, 장애아동 복지지원 실태조사, 의료비지원, 보육지원 등을 담고 있다.

「청소년기본법」은 청소년의 권리 및 책임과 가정·사회·국가·지방자치단체의 청소년에 대한 책임을 정하고 청소년정책에 관한 기본적인 사항을 규정함을 목적으로 한다. 9세 이상 24세 이하를 대상으로 하는 「청소년기본법」은 아동과 청소년의 정의가 연령상으로 상당 부분 중복되어 있으므로 아동의 복지와 밀접한 관련을 갖고 있다. 이 법은 청소년의 권리와 책임, 청소년의 자치권 확대, 청소년정책의 총괄·조정, 청소년 육성에 관한 기본 계획 수립, 청소년 시설의 설치 운영, 청소년 유해 환경의 규제, 청소년 근로 권익 보호 지원, 청소년활동 및 청소년복지 등을 담은 청소년복지 관련 내용을 규정하고 있다.

「보호소년 등의 처우에 관한 법률」은 보호소년 등의 처우 및 교정교육과 소년원과 소년분류심사원의 조직, 기능 및 운영에 관하여 필요한 사항을 규정함을 목적으로 한다. 이 법은 청소년은 범죄에 대한 처벌에서도 청소년의 특성과 장래 등을 고려하여 성인과 별도의 조치를 받을 필요가 있다는 전제에서 출발한 법으로, 소년원의 청소년 수용보호, 분류심사, 교정교육, 출원 등과 관련된 규정을 담고 있다.

「실종아동 등의 보호 및 지원에 관한 법률」은 실종아동 등의 발생을 예방하고 조속한 발견과 복귀를 도모하며 복귀 후의 사회적응을 지원함으로써 실종아동등과 가정의 복지증진에 이바지함을 목적으로 한다.

이 밖에도 아동복지와 직·간접적으로 관련을 갖고 있는 법들이 없지 않다. 「아동복지법」의 관련 법은 비교적 아동복지의 특정 영역을 협의로 다루고 있으며 보다 전문화·구체화·다양화되는 경향을 보인다. 아동복지는 법에 근거하고 있으므로 아동복지 관련 법의 변화 및 내용은 우리나라 아동복지의 현주소를 대변한다.

2. 아동복지정책과 제도

1) 아동복지정책의 개념

아동복지정책은 사회복지정책의 한 분야이다. 마샬(Marshall, 1965)은 "사회정책을 서비스 또는 소득을 제공함으로써 시민의 복지에 직접적 영향을 미치는 정부의 정책"이라고 정의했으며, 디니토(Dinitto, 1995)는 "사회복지정책을 국민 생활의 질에 영향을 미치는 것을 정부가 할 것인가 또는 하지 않을 것인가를 선택하는 어떤 것"이라고 정의하였다. 아동복지정책을 사회복지정책의 한 부분으로 간주할 때 아동복지정책이란 "아동의 기본적 생활과 권리를 보장하기 위한 정부의 노력, 즉 아동복지를 위한 정부의 정책적 활동"이라고 할 수 있다(장영인 외, 2007).

아동복지정책의 개념 정의와 관련해서는 여러 학자들의 설명이 있다. 아동복지정책을 광의로 포괄적 개념에서부터 단순히 아동 및 가족복지와 관련된 정책으로 정의하는 협의적 개념에 이르기까지 다양하다. 아동복지정책을 아동복지법과 그와 관련된 법 규정, 그리고 이러한 법 규정에 따른 아동복지서비스로 정의하는 입장(장동일, 1997)에서부터 아동에게 영향을 주는 모든 정책, 프로그램과 활동으로 보는 입장(Kadushin & Martin, 1988), 그리고 가족지원정책을 포함한 아동 및 가족복지정책으로 정의하는 입장(Downs et al., 2000; Pecora et al., 1997; Antler, 1985) 등으로 대별할 수 있다.

지금까지 우리나라의 아동복지정책은 요보호아동의 보호와 양육이라는 소극적이고 잔여적인 대책에 급급해 왔다. 취약계층 위주의 아동복지는 보편적 문제인 양육과 보육의 공공성에 대한 사회통합적 인식이나 공감대 형성보다는 국가서비스를 시혜적인 것으로 받아들이는 경향을 강화(신윤정 외, 2007)했을 뿐이다(박정란 · 서홍란, 2009).

그러나 아동기에 대한 불확실성과 위험요소의 증대, 그리고 보다 적극적인 아동에 대한 투자가 필요한 현시점에서 종래의 요보호아동 중심의 아동복지 정책에서 탈피하여 보다 적극적인 아동복지정책 방향모색이 필요하다(서울대 사회복지연구소, 2006).

위와 같이 학자들의 견해를 종합해 볼 때, 현대적 의미의 아동복지정책은 종래의 시혜적이고 선별적이던 방식에서 벗어나 보다 보편적이고 적극적인 방법에서의 아동에 대한 신체적·심리적 욕구를 충족시켜주기 위한 법적 장치와 이에 근거한 서비스 지원을 위한 총체적 의미로 해석할 수 있다.

2) 아동복지정책의 유형

아동복지정책은 아동과 그 가족유지를 위한 지원수준에 의하여 가족유지 지원정책과 대체가정지원정책, 아동강제보호정책으로 유형화할 수 있으며 그 세부적 내용은 <표 7-1>과 같다(송정애, 2022).

〈표 7-1〉 아동복지정책 유형

구분	내용	
가족유지 지원정책	아동양육을 지원하는 정책으로 소득보장에 의한 방법과 가족을 지원하는 서비스 정책	공공부조, 사회보험, 아동수당, 출산수당 및 가족수당
대체가정 지원서비스	가정위탁, 친족보호, 주거시설보호 등 일시적인 대체가정보호정책 및 입양과 같은 영구적인 대체가정보호 정책	가정위탁보호사업 입양사업 시설보호사업
아동강제 보호서비스	아동의 학대와 유기에 대한 대응으로 학대 및 방임 부모나 기타 보호자로부터 아동을 분리시켜 보호하는 정책	아동학대 예방 지원 사업 실종아동 등의 보호 및 지원

출처 : 장인협 외(2001). 아동·청소년복지론. 서울대학교출판부. 재구성.

3. 아동복지서비스 전달체계

서비스 전달체계는 정책이 구체적인 서비스제공으로 이어지는 과정 또는 구조로, 아동복지 전달체계는 중앙정부에 지방정부로 그리고 일선의 서비스 전달로 이어진다.

먼저 공공전달체계로서 아동복지정책을 기획·수립하는 중앙의 정책담당행정기구와 수립된 아동복지정책을 기획하고 입안하는 대표적인 기구로는 보건복지부, 여성가족부 등을 들 수 있으며, 지방자치단체의 행정부서는 시·군·구의 아동복지 담당부서를 들 수 있다.

민간전달체계는 중앙정부나 지방정부의 위탁을 받아 아동복지정책을 직접적으로 전달하는 아동복지서비스 기관이며, 대표적인 민간전달체계로 아동상담소, 청소년지원센터, 아동보호전문기관, 가정위탁지원센터, 아동양육시설, 청소년쉼터, 지역아동센터 등을 들 수 있다, 중앙과 지방의 아동복지전담기구와 민간전달체계를 살펴보면 다음과 같다(송정애, 2022).

1) 공공전달체계

(1) 중앙부처

중앙의 아동복지담당 행정기구는 업무별, 부처 간 이동을 반복하면서 현재는 이원화되어 있다. 보건복지부에서는 아동복지정책과와 아동권리과, 아동학대대응과에서 아동복지 관련 업무를 담당하고 있으며, 여성가족부에서는 아동청소년보호과, 청소년정책관을 중심으로 청소년과 관련된 다양한 업무를 담당하고 있다.

중앙부처인 보건복지부, 여성가족부, 교육부의 아동복지정책은 국가공무원인 행정직 공무원이 담당하고 있으며, 전문분야에 따라서 담당 팀장 및 국장급을 외부 전문인력으로 배치하고 있다. 보건복지부에서는 일반 행정직과 함께 사회복지 직렬을 두고 있고 사회복지 서기보, 주사보, 주사, 사회복지사무관의 직제를 두어 복지업무의 전문화를 지향하고 있다.

(2) 아동권리보장원(보건복지부 산하기관)

아동복지법 제10조의2에 근거하여 2019년 아동권리보장원이 설립되었다. 아동권리보장원은 아동정책에 대한 종합적인 수행과 아동복지 관련 사업의 효과적인 추진을 위하여 필요한 정책수립을 지원하고 사업을 평가하는 업무를 수행하는 것을 목적으로 한다. 아동권리보장원에서 아동정책연구 지원, 아동성장 돌봄, 아동보호, 입양과 가정형 보호, 아동자립, 아동권리증진 사업을 추진하며 각 사업별 세부사업은 <표 7-2>와 같다.

〈표 7-2〉 아동권리보장원 추진사업

사업분야	세부사업
아동정책연구 지원	• 아동정책 수립평가, 아동정책개발 조사연구, 교육프로그램 연구개발
아동성장 돌봄	• 지역아동센터, 다함께 돌봄센터지원, 아동통합서비스 지원
아동보호	• 아동학대예방 및 보호, 실종아동 등 보호지원, 실종예방교육
입양	• 입양정책수립지원, 입양 안내 및 절차, 입양인 가족지원
가정형 보호	• 가정위탁사업 활성화, 가정위탁안내 및 절차
아동자립	• 아동자립지원, 아동자산형성(디딤씨앗통장)
아동권리증진	• 유엔아동권리협약이행지원, 지역사회중심 놀이혁신확산, 대한민국아동총회

출처 : 아동권리보장원 자료를 토대로 재구성

(3) 지방자치단체의 아동복지 전달체계

중앙에서 수립된 아동복지 관련 정책을 집행하고, 직·간접적 서비스를 제공하는 지방자치단체의 담당부서는 보육, 아동, 청소년, 여성, 가족담당 팀, 국 단위의 기구이며, 이러한 업무를 수행하는 공무원들로 구성된다.

아동복지정책을 담당하는 지방자치단체의 조직은 광역시, 시·도 단위에서는 여성정책국, 보건복지여성국, 여성정책실 등의 명칭으로 구성되어 보건복지부, 여성가족부의 직무를 담당하고 있다.

또한 시·군·구 단위의 지방자치단체에서는 여성가족정책실, 복지정책실, 주민생활지원과, 사회복지과, 여성가족과, 여성청소년과, 혹은 가정복지과 등의 명칭으로 아동복지 관련 업무를 담당하고 있다. 읍·면·동사무소에서는 국민기초생활보장업무와 함께 아동, 보육, 청소년, 여성, 한부모가족아동 등에 대한 업무를 관장하며 종합적 복지행정서비스를 제공하고 있다.

2) 민간전달체계

아동복지정책의 민간전달체계는 중앙정부나 지방정부의 위탁을 받아 아동복지정책을 직접적으로 전달하는 아동복지서비스 기관이며, 대표적인 민간전달체계로 다양한 아동복지시설, 종합사회복지관, 청소년지원센터 등 다양한 시설이 운영되고 있다.

(1) 아동복지시설

아동복지법에 근거한 아동복지시설의 종류는 다음과 같다.

① 아동양육시설: 보호대상아동을 입소시켜 보호, 양육 및 취업훈련, 자립지원 서비스 등을 제공하는 것을 목적으로 하는 시설

② 아동일시보호시설: 보호대상아동을 일시보호하고 아동에 대한 향후의 양육대책수립 및 보호조치를 행하는 것을 목적으로 하는 시설

③ 아동보호치료시설: 아동에게 보호 및 치료 서비스를 제공하는 다음 각 목의 시설

가. 불량행위를 하거나 불량행위를 할 우려가 있는 아동으로서 보호자가 없거나 친권자나 후견인이 입소를 신청한 아동 또는 가정법원, 지방법원소년부지원에서 보호위탁 된 19세 미만인 사람을 입소시켜 치료와 선도를 통하여 건전한 사회인으로 육성하는 것을 목적으로 하는 시설

나. 정서적·행동적 장애로 인하여 어려움을 겪고 있는 아동 또는 학대로 인하여 부모로부터 일시 격리되어 치료받을 필요가 있는 아동을 보호·치료하는 시설

④ 공동생활가정: 보호대상아동에게 가정과 같은 주거여건과 보호, 양육, 자립지원 서비스를 제공하는 것을 목적으로 하는 시설

⑤ 자립지원시설: 아동복지시설에서 퇴소한 사람에게 취업준비 기간 또는

취업 후 일정 기간 동안 보호함으로써 자립을 지원하는 것을 목적으로 하는 시설

⑥ 아동상담소: 아동과 그 가족의 문제에 관한 상담, 치료, 예방 및 연구 등을 목적으로 하는 시설

⑦ 아동전용시설: 어린이공원, 어린이놀이터, 아동회관, 체육·연극·영화·과학실험전시 시설, 아동휴게숙박시설, 야영장 등 아동에게 건전한 놀이·오락, 그 밖의 각종 편의를 제공하여 심신의 건강유지와 복지증진에 필요한 서비스를 제공하는 것을 목적으로 하는 시설

⑧ 지역아동센터: 지역사회 아동의 보호·교육, 건전한 놀이와 오락의 제공, 보호자와 지역사회의 연계 등 아동의 건전육성을 위하여 종합적인 아동복지서비스를 제공하는 시설

⑨ 아동보호전문기관

⑩ 가정위탁지원센터

⑪ 자립지원전담기관 등이 있다.

(2) 종합사회복지관

종합사회복지관은 사회복지사업법 제2조에 근거하여 지역사회를 기반으로 일정한 시설과 전문인력을 갖추고 지역주민의 참여와 협력을 통하여 아동문제를 포함한 전반적인 지역사회문제를 예방하고 주민의 복지욕구를 충족시키기 위한 종합적 사회복지사업을 수행하는 기관이다. 종합사회복지관은 사회복지서비스를 필요로 하는 모든 지역주민을 대상으로 하며, 방과 후 교실 운영, 아동을 위한 상담 및 교육문화사업, 결식아동을 위한 급식지원사업 등을 통하여 가족기능 강화, 각종 아동문제를 예방 치료하는 기관으로서 역할을 하고 있다.

(3) 방과후 돌봄 기관

① 지역아동센터

지역아동센터는 방과 후 돌봄이 필요한 지역사회 아동의 건전육성을 위하여 보호·교육, 건전한 놀이와 오락의 제공, 보호자와 지역사회의 연계 등 종

합적인 복지서비스 제공을 목적으로 설립되었다.

지역사회 내 보호를 필요로 하는 18세 미만의 아동을 대상으로 아동보호(안전한 보호, 급식 등), 교육 기능(일상생활 지도, 학습능력 제고 등), 정서적 지원(상담 · 가족지원), 문화서비스(체험활동, 공연) 등으로 지역사회 내 아동 돌봄에 대한 사전 예방적 기능 및 사후 연계 등을 제공하고 있다.2)

2018년 기준으로 전국의 지역아동센터는 4,211개소가 운영 중이며 센터 이용 아동 수 109,610명이다(아동권리보장원 홈페이지 자료).

〈표 7-3〉 지역아동센터 현황 및 일일이용아동 수

(단위: 개소, 명)

구분	시설수	미취학	초등학교 저학년	초등학교 고학년	중학생	고등학생	탈학교	기타
2006	2,029	4,133	25,149	21,426	6,846	1,095	103	420
2007	2,618	4,127	32,867	28,177	9,224	1,413	104	317
2008	3,013	4,585	35,972	33,163	11,380	1,862	133	196
2009	3,474	4,838	39,053	38,032	13,600	2,072	331	-
2010	3,690	4,376	37,865	40,233	15,075	2,346	338	-
2011	3,985	4,578	37,407	42,324	17,374	3,014	285	-
2012	4,036	4,028	38,030	42,396	20,017	3,663	223	-
2013	4,061	3,714	39,293	41,025	20,817	4,006	211	-
2014	4,059	3,533	40,425	40,662	20,121	4,035	160	-
2015	4,102	3,133	42,267	40,113	19,566	4,418	164	-
2016	4,107	1,872	41,750	40,390	18,156	4,377	123	-
2017	4,189	1,111	41,970	42,736	17,563	4,185	117	896
2018	4,211	1,798	43,438	44,063	16,321	3,902	88	-

출처 : 보건복지부(2018.12.31. 기준).

프로그램은 기본프로그램과 특화프로그램으로 구분하여, 기본프로그램은 보호·교육·문화·정서지원·지역사회 영역으로 구성되며, 특화프로그램은 지역사회 특수성 및 주요대상의 특성을 고려한 맞춤형 운영 프로그램을 의미하

2) 보건복지부(2022). 2022년 지역아동센터 지원 사업안내.

며 세부 프로그램은 <표 7-4>와 같다.

〈표 7-4〉 지역아동센터 프로그램

영역 (대분류)	세부영역 (중분류)	세부프로그램 (소분류)	프로그램 예시 (시설별 선택 운영)
보호	생활	일상생활관리	센터생활적응지도, 일상생활지도, 일상예절교육, 부적응아동지도 등
		위생건강관리	위생지도, 건강지도 등
		급식지도	급식지도, 식사예절교육 등
	안전	생활안전지도	저녁 돌봄 등
		안전귀가지도	안전귀가지도, 생활안전지도 등
		5대안전의무교육	교통안전, 실종유괴예방, 약물오남용예방, 재난대비, 성폭력예방 등
교육	학습	숙제지도	숙제지도, 학교생활관리 등
		교과학습지도	수준별 학습지도, 온라인교육(IPTV 학습 등), 학습부진아 특별지도 등
	특기적성	예체능활동	미술, 음악, 체육지도 등
		적성교육	진로지도, 적성교육(독서, 요리, 과학 등) 등
	성장과 권리	인성·사회성교육	인성교육, 사회성교육 등
		자치회의 및 동아리 활동	자치회의, 동아리 활동 등
문화	체험활동	관람·견학	공연 및 연극 관람, 박물관 견학 등
		캠프·여행	체험활동, 캠프 및 여행 등
	참여활동	공연	공연 등
		행사(문화/체육 등)	전시회, 체육대회 등
정서지원	상담	연고자 상담	부모 및 가족상담, 연고자 상담 등
		아동 상담	아동상담 등
		정서지원 프로그램	정서지원 프로그램 등
	가족지원	보호자교육	보호자교육 등
		행사·모임	부모 소모임, 가정방문 등
지역사회 연계	홍보	기관홍보	기관홍보 등
	연계	인적연계	자원봉사활동, 인적결연후원, 후원자관리 등
		기관연계	지역조사와 탐방, 전문기관 연계 복지단체 연계 등

출처 : 보건복지부(2022). 2022년 지역아동센터 지원 사업안내. p.52.

② 다함께돌봄센터

다함께돌봄센터는 아동복지법 제44조의2에 근거하여 지역사회 내 설치·운영되는 기관이다. 다함께돌봄센터는 2019년 173개소가 설치·운영되고 있으며, 지역사회중심의 자발적이며 주도적인 아동 돌봄 공동체 기반 조성과 지역 내 돌봄수요 및 지원을 고려하여, 아동돌봄 계획을 수립하고 이를 바탕으로 지역 내 틈새 돌봄 기능을 강화하여 돌봄사각지대를 해소하는 것을 목적으로 한다.

다함께돌봄센터에서는 아동의 안전한 보호, 안전하고 균형 있는 급식 및 간식의 제공, 등·하교 전후, 야간 또는 긴급상황 발생 시 돌봄서비스 제공, 체험활동 등 교육·문화·예술·체육 프로그램의 연계·제공, 돌봄 상담, 관련 정보의 제공 및 서비스의 연계 등의 서비스를 제공한다.

다함께돌봄은 학교돌봄과 마을돌봄으로 구분되며 마을돌봄은 지역아동센터와 청소년방과후 아카데미를 포함한다.

생각해봅시다

1 지역사회에서 방과후 돌봄을 제공하고 있는 기관들 조사해 봅시다.

2 아동복지관련 법에 대해 조사하고 정책과 제도를 담당하는 행정기관 전달체계에 대해서 토론해 봅시다.

CHAPTER

08

아동학대와 아동보호

1. 아동학대와 방임

1) 아동학대의 정의

20세기에 들어와서 비로소 아동은 권리를 가진 존재로 인식되면서 아동학대에 대한 사회적 태도와 책임에 대한 인식이 변화됨과 더불어 아동을 학대로부터 보호하고자 하는 사회적인 대책이 마련되기 시작하였다. 우리나라는 1961년에 처음으로 제정된 아동복리법에서 아동학대에 관한 법적인 규정이 명시되었으나 아동학대의 예방이나 전문적인 원조에 대한 구체적인 규정은 없었다. 1979년에 한국사회복지협의회가 '아동학대고발센터'를 처음으로 설치 운영하였으나 사회적인 인식부족으로 폐지되었다. 1985년 서울특별시립아동상담소에 '아동학대신고센터'가 개설되었으며, 그 후 1989년 '한국아동학대예방협회'가 설립되는 등 아동학대에 대한 관심과 연구가 활성화되기 시작하였다. 2000년 아동복지법의 개정과 함께 우리나라 아동학대에 대한 사회적 관심과 대책은 점차 확대, 강화되어 가고 있다(김주아 외, 2013).

아동복지법 제3조에서 "아동학대"란 보호자를 포함한 성인이 아동의 건강 또는 복지를 해치거나 정상적 발달을 저해할 수 있는 신체적·정신적·성적 폭력이나 가혹행위를 하는 것과 아동의 보호자가 아동을 유기하거나 방임하는 것을 말한다고 규정하고 있다.

즉, 아동에 대한 적극적인 가해행위뿐만 아니라, 소극적 의미의 방임행위까지 아동학대로 명확히 규정하고 있으며, 이는 아동의 신체적·심리적 잠재력을 발휘하지 못하도록 막은 모든 행위를 포괄한 것이다.

아동학대는 은폐성, 지속성, 반복성의 특성을 갖고 있기 때문에 아동들은 외부로 노출되지 않은 채 계속된 위험에 처해지는 경향이 있다. 또한 학대를 경험한 아동은 이후 청소년 비행으로 이어지기 쉬우며, 범죄 또는 반사회적 행동을 하기 쉽고, 다음 세대인 자식들에게 똑같은 학대행위를 되풀이할 가능성이 높게 나타나고 있다. 더불어 아동의 심리적·정서적 후유증이 심각해 극단적인 경우 자살과 정신분열증으로까지 이어진다고 한다(김유경, 2008).

2) 아동학대의 유형

(1) 신체학대(physical abuse)

신체학대행위는 '아동의 신체에 손상을 주는 학대행위'를 말한다. 즉, 신체학대는 보호자를 포함한 성인이 아동에게 우발적 사고가 아닌 상황에서 신체적 손상을 입히거나 신체적 손상을 입도록 허용한 모든 행위를 말하며, 생후 36개월 이하의 영아에게 가해진 처벌은 어떠한 상황에서도 심각한 신체학대이다.

(2) 정서 학대(emotional abuse)

정서 학대란 보호자를 포함한 성인이 아동에게 무시나 거부 혹은 애정이나 칭찬을 하지 않는 것과 같은 소극적 형태의 학대에서부터 끊임없이 고함을 치거나 위협, 공포, 트집 잡기 혹은 아동에 대한 언어적 모욕 등과 같은 적극적 형태의 학대를 모두 포함하고 있다.

정서 학대는 보호자나 양육자가 아동을 대할 때 부정적인 태도로 임하며, 아동의 정서발달이나 사회성 발달에 심각한 손상을 가져올 수 있을 정도로 언어적으로 혹은 정서적으로 공격하는 것을 의미한다. 언어적, 정신적, 심리학적 학대라고도 불리며, 아동이 공포를 느낄 정도로 고립시켜 두거나(다락방에 감금시켜 두거나 장시간 의자에 묶어 놓는 것) 아이가 감당할 수 없는 모욕을 주는 것, 칭찬이나 사랑, 관심을 표현하지 않는 것도 포함될 수 있다. 이는 눈에 보이는 것도 아니고, 당장 그 결과가 나타나지 않기 때문에 일반 사람들이 그 심각성을 잘 모르는 채 지나칠 수도 있어서 다른 유형의 학대를 수반하게 되기 쉽다는 점에서 그 문제가 더욱 심각하다고 볼 수 있다.

(3) 성 학대(sexual abuse)

아동에 대한 성 학대란 '아동에게 성적 수치심을 주는 성희롱, 성폭행 등의 학대행위'를 말한다. 아동에 대해서 성욕의 흥분, 자극 또는 만족을 목적으로 하는 일체의 성희롱 행위와 아동에 대한 일체의 간음행위인 성폭력을 포함한다고 볼 수 있다(김유경, 2008).

성적 행위에는 성적 유희, 성기 및 자위행위 장면의 노출, 관음증이 있으며, 이 외에도 성기 삽입, 성적 접촉, 강간 등과 같은 접촉적 행위, 매춘, 포르노 매체에 아동을 배우로 출연시키거나 음란영상매체에 노출되도록 방치하는 것을 말한다(박정란 외, 2012). 정신병리적 행위로 여기는 견해가 지배적이다. 각 나라 문화마다 성에 대한 견해가 다양하므로, 성적 학대에 대해서도 다양하게 정의되고 있는데, 유럽의 경우, 아동 성 학대에 관련된 사회적 행위(동성 간의 성적 접촉, 음란물 배포 등)를 포함하여 광의적으로 보고 있다. 겉으로 잘 드러나지 않을 뿐만 아니라, 성에 대한 언급을 금기시하는 사회 분위기와, 피해 아동과 가족들이 이를 숨기려고 하는 경향 때문에 대부분 은폐되어 조기에 발견과 해결이 되지 않는 것이 제일 큰 심각성이다(김주아 외, 2013).

(4) 유기(abandonment)와 방임(neglect)

유기라 함은 자신의 보호·감독을 받는 아동을 보호 없는 상태에 둠으로써 아동의 생명과 신체에 위험을 가져오는 일체의 행위를 말한다.

방임이란 광의의 유기로서, 아동을 장소적 이전 없이 종전의 상태에 두고 떠나거나 생존에 필요한 보호를 하지 않는 일체의 행위를 말한다.

방임으로 인하여 아동이 위험한 환경에 처하거나 충분한 영양을 공급받지 못해 발육부진이 되는 경우가 많으며 특히, 나이 어린 아동에게는 치명적인 결과(장애)를 가져오거나 사망에까지 이르게 된다(송정애, 2022).

그러나 아동복지법상 아동학대에서는 유기와 방임을 구별하여 규정하고 있고, 방임의 경우 구체적으로 "의식주를 포함한 기본적 보호·양육 및 치료를 소홀히 하는 것"으로 규정하고 있는 점으로 보아 광의의 유기로서 생존에 필요한 보호뿐만 아니라 아동의 건강과 안전 그리고 행복을 위해 필요한 것들을 제공하지 않는 것까지 포함한다고 봐야 한다. 따라서 기본적인 의식주에 대한 보호뿐만 아니라 당연히 받아야 할 의무교육을 방임하는 행위까지도 포함된다고 볼 수 있다(김유경, 2008).

다시 말해 아동이 음식을 제대로 먹지 못하거나 위험하고 불결한 주거환경에 그대로 방치된 '신체적 방임'과 아동이 아픔을 호소해도 적절한 조치를 받지 못하는 '의료적 방임', 아동에게 말을 걸지 않고 지속적으로 무시를 하거나, 쓰다듬고 안아주지 않는 정서적·신체적 접촉이 결핍된 '정서적 방임', 아동의 교육에 필요한 교육적, 물질적 자원이 제대로 제공되지 못하는 '교육적 방임', 그리고 성적인 교육을 거의 전혀 받지 못하거나 불건전한 성관계를 다룬 매체의 자극에 그대로 노출된 '성적 방임' 등을 모두 포함하고 있다. 폴라스키(Polansky)는 아동방임을 "아동의 양육자가 일부러, 혹은 심각한 부주의로 인하여 아동이 피할 수 있는 고통을 경험하게 하거나 아동의 신체적·지적·정서적 능력을 개발하는 데 필요한 요소를 제공하는 데 실패하였을 경우를 말한다."고 정의하였다. 즉, 간단히 말하면, 아동방임이란 부모가 역할이나 책임을 게을리함으로써 일어나는 결과이다.

아동방임 역시 가학적이거나 공격적으로 나타나지 않기 때문에, 아동 부당취급의 여러 형태 가운데 가장 흔히 발생하고, 다른 유형의 아동학대에 비해 개념정의가 더욱 어렵다.

3) 아동학대의 원인과 징후

(1) 아동학대의 발생원인

아동학대 발생원인에 대한 이론적 관점으로는 개인발달론적 관점과 정신병리적 관점, 사회·심리적 관점과 사회문화적 관점으로 구분할 수 있다(송정애, 2022).

〈표 8-1〉 아동학대 발생원인

이론적 관점	관련 요인	
개인발달론적 관점	아동 특성	까다로운 기질, 어린 나이, 신체적·정신적 장애
	부모특성	자녀에 대한 거부적 태도, 자녀양육기술 부족, 부모역할로 인한 과도한 스트레스
정신병리적 관점	가해자 병리적 특성	우울증, 낮은 자존감으로 인한 좌절통제력 부족, 분노조절문제, 감정이입능력 부족, 약물의존 및 남용, 신체건강상의 문제
사회·심리적 관점	가정특성	가정 내 학대행위, 세대 간 학대행위, 부부간의 갈등, 가족 간 긍정적 상호작용 부족, 경제적 스트레스
사회문화적 관점	상황적 요인	낮은 사회경제적 지위, 실직 혹은 불안정한 직업으로 인한 사회적 스트레스, 사회적 고립으로 인한 사회적 박탈감
	사회 문화적 요인	사회 전반의 폭력, 신체적 처벌 묵인 분위기, 사회 내 권력 또는 계층 차이

출처 : 한미현(2006). 아동보호서비스의 실제. p.44. 재구성.

(2) 아동학대의 징후

아동이 명백한 이유 없이 상처를 입었거나, 의기소침해 있거나, 새로운 행동문제를 나타내며 평소와 다른 모습을 보일 때, 그리고 성인을 두려워하는 행동을 보인다면 학대의 가능성을 고려해야 한다. 아동학대는 신체적 징후, 행동적 징후로 나누어 볼 수 있다(김주아 외, 2013).

〈표 8-2〉 아동학대의 징후

징후 / 학대 유형	신체적 징후	행동적 징후
신체적 학대	• 설명하기 어려운 상처와 채찍 자국 발생 및 회복에 있어 시간차가 있는 상처 • 사용된 도구의 모양이 그대로 나타나는 상처 • 설명하기 어려운 화상, 손바닥 · 발바닥 · 엉덩이 등에 담뱃불 자국, 양말 모양 · 장갑 모양 · 도넛 모양 등의 뜨거운 물에 잠겨서 생긴 화상 자국	• 어른과의 접촉 회피 • 다른 아동이 올 때에 공포를 나타냄 • 공격적이거나 위축적인 극단적 행동 • 부모에 대한 두려움 • 집에 가는 것을 두려워함 • 위험에 대한 지속적인 경계를 보임 • 부모가 손상을 알려옴

징후 / 학대 유형	신체적 징후	행동적 징후
	• 설명하기 어려운 골절, 복합 및 나선형 골절 • 설명하기 어려운 입, 입술, 눈, 외음부의 상처	
정서 학대	• 성장장애 • 신체발달 저하 • 언어장애	• 특정 물건을 계속 빨고 있거나 물어뜯음 • 행동장애(반사회적, 파괴적 행동장애) • 신경성 기질장애(수면장애, 놀이장애) • 정신 신경성 반응(히스테리, 강박) • 극단행동 • 지나친 행동 • 발달지연 • 자살시도
성적 학대	• 걷거나 앉는 데 어려움 • 찢어지고 피로 얼룩진 속옷 • 회음부의 동통과 가려움 • 회음부, 질, 항문 부위의 출혈이나 멍 • 십대 이전의 성병 감염 • 임신	• 위축, 화상, 유아적 행동 • 기괴하고 미묘한 성적 행동과 지식 • 친한 친구가 없음 • 가출 • 성적 모독을 호소함
방임	• 지속적인 배고픔, 나쁜 위생상태, 부적절한 옷차림 • 의학적 치료와 치과 치료의 부족 • 지속적인 피로, 불안정감, 수업 중 과도하게 조는 태도	• 음식을 구걸하거나 훔침 • 장기간에 걸친 감독 소홀 • 위험한 행동에 대한 감독 소홀 • 비행 또는 도둑질 • 학교에 일찍 등교하고 집에 늦게 하교함

(3) 아동학대 현황

아동학대 유형별 현황 <표 8-3>을 보면, 정서학대 49.5%(23,313)로 가장 많았고, 다음은 신체학대 37.1%(17,464), 방임 10%(5,172), 성 학대 2.3%(1,101) 순이며, 학대행위자와 피해아동과의 관계에서 부모가 전체의 83.3%(39.333)로 가장 많았다.

〈표 8-3〉 2020년 아동학대유형별현황

피해아동 특성별		학대유형별				
		계	신체학대	정서학대	성학대	방임
성별	소계	47,050	17,464	23,313	1,101	5,172
	남아	24,261	9,615	11,802	185	2,659
	여아	22,789	7,849	11,511	916	2,513
연령별	소계	47,050	17,464	23,313	1,101	5,172
	1세 미만	747	138	285	0	324
	1~3세	3,824	1,082	1,925	11	806
	4~6세	5,761	1,986	2,834	64	877
	7~9세	9,284	3,456	4,500	179	1,149
	10~12세	10,785	4,066	5,394	281	1,044
	13~15세	11,072	4,507	5,500	356	709
	16~17세	5,577	2,229	2,875	210	263
학대행위자와 피해아동과의 관계	소계	47,050	17,464	23,313	1,101	5,172
	부모	39,233	14,647	19,745	348	4,493
	친인척	2,471	1,009	1,183	75	204
	대리양육자	4,131	1,504	1,941	243	443
	기타	1,215	304	444	435	32

출처 : 통계청(https://kosis.kr)

2018년 한 해 동안 우리나라 아동보호전문기관에 신고 된 아동학대 의심 사례는 33,532건이었으며 아동학대로 판정된 사례는 24,604건이었다(보건복지부 · 중앙아동보호전문기관, 2019).[1] 이들 사례의 82.0%는 분리조치 없이 원가정 내에서 지속해서 보호를 받고 있었으며, 분리조치 후 가정 복귀를 한 사례가 4.1%에 달하는 등 아동의 대다수는 여전히 가정 내에 머무는 것을 알 수 있었다(보건복지부 · 중앙아동보호전문기관, 2019).

보건복지부·중앙아동보호전문기관(2019)에 따르면 우리나라 아동학대 사례

1) 보건복지부, 중앙아동보호전문기관(2019). 2018 아동학대 주요 통계. 서울: 보건복지부, 중앙아동보호전문기관

중 재(再)학대 사례는 전체 학대사례 대비 2016년 8.5%, 2017년 9.7%에서 2018년 10.3%까지 증가하여, 적지 않은 아동이 다시 아동학대 위험에 노출되는 것으로 나타났다.

지방자치단체별 아동 수는 2019년 기준 경기 222.4만 명, 서울 127.8만 명, 경남 54.0만 명, 인천 45.8만 명 등의 순이며, 학대피해 아동 수는 경기 333명, 인천 125명, 전북 120명, 부산 100명 등의 순이다. 이에 따라 지역별 학대피해 아동 수 비율은 전북 0.04%, 강원 0.032%, 전남 0.031%, 광주 0.029%, 인천 0.027% 등으로 전북이 가장 높다.[2)]

(단위: 만 명, 십 명, %)

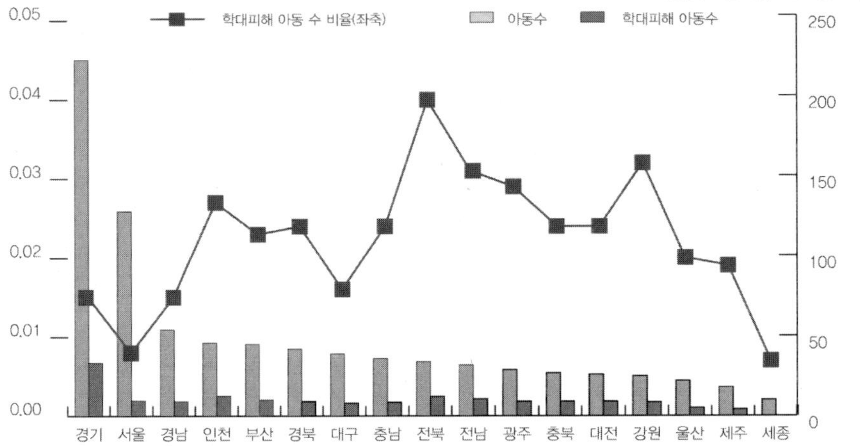

[그림 8-1] 지역별 아동수와 학대피해 아동수 분포(2019년 기준)

자료: 통계청(2021), 국가통계포털, https://kosis.kr/statisticsList에서 2021.5.12. 인출해 분석한 결과임.

2. 학대피해아동보호서비스

학대받은 아동에 대한 치료와 예방을 포함하는 아동보호서비스(Child Protective Service)는 아동의 건전한 성장발달과 아동권리보장이라는 점에서 매우 중요한 사업이다. 아동보호서비스는 부모를 포함한 보호자가 아동의 주양

2) 이명숙(2021). '최근 아동학대의 특징과 관련 예산의 개선 방안'. 보건복지포럼. (2021.6.).

육자 역할을 수행할 수 없거나, 수행을 거부함으로써 아동이 학대를 받거나 방임되어 결과적으로 아동의 권리가 침해되는 상황에서 정부나 지방자치단체가 개입하여 학대나 방임을 중단시키고, 아동에게 필요한 치료와 보호를 제공하여 학대가 발생한 가정과 가해자에게도 개입하여 상황을 변화시키려는 아동복지서비스이다. 즉, 아동보호서비스는 그 목적을 아동학대와 방임의 예방과 치료에 두고 전문적 개입을 함으로써 아동의 안전과 복리를 제공하는데 두고 있다. 이 과정에서는 피해아동에 대한 치료와 상담 및 격리보호뿐 아니라 가해자, 비가해부모와 가족 전체에 대한 치료와 상담 교육, 경우에 따라서는 물질적 지원, 법적 지원 등이 포함된다.

우리나라 아동보호서비스는 2000년 개정된 아동복지법 근거를 두고 보건복지부가 정책 책임을 맡고 실행기관으로서 중앙아동보호전문기관 하에 각 시·도별로 아동보호전문기관을 두어 신고접수·가정조사·사례판별·개입·사후서비스에 이르는 전 과정을 수행하도록 하고 있다(윤혜미 외, 2013).

1) 아동학대예방 인프라 구축 현황

2000년 아동학대에 대응하기 위해 국가 차원의 체계가 마련된 이후 아동학대예방 사무는 아동보호전문기관을 통해 이루어져 왔다.

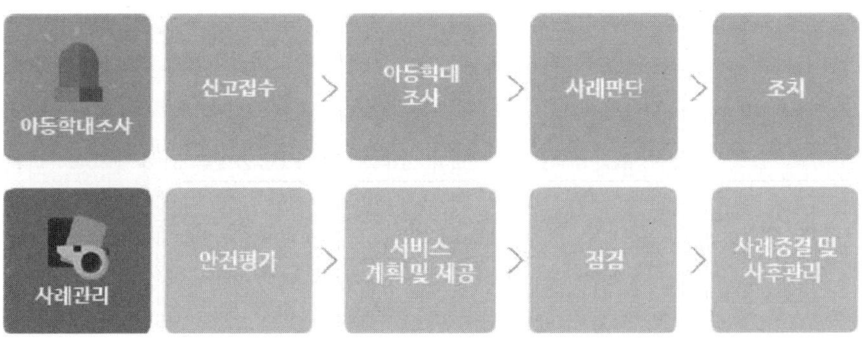

[그림 8-2] 아동보호전문기관 업무진행도

자료: 아동권리보장원, 아동학대 개입절차(http://www.korea1391.go.kr/new/page/work_system.php), 2020.3.19. 검색

2000년 아동학대예방센터 17개소에서 2020년에는 아동보호전문기관 68개소로 증가하였다. 아동보호전문기관은 지역사회에서 학대받은 아동의 발견, 보호, 치료에 대한 신속처리 및 아동학대예방을 담당하는 전국적 전달체계로 확립되어 있는 상태이다.

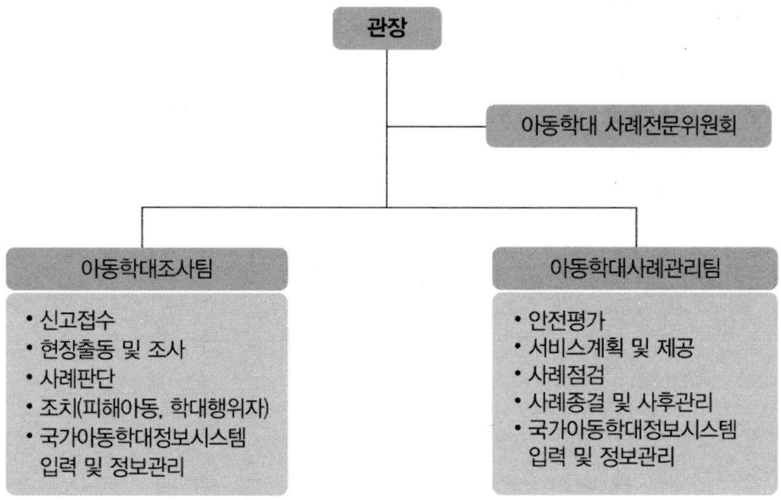

[그림 8-3] 아동보호전문기관 업무조직도

자료: 아동권리보장원, 전국아동보호전문기관 사업소개(http://www.korea1391.go.kr/new/page/business_part.php), 2020.3.19. 검색

2020년 우리나라에는 68개의 아동보호전문기관이 설치되어 있으나, 1개 기관이 여러 시·군·구를 담당하고 있으며, 상담원 1인당 평균 담당 사례 수는 64건으로 업무량이 매우 높은 상황이다. 이러한 인력 및 재정적 한계로 인해 아동보호 체계 내에서 아동학대로 판정된 모든 학대 피해 아동, 학대행위자 및 가족에게 충분한 서비스를 제공하지 못하고 있다. 특히 학대의 재발방지를 위해서는 학대 피해 아동뿐만 아니라 학대행위자 및 가족을 대상으로 충분한 개입이 필요하나 2018년 한 해 동안 제공된 서비스 가운데 학대행위자를 대상으로 한 서비스는 25.6%, 부모나 가족에게 제공된 서비스는 17% 정도에 그쳤다. 제공된 서비스의 세부 유형도 상담 서비스에 편중되어 있어, 가족기능강화서비스나 전문적인 심리치료지원이 부족한 상황이다.[3)]

3) 김세원·이봉주·김현수·YOO JOAN PAEK·이상균·장화정(2020). "아동보호서비스 특성이 아동학대

2) 피해자 및 피해 가정 지원서비스

아동호보전문기관은 아동이 가정에서 건강하게 성장할 수 있도록 가족에게 심리적·정서적, 사회적·경제적 서비스를 지원하는 것을 실천 항목으로 두고 있다. 그러나 가족지원 혹은 가족보존을 위한 서비스는 매우 저조하여, 2014년 학대행위자에게 제공한 서비스 총 73,817건 중에 가족기능강화 서비스(가정지원서비스, 사회복지서비스기관 연결, 공적 지원 연결)는 1,508건(2%)에 머물렀다.[4)]

학대행위자가 가정 내 생계를 책임지는 사람일 경우, 학대행위자가 가정에서 퇴거조치가 되는 것은 곧 남아있는 가족들의 생계 위협을 의미하기도 한다. 심각한 아동학대로 퇴거 조치를 받은 학대행위자가 가정에 남은 가족들의 경제적인 어려움 때문에 임시조치 기간 중에 원가정으로 복귀하는 경우도 종종 발생하고 있다.[5)] 생계를 책임지는 학대행위자가 임시조치로 퇴거 또는 접근금지 되더라도, 원가정에 남은 피해아동과 가족들이 생계 위협을 받지 않도록 이들에게 긴급생계비를 지원하거나 고용노동부의 취업패키지 연계 등 경제적 지원과 자립을 돕는 구체적인 제도를 마련할 필요가 있다.

한편, 아동학대처벌법 시행 이후 사법적 절차에 의해 심각한 학대에 대해서 가해자에 대한 처벌과 피해아동에 대한 격리보호가 강조되고 있으나, 경미하다고 판단된 아동학대의 경우에 학대 재발방지를 위한 서비스 제공이 제대로 이루어지지 않고 있다. 피해아동이 가정 내에서 안전하게 지낼 수 있도록 학대행위자의 근원적인 변화를 위한 상담 및 교육 위탁 처분의 활성화가 필요하다는 점이 여전히 개선되어야 할 문제로 지적되고 있다.[6)]

재발생에 미치는 영향". 아동과 권리 Journal of Korean Council for Children & Rights. Vol.24, No.3 2020. pp.463-488

4) 중앙아동보호전문기관(2015). 2014 전국아동학대현황보고서. p.169.
5) 중앙아동보호전문기관(2015). 2015 아동학대예방포럼 온라인편집본. p.48.
6) 중앙아동보호전문기관(2015). 2015 아동학대예방포럼 온라인편집본. p.46.

3. 아동학대 예방

아동학대의 문제는 갈수록 심각한 사회병리현상으로 가시화되고 있다. 이에 대한 사회적 관심이 증가했음에도 불구하고 현재 우리나라의 방임·학대아동을 위한 복지사업은 많이 부족한 실정이다. 예전의 아동학대에 대한 정부차원에서의 개입은 극단적 방임의 형태인 기·미아를 대상으로 한 시설보호사업을 중심으로 이루어져 왔기 때문에 아동학대예방사업과 개입은 아직 걸음마 단계에 있어 앞으로 아동학대예방을 위한 아동복지전문직의 활발한 개입과 다양한 역할수행이 기대된다. 매년 증가하고 있는 아동학대를 예방하기 위한 정책적·실천적 과제를 제시하면 다음과 같다(박정란 외, 2012; 중앙보호전문기관, 2017; 김은정, 2016).

1) 지역사회 연결망 구축을 통한 아동의 권리보장에 대한 인식 강화

유교사상에 입각한 아동 훈육권과 양육권에 대한 잘못된 인식으로 우리사회에서는 아직도 '내 아이 내 마음대로'라는 고정관념이 뿌리 깊게 자리잡고 있다. 이러한 고정관념에서 벗어나 아동의 인권이 존중되기 위해서는 아동학대에 대한 심각성과 아동의 권리보장에 대한 사회적 인식의 변화가 있어야 한다. 이를 위해 대중매체를 활용한 아동학대 예방교육 및 광고 캠페인, 지역사회 공공기관, 비영리단체, 영리단체에서의 아동학대 예방교육 확대 실시, 아동서비스와 관련된 다양한 전문직 간의 협조체계 구축 등 다각적 차원에서 개입 전략과 예방교육이 요구된다.

2014년 아동학대범죄 처벌법 제정을 계기로 아동학대에 대한 사회적 관심뿐만 아니라 엄연한 범죄라는 인식 확산과 함께 욕설이나 협박, 위협 등의 정서학대와 방임도 명백한 학대라는 사회적 인식이 증가되었지만, 2015년도 체벌이 금지되었음에도 국민들은 훈육 목적의 체벌이 아동학대에 속하고 있는 것을 인지하지 못하는 경향이 있다.

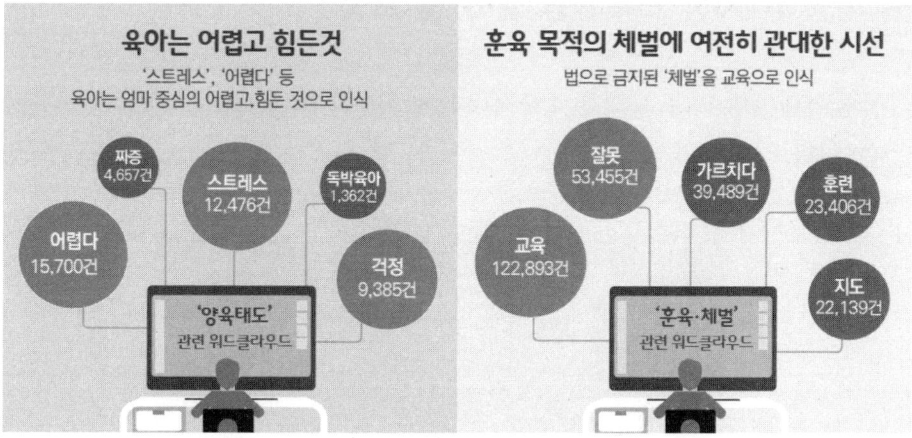

출처: 연합뉴스(2017.11.23).

2) 학대피해아동 지원과 원가정 회복을 위한 기관 연계

학대피해아동에 대한 지원과 원가정 회복을 목표로 하는 현재의 아동학대 예방사무는 보다 공공의 영역에서 국가의 책무성에 기반하여 다뤄져야 한다. 아동학대처벌법 이후 아동학대사건 대응은 아동보호전문기관 중심에서 경찰, 검찰, 법원으로 유관기관이 확대되었다. 그럼에도 현재 아동보호전문기관은 신고받은 후 현장조사부터 사례관리, 학대행위자에 대한 상담교육까지 모두 맡고 있는 상황이다. 아동복지법은 '사후관리(제28조)'와 '피해아동 및 그 가족 등에 대한 지원(제29조)'에서 지원주체를 아동보호전문기관 관장으로 명시하고 있으나, 아동보호전문기관은 유관기관 공동업무처리에 따라 사건의 현장출동과 사건관리만으로도 업무가 벅찬 현실에 있다.[7] 사후관리와 피해아동지원을 아동보호전문기관에만 맡기는 것이 아니라, 지방자치단체, 교육당국, 지역사회 그리고 아동보호전문기관 등을 유기적으로 엮어서, 피해아동 및 가족 지원을 위한 인력과 자원을 마련해야 할 것이다.

7) 강은영 외(2015). 아동학대의 실태와 학대피해아동 보호법제에 관한 연구. 형사정책연구원. pp. 399-400.

3) 아동학대예방 프로그램 실시 및 보급

아동학대예방 프로그램은 1차적·2차적·3차적 예방 프로그램으로 구분할 수 있다.

출처 : kyuh.co.kr

1차적 예방 프로그램은 아동학대가 발생하지 않은 집단을 대상으로 학대를 사전에 예방하고 아동이 건강하게 성장할 수 있도록 지원하는 프로그램이다. 예를 들면 굿네이버스에서는 아동을 학대로부터 보호하기 위해 아동-부모-교사를 대상으로 '아동 힘 키우기 서비스(Child Empowering Service : CES)' 통합교육 프로그램을 실시하고 있다. 이 프로그램의 목적은 아동과 그 지원체계인 가정과 교육현장을 동시에 교육하여 아동권리에 대한 정확한 이해를 도모하고, 아동학대를 예방하며, 아동을 건전하게 양육하도록 돕는 것이다. 또한 굿네이버스에서는 초등학생을 위한 자기보호 훈련, 부모를 위한 자녀양육기법 훈련, 신고의무자 교육으로 교사대상 참여활동 프로그램(Participatory Activity for Prevention of Child Maltreatment : PAPCM)을 실시하고 있다.

2차적 예방은 특성 문제가 발생될 위험요소를 잠재적으로 가지고 있는 고위험집단을 대상으로 문제가 발생하기 전에 개입하는 것을 말한다. 2차적 아동학대예방 프로그램은 아동학대가 발생할 수 있는 위험요소를 가지고 있는 가족과 아동을 선별하여 아동학대가 발생하기 전에 서비스를 제공하는 것을 말한다. 일례로 다양한 사회서비스 기관에서 실시하고 있는 방과 후 프로그램은 하교 후 학생들이 집안에서 홀로 방치 또는 방임되는 것을 예방하고 대신 기관에서 보호하고 교육하는 기능을 한다.

3차적 예방은 이미 아동학대가 발생한 집단을 대상으로 아동학대의 재발을 막기 위한 치료 및 개입을 들 수 있다. 아동학대 재발을 방지하기 위해 학대 행위자에 대한 적극적 개입이 시급하다. 우리나라도 서구사회와 마찬가지로 아동학대 행위자에 대한 엄격한 법적 제재와 더불어 아동학대 방지를 위한 프로그램에 의무적으로 참여하도록 구체적인 법적 근거를 조속히 마련해야 한다.

4) 방임의 심각성에 대한 정보제공 및 교육 프로그램 실시

아동학대 유형 중 방임이 매년 가장 높은 발생률을 보이고 있으나, 우리 사회에서는 방임의 심각성을 간과하는 경향이 있어 이에 대한 대책 마련이 시급하다. 방임은 초기 발달단계의 아동에게 미치는 영향이 매우 크다. 2세 이하의 영유아가 방임될 경우 신체적, 정서적, 행동적으로 제대로 발달하지 못하는 성장실패증후군(Failure to Thrive Syndrome : FTS)과 같은 치명적 문제가 생길 수 있으며(Krugman & Dubowitz, 2003), 이로 인해 아동의 발달 지체나 성격장애, 사망 등을 초래할 수 있다. 또한 적절한 시기의 예방접종, 즉각적인 의료적 치료의 소홀 등과 같은 의료적 방임은 건강한 아동발달을 저해하고 심각한 결과를 가져올 수도 있으므로 방임에 대한 다각적 접근방법이 모색되어야 한다.

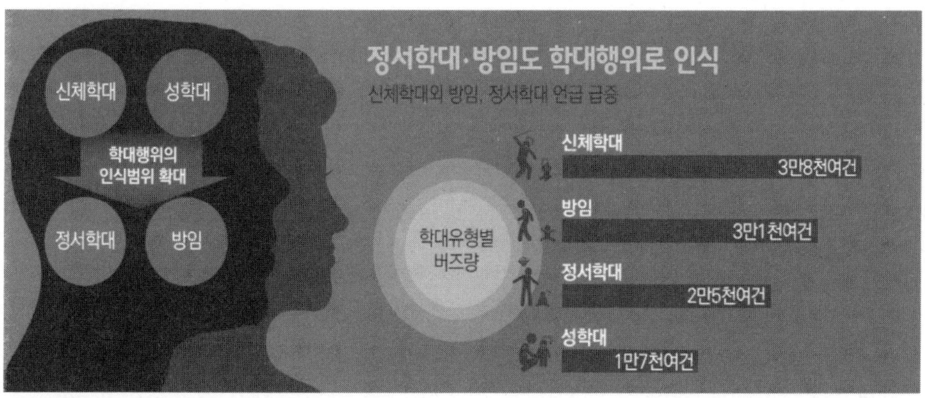

한경뉴스(2017.11.23).

5) 아동학대 예방과 치료를 위한 제반 서비스의 접근용이성

아동보호전문기관 등 서비스를 제공하는 장소가 접근하기 편리한 곳에 설치되어야 하며, 기관방문이 어려운 사람들을 위해 아웃리치 서비스(outreach service)가 제공되어야 한다. 또한 아동이나 여성이 이용하기 편리한 시간을 고려하여 기관의 업무시간을 편성해야 하며, 서비스 활성화를 위해 요구되는 비용도 제도적으로 마련되어야 한다. 덧붙여 아동학대 핫라인 1577-1391에 대해 홍보도 강화되어야 한다.

6) 아동 체벌을 허용하는 것으로 인식되는 법령 개정 및 인식 개선

아동을 훈육한다는 명목으로 시작한 가벼운 체벌은 점차 심각한 학대로 진행되고 아동을 사망에까지 이르게 한다. 모든 체벌이 아동을 사망에 이르게 하지는 않지만, 체벌을 허용하는 한, 심각한 학대로 이어질 수 있는 가능성은 언제나 존재하게 되는 것이다. 유엔아동권리위원회는 일반논평 8호를 통해 "물리적인 힘이 사용되고, 아무리 가볍다 하더라도 어느 정도의 고통 혹은 불편함을 유발하도록 의도되는 모든 처벌을 체벌로 정의하면서, 체벌의 형태와 정도를 막론하고 모두 금지되어야 한다"는 것을 분명히 밝히고 있다.[8)]

우리 사회에서 아동에 대한 체벌이 어디에서도 허용되지 않는 환경을 만들려면, 체벌을 허용하는 것으로 해석되는 법령의 개정을 통해 체벌 금지를 명시하는 것이 필요하다. 법에서 체벌을 허용하는 한 성인에 의한 아동학대는 국가적으로 보호받는 행위라는 메시지를 사회적으로 전달하기 때문이다.[9)] 현재 전 세계 49개 국가는 아동권리위원회의 권고를 받아들여 아동에

---

8) End All Corporal Punishment of Children & Save the Children(2012). 체벌근절 캠페인 매뉴얼. p.6. 유엔아동권리위원회 일반논평 8호는 체벌에 대해 다음과 같이 덧붙이고 있다. "대부분 체벌은 손이나 채찍, 막대기, 벨트, 신발, 나무주걱 등의 도구를 이용하여 아동을 때리는 것(손으로 때리기, 뺨을 찰싹 때려 붙이기, 엉덩이 때리기 등)을 포함한다. 또한 체벌은 발로 차기, 흔들기나 아이를 집어 던지기, 할퀴기, 꼬집기, 불에 태우기, 물에 데우기, 또는 강제로 먹이기도 포함한다. 위원회의 관점에서 체벌은 예외 없이 모멸적이다. 덧붙여 다른 비(非)신체적 형태의 처벌 역시 잔인하고 모멸적이며, 아동권리협약과 양립할 수 없다. 이러한 처벌에는 예를 들면 무시하기, 창피 주기, 비난하기, 책임 전가하기, 협박하기, 겁주기, 조롱하기 등이 포함된다."

9) End All Corporal Punishment of Children & Save the Children(2012). 체벌근절 캠페인

대한 모든 형태의 체벌을 가정뿐만 아니라 학교, 양육시설 등 아동이 지내는 모든 장소에서 법으로 금지하고 있다.10)

아동복지법 제5조 보호자의 책무사항에 '아동의 보호자는 아동에게 신체적 고통이나 폭언 등의 정신적 고통을 가하여서는 아니 된다'는 내용을 신설하여 체벌금지를 명문화하였다. 그러나 이것만으로는 충분하지 않다.

우리 사회에서 아동에 대한 학대를 근본적으로 예방하기 위해서는 체벌은 어디에서도 허용되지 않는다는 사회적인 메시지가 필요하다. 그리고 이는 체벌을 허용하는 것으로 해석되는 법령을 바꾸는 것으로 시작할 수 있다.

7) 실무자 교육 및 훈련을 통한 서비스의 전문성 향상

아동보호서비스에 종사하는 실무자들에 대한 심화교육과 슈퍼비전을 지속적으로 제공함으로써 서비스의 질과 책임성을 높일 수 있어야 한다.

8) 아동학대가 "가족 간의 문제"에서 "사회문제(범죄)"로 인식 강화

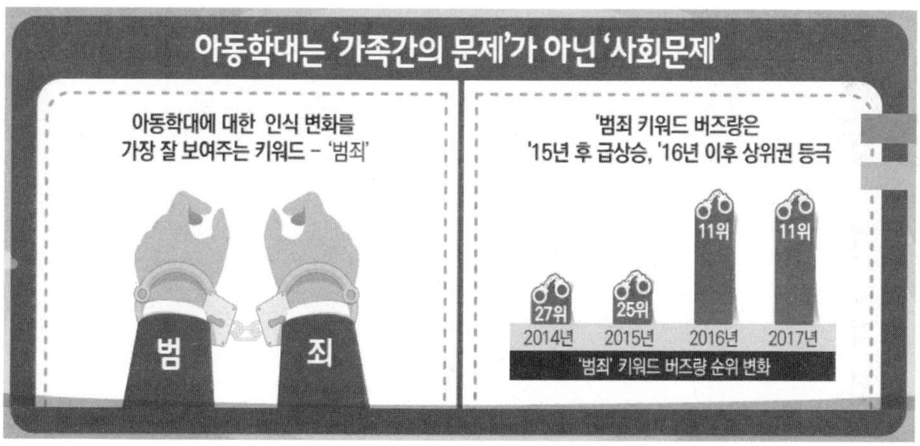

한경뉴스(2017.11.23).

매뉴얼. p.17.

10) The Global Initiative to End All Corporal Punishment of Children 홈페이지 http://end-corporal punishment.org/ 2016.3.18. 인출.

아동학대 신고의무자를 위한 아동학대 체크리스트

번호	문항	체크란	
1	사고로 보이기에는 미심쩍은 상흔이나 폭행으로 보이는 멍이나 상처가 발생한다.	예	아니오
2	상처 및 상흔에 대한 아동 및 보호자의 설명이 불명확하다.	예	아니오
3	보호자가 아동이 매를 맞고 자라야 한다는 생각을 갖고 있거나 체벌을 사용한다.	예	아니오
4	아동이 보호자에게 언어적, 정서적 위협을 당한다.	예	아니오
5	아동이 보호자에게 감금, 억제, 기타 가학적인 행위를 당한다.	예	아니오
6	기아, 영양실조, 적절하지 못한 영양섭취를 보인다.	예	아니오
7	계절에 맞지 않는 옷, 청결하지 못한 외모를 보인다.	예	아니오
8	불결한 환경이나 위험한 상태로부터 아동을 보호하지 않고 방치한다.	예	아니오
9	성학대로 의심될 성 질환이 있거나 임신 등의 신체적 흔적이 있다.	예	아니오
10	나이에 맞지 않는 성적 행동 및 해박하고 조숙한 성지식을 보인다.	예	아니오
11	자주 결석하거나 결석에 대한 사유가 불명확하다.	예	아니오
12	필요한 의료적 처치 혹은 아동에게 예방접종을 실시하지 않는다.	예	아니오
13	보호자에 대한 거부감과 두려움을 보이고, 집(보호기관)으로 돌아가는 것에 대해 두려워한다.	예	아니오
14	아동이 매우 공격적이거나 위축된 모습 등의 극단적인 행동을 한다.	예	아니오
15	아동학대 체크리스트 1~14에 해당되지는 않지만 그 외의 학대로 의심되는 경우 (학대 의심 사항 :)	예	아니오
“아동학대 체크리스트”는 아동학대 신고의무자가 직무 중에 학대로 의심되는 아동을 조기발견하기 위해 활용되도록 제작되었습니다. 1개 문항 이상 “예”라고 체크된 경우, 아동학대를 의심해 볼 수 있는 상황입니다. 아동학대가 “의심”되면 아동학대 신고전화 112로 반드시 신고해주시기 바랍니다.			

출처: 2022년 드림스타트 사업안내. 보건복지부. p.88.

생각해봅시다

1 아동학대 예방을 위하여 사회복지를 공부하는 학생들이 할 수 있는 지역사회 인식개선 프로그램을 계획해 봅시다.

CHAPTER

09

빈곤가정아동

1. 빈곤아동의 정의

1) 빈곤의 개념

빈곤은 사회와 시대에 따라서 다양하게 정의되어 왔으며, 학자들에 따라 다양하게 제시되고 있다. 빈곤은 특성과 주안점에 따라 절대적 빈곤, 상대적 빈곤, 주관적 빈곤으로 나눌 수 있다.

(1) 절대적 빈곤

절대적 빈곤이란 1899년 영국의 부스(Booth)가 런던 동부의 빈곤도시 조사에서 처음 사용했던 용어로 객관적으로 결정한 최소한도보다 적게 가진 것을 의미한다(박정란 외, 2012).

부스에 이어 빈곤조사를 실시한 라운트리(Rowntree, 1901)는 부스의 빈곤선 개념을 발전시켜 빈곤을 '1차 빈곤'과 '2차 빈곤'으로 구분했다. 1차 빈곤이란 가족의 소득이 생물학적 효율성을 유지하기에도 부족한 수준, 즉 네 가지 기초생필품(음식, 연료, 거쳐, 피복 등)을 구입할 능력도 안 되는 수준을 뜻하며, 2차 빈곤이란 네 가지 기초생필품을 구입할 능력은 있지만, 소득의 일부를 다른 용도로 사용하는 경우를 말한다. 다른 용도로 사용한다는 것은 도덕적으로 나쁘게 쓴다는 뜻이 아니라 소득을 잘못 사용하는 것을 의미한다. 물론 그 용도에 도박이나 음주도 있지만, 주거이전, 노조 조합비, 통근비, 경조비 등 불가피한 경우를 포함한다(원석조, 2005; 표갑수, 2010b 재인용).

절대적 빈곤이란 인간이 살아가는 데 필요한 최소한의 자원을 충족시키지 못하는 상태를 의미하는데, 개인 및 가족이 최소한의 건강유지와 인간으로서의 문화적인 생활유지에 필요한 의식주 및 생활상의 필요한 자원이 결핍되어 인간다운 삶을 사는데 위협을 받는 상황이라고 할 수 있다.

절대적 빈곤을 측정하는 방법에는 최저생계비방식과 엥겔방식이 있는데 최저생계비방식은 음식비가 소득에서 차지하는 일정한 비율을 빈곤선으로 책정하는 방법이다. 절대적 빈곤 측정방법은 비교적 단순하게 빈곤의 수준을 결정할 수 있고 인간의 절대적 욕구충족을 기준으로 빈곤을 정의한다는 점, 공식적인 빈곤선으로 빈곤층 산출이 가능하다는 장점이 있다. 그러나 가계소득의 1/3을 음식비로 추정한다는 것은 산업화, 정보화 사회에서는 적합하지 않으며 빈곤선은 단지 현금소득만 포함하고 의료보호 등과 같은 현물소득은 포함되지 않는다는 점, 사회구성원의 전반적인 생활수준을 고려하지 않았다는 단점을 지닌다(송정애, 2022).

(2) 상대적 빈곤

상대적 빈곤은 불평등의 관점에서 빈곤을 이해한 것으로, 그 사회의 평균 소득 혹은 지출 수준과 대비하여 상대적으로 낮은 계층을 빈민층으로 정의한 것이다(박정란 외, 2012).

상대적 빈곤을 주장하는 대표적 학자인 타운센드(Townsend)는 빈곤층을 '일상식품을 획득하고 사회활동에 참여하여 그들이 속한 사회에서 관례적 생활조건과 편의시설을 갖기에 필요한 자원이 결여된 사람'이라고 정의 된다(김영모 편, 1988).

상대적 빈곤은 특정 사회의 전반적인 생활수준을 고려한 상대적 박탈감과 불평등의 개념으로 특정 사회 구성원 다수가 누리는 생활수준에 미치지 못한 불평등으로서 빈곤을 의미한다. 상대적 빈곤은 개인의 상황을 사회의 평균소득수준 혹은 표준 생활수준과 비교하여 정한다. 상대적 빈곤을 측정하는 방법으로 평균 또는 주위 소득의 비율로 정하는 방법과 소득분배상의 일정 비율에 해당하는 사람을 빈곤자로 규정하는 방법, 타운센드(Townsend) 측정 도구를 이용한 빈곤측정방법 등이 있다. 상대적 빈곤의 관점에서 빈곤을 측정할 경우 특정 사회의 전반적인 생활수준을 고려할 수 있으며 비물질적인 욕구까지도 포함시킬 수 있다는 장점을 지닌다. 그러나 구체적인 빈곤선을 결정하기 어려우며 현실적으로 소득에 관계없이 개인의 취향과 선호에 따라 생활하는 경우가 많기 때문에 일반적이고 객관적인 생활 형태를 측정하는 지표를 구하기 어려운 단점이 있다(송정애, 2022).

현대사회에서는 절대적 빈곤보다는 상대적 빈곤 개념이 주로 사용되고 있다.

OECD 국가들은 중위가구 소득의 40～60%, EU 국가들은 평균 가구소득의 40～60% 미만을 상대적 빈곤으로 규정하고 있다(윤혜미 외, 2013).

(3) 주관적 빈곤

자신이 주관적으로 생각하기에 충분히 갖고 있지 않다고 느끼는 상태를 기준으로 판정하는 주관적 빈곤(subjective poverty)이 있다. 객관적 기준 없이 주관적 판단에 의해 정의되는 빈곤을 의미한다(도미향 외, 2007). 주관적 빈곤 측정방법은 사회조사에 의한 방법과 라이덴(Leyden)방식이 있다. 사회조사에 의한 방법은 사람들에게 한 세대가 지역사회에서 살아가는 데 필요한 최소한의 비용을 설문조사를 통해 수집하고 응답한 금액의 평균을 산출하여 빈곤선으로 결정한다.

라이덴방식이란 네덜란드 라이덴(Leyden)대학의 학자들이 개발한 것으로 이 방식은 사람들에게 자신들의 사회·경제적 상황을 고려하여 삶을 유지하는 데 필요한 최소소득이 얼마인지를 묻고 이를 바탕으로 응답한 최소소득과 응답자의 실제소득을 비교하여 최소소득과 실제소득이 일치하는 점을 빈곤선으로 결정한다. 이것은 개인의 실제소득에 따라 개인이 주관적으로 판단하는 삶의 유지를 위한 최소소득도 높아진다는 점을 반영한 계산방식이다(박정란 외, 2012).

2) 빈곤아동의 정의

빈곤아동이란 빈곤가정에서 생활하는 18세 미만의 아동이다. 「아동의 빈곤예방 및 지원 등에 관한 법률」 제3조에서는 아동빈곤을 "아동의 일상적인 생활여건과 자원이 결핍하여 사회적·경제적·문화적 불이익을 받는 빈곤상태"로 규정하고 있다. 이러한 빈곤아동의 범위로는 ① 「아동복지법」 제3조 제4호 및 제5호에 따른 보호대상아동 및 지원대상아동, ② 「국민기초생활보장법」 제2조 제2호에 따른 수급자인 아동, ③ 「한부모가족지원법」 제4조 제2호에 따른 한부모가족 아동, ④ 「다문화가족지원법」 제2조 제1호에 따른 다문화가족아동으로 규정하고 있다.

아동빈곤은 화폐소득의 결핍이라는 단일한 차원의 정의로 충분히 포괄하기 어렵다. 빈곤 상태에서 생활하는 아동은 그들이 성장하고 발달하기 위해 필요한 물질적, 정신적, 정서적 측면을 포함하는 다차원적 측면에서 다양한 결핍(deprivation)을 경험하게 된다. 그 결과, 우리 사회의 동등한 구성원으로서 누려야 할 아동의 기본적인 권리를 보장받지 못하며 아동이 지닌 잠재력 실현이 제한된다. 이처럼 아동빈곤은 물질적 결핍의 다차원성을 특징으로 하며, 이는 생존과 생활에 필수적인 재화와 서비스, 건강과 돌봄, 교육, 문화, 안전과 주거 환경에 대한 아동의 접근성 문제와 연결된다(류정희, 2020).

2. 빈곤이 아동에게 미치는 영향

빈곤은 모든 연령대 사람들의 삶을 황폐화시키며, 인간 생활 전반에서 부정적인 결과를 가져오지만, 신체적, 인지적, 사회·정서적으로 민감한 발달과정을 겪고 있는 아동기의 빈곤경험은 다른 인간 발달 시기에 비해 부정적 결과를 가져올 가능성이 훨씬 크다고 보고되고 있다(Duncan, Brooks-Gun, 1997).

빈곤이 아동에게 미치는 영향은 전반적인 발달 영역에 걸쳐 나타난다. 빈곤은 아동이 정상적인 발달과업을 성취하는 데 장애를 가져올 뿐만 아니라, 그 장애들이 누적되어 성인이 되어서까지 부정적인 영향을 미친다. 빈곤이 아동에게 미치는 부정적인 영향은 아동발달문제, 학습 부진 및 학교부적응, 그리고 비행 등으로 살펴볼 수 있다(윤혜미 외, 2013).

1) 신체적·인지적·정서적·사회적 발달 문제

빈곤가족에서는 생계유지에 우선적인 초점이 주어지고 아동양육 지식과 시간적 여유가 부족하기 때문에, 아동을 돌보지 못하는 '의도하지 않은 학대와 방임'이 종종 발생한다. 빈곤이 아동에게 미치는 영향은 발육부진 등과 같은 신체 발달의 문제에서부터 낮은 지능, 학업부진, 학교중퇴 등의 인지발달 문제, 우울과 불안 등과 같은 내면화된 문제 및 공격성, 주의력 결핍 과잉 행동장애, 반사회적 행동 등의 외현화된 문제 등을 포함한 심리·사회발달 문제에 이르기까지 광범위하다(허남순 외, 2005). 또한 부모나 지역사회로부터 적절한 자극과 모델이 계속적으로 부재한 상황에서 빈곤아동의 인지발달, 언어발달, 행동발달 및 성격발달은 지체될 수도 있다.

2) 학습부진 및 학교부적응

학교는 아동이 가정 다음으로 가장 많은 시간을 보내는 장소이며, 아동이 필요로 하는 신체적·인지적·정서적·사회적 발달을 도모할 수 있는 곳이다. 따라서 학교적응은 빈곤아동의 사회적 적응과 성취를 위해 필수적이다. 빈곤은 흔히 가족 내에서 아동을 위한 공부방 등 학습공간의 부족 및 학업에 필요한 물품이나 교육자료 등의 결핍을 초래하여 학업성취를 저해한다. 빈곤가족의 부모들은 밤늦게까지 일을 해야 하므로 자녀들과 보낼 시간이 없거나 생활에 여유가 없어 자녀들과의 접촉할 기회가 적어 아동에 대한 관리감독에 어려움을 겪는 경우가 많다. 그 결과 자녀의 학업성취도 저하 및 학교부적응이 초래될 수 있다(한국여성복지연구회, 2008).

교사의 빈곤아동에 대한 낮은 기대와 지지, 그리고 또래집단의 지지는 학교적응에 중요한 요인이다. 빈곤지역의 학교는 교육청과 지역사회로부터의 지원이 낮고 교사들이 기피하는 경향이 있다. 또한 빈곤아동은 학업성취가 낮을 것이라는 교사의 편견이 아동의 성취를 방해한다. 또래집단으로부터의 지지 부족이나 소외는 아동의 자존감을 떨어뜨리고 비행을 초래하기도 한다.

3) 비행

빈곤은 아동을 다양한 환경적 위험에 노출시키기 때문에 비행의 근본 원인 중의 하나로 간주되고 있다. 하지만 비행에 관한 연구들은 빈곤이 아동의 비행에 직접적으로 영향을 미치기보다는 가정 내의 부모 요소라는 매개체를 통해 간접적으로 이루어진다고 지적하고 있다. 빈곤은 부모의 지도감독이나 양육방식 등에 영향을 미치고 다시 이것이 아동에게 영향을 준다는 것이다. 그런데 부모의 양육행동에 관한 연구들은 빈곤부모들의 훈육이 비일관적이거나 위협적·강압적이며, 부모·자녀 간 애착이 약하고 자녀에 대한 지도감독의 수준이 낮고 신체적 체벌을 더 자주 사용하며 자녀에게 낮은 수준의 정서적 지지를 제공한다고 보고하고 있다. 이런 빈곤부모의 특성이 아동의 비행을 조장한다는 것이다(한국여성복지연구회, 2008). 부모 이외에 지역사회의 사회적 지지나 관심의 부재 역시 빈곤아동의 비행에 영향을 미치는 것으로 알려져 있다.

3. 빈곤아동의 현황

한국의 아동 빈곤율은 9%로 아동 100명 중 9명이 절대빈곤의 상태에 있다(Children's Foundation, 2012). 양극화가 심해지는 가운데 아동의 상대적 빈곤율 또한 15%로 나타났다(유해숙 외, 2014).

아동의 빈곤현황을 살펴보면 [그림 9-1]과 같이 상대적 아동빈곤율이 절대적 빈곤아동보다 높게 나타나고 있다.

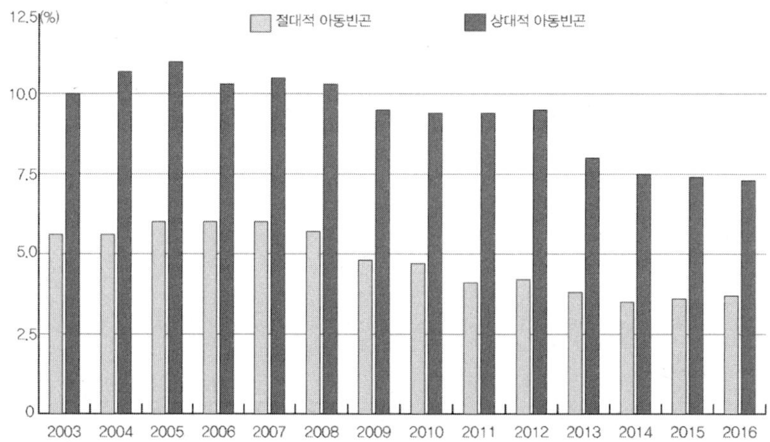

[그림 9-1] 아동 빈곤현황

출처 : 사회보장위원회 홈페이지 자료 2022.8.6. 검색

아동기의 빈곤 경험은 아동기의 전반적 발달과 한 인간의 생애 발달에 부정적 영향을 미치는 것으로 나타났다(Chun, Kim & Lee, 2013; Alaimo, Olson, Frongillo, & Briefel, 2001; Gershoff, Aber, Raver, & Lennon, 2007).

빈곤아동은 비빈곤아동에 비해 질병발생률이 1.4배, 학력부진 비율은 2.2배, 술 담배 등 비행행동은 2배, 가출도 2배 정도 높게 나타났다(Choi & Kim, 2004). 이렇듯, 빈곤은 단순히 경제적 문제뿐만 아니라 심리·정서, 건강 등 복합적 문제를 내포하고 있다. 특히, 빈부격차가 심한 한국사회에서 빈곤 아동은 상대적 박탈감으로 고통받고 있다(유해숙 외, 2014).

2018년 우리나라 아동의 결핍 실태는 [그림 9-2]에서 보는 바와 같이 취미생활, 스포츠, 동아리 활동 등의 정기적인 여가 생활 결핍이 26%로 가장 높았다. 특히 0~8세 아동에서 27.7%로 높게 나타났다. 친구들을 집으로 초대해 놀거나 식사를 하는 기회의 결핍(15.2%), 야외 활동을 할 수 있는 기구의 결핍(15.1%)이 다음으로 높게 나타났다. 만 9~17세의 아동들 사이에서는 생일 파티나 가족 행사 등의 기회 및 신선한 과일·채소 섭취, 육류 또는 생선 섭취, 하루 세 끼 식사 등 식생활 관련 결핍이 상대적으로 높게 나타났다. 예컨대, 하루에 세 끼를 먹지 않는다고 응답한 9~17세 아동이 7.5%로 전 연령대 아동 평균인 5.2%보다 높았으며, 매일 육류 또는 생선, 신선한 과일이나 채소 섭취 등 균형 잡힌 식생활을 하지 못하는 아동도 10~11%에 달했다. 반면, 가정에서 인터넷 활용이 가능하지 않다고 응답한 아동의 비율은 2.6%로 14개의 결핍 항목 중 가장 낮게 나타났다.

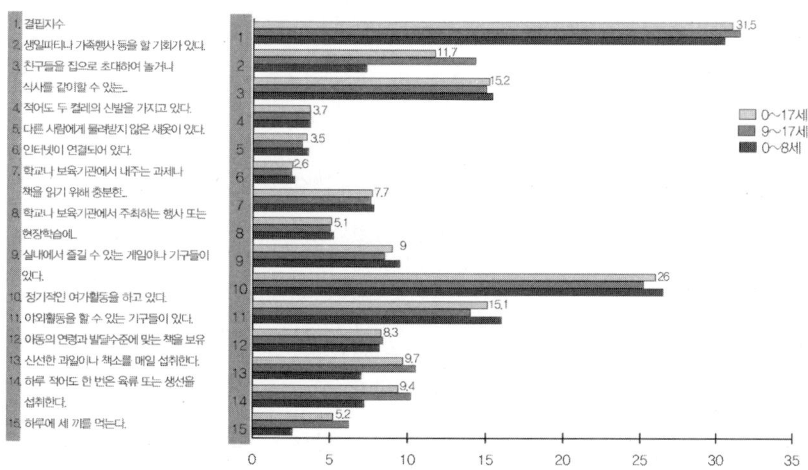

[그림 9-2] 아동결핍의 항목별 분포

주: 분석 결과는 표준화 가중치를 적용한 결과임.

자료: 보건복지부·한국보건사회연구원. 2018 아동종합실태조사(2019). 원자료.

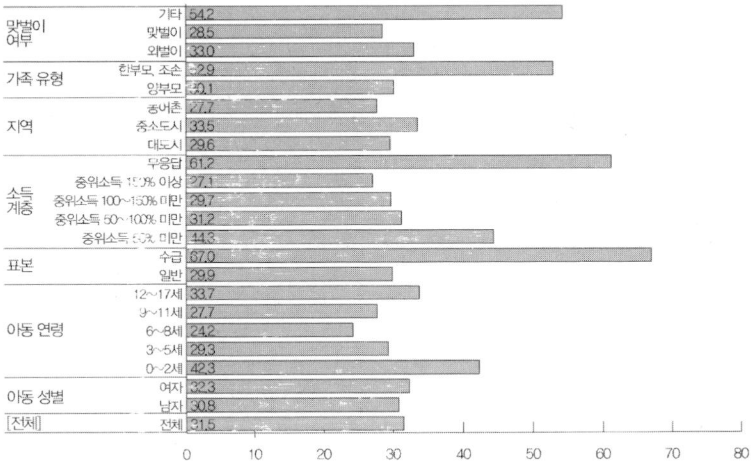

[그림 9-3] 아동 특성별 아동결핍지수

주: 1) 소득계층별 집단 구분의 소득 기준은 본 조사에서 수집된 표본의 가구 중위소득을 기초로 하였으며, 소득을 가구원 수의 제곱근으로 나누는 방식으로 균등화지수를 취하였음. 따라서 본 분석의 중위소득 50% 미만 가구는 전체 가구의 중위소득을 기준으로 측정하는 아동빈곤율과 다름. 전체 표본 가구의 0.9%(36명)가 소득 관련 무응답 가구에 해당함.

2) 맞벌이 여부에서는 유배우자에만 한정하지 않고 분류했으며, 기타 가구에는 벌이가 없는 유배우 가구(50가구), 사별, 이혼 또는 별거 상태의 가구(35가구)를 포함함.

3) 분석 결과는 표준화 가중치를 적용한 결과임.

자료: 보건복지부·한국보건사회연구원. 2018 아동종합실태조사(2019). 원자료.

아동의 인구·경제·사회학적 특성별로 아동결핍 수준을 살펴보면, [그림 9-3]에서 보는 바와 같이 기초생활수급 가구, 낮은 소득수준, 한부모·조손 가구 여부와 높은 상관관계를 보인다. 아동결핍지수는 저소득 수급 아동 표본에서 67%로, 일반 가구 아동의 29.9%보다 2.2배 높게 나타났다. 또한 소득계층의 무응답, 맞벌이 여부에서 기타 가구, 한부모·조손 가구의 아동이 50% 이상의 높은 결핍지수를 보였다. 다음으로는 중위소득 50% 미만 가구가 높게 나타났다. 한편, 아동 연령별로는 0~2세 영유아의 결핍지수가 높게 나타났는데, 이러한 결과에 대해서는 '친구들을 초대해서 놀 기회', '야외 활동 기구', '정기적인 여가 활동' 등의 일부 결핍 항목이 0~2세 아동의 결핍을 측정하기에 상대적으로 부적절하다는 점을 고려할 필요가 있다. 이와 관련하여 아동 발달 단계별 특성을 반영하는 아동결핍에 대한 접근 방법인 다차원 중복결핍 분석(MODA)을 적용할 필요가 있다(류정희, 2020).[1]

4. 빈곤가정아동을 위한 복지대책 방향

빈곤아동에 대한 지원은 현재 아동 및 가족이 당면하고 있는 빈곤문제를 해결하기 위한 방안이기도 하지만 장기적으로는 빈곤에 대한 예방책이기도 하다.

우리나라의 빈곤가족을 위한 대책은 두 가지로 구분된다. 하나는, 빈곤선 이하의 빈곤가족의 최저생활을 보장하는 기초생활보장으로 직접적인 대책으로 대응적이고 사후적이다. 다른 하나는 빈곤층을 대상으로 빈곤의 예방이나 빈곤으로부터의 탈피를 목적으로 하는 자활지원으로, 이는 생계보호에 비해 예방적이고 사전적이며 간접적인 대책으로서 대상자의 자립의지의 유무가 중요한 변수가 된다.

따라서 빈곤아동을 지원하는 다양한 서비스에 대한 지속적인 관심과 집중투자가 요구된다(윤혜미 외, 2013; 김주아 외, 2013; 송정애, 2022).

1) 빈곤가정아동복지정책

빈곤가정아동지원정책은 아동복지법, 국민기초생활보장법, 한부모가족지원법, 건강가정지원법, 다문화가족지원법, 영유아보육법 등을 근거로 추진되고 있다. 국민기초생활보장법에서는 만 18세 미만의 아동이 수급대상에 포함될 경우 교육급여, 의료급여를 지급하며, 한부모가족지원법에서 학자금 및 교육비 지원, 교복 및 학용품비 지원이 있다. 건강가정지원법에서는 국민기초생활수급권자, 한부모가족, 다문화가족, 조손가족 등을 취약가족으로 보고 필요한 지원서비스를 우선적으로 제공하도록 하고 있다.

2) 아동급식서비스

아동급식서비스는 아동의 빈곤, 가족해체, 부모(보호자)의 실직, 질병, 가출 및 직업적 특성, 아동학대, 방임, 유기 부양기피 및 거부, 가정위탁아동, 소년

1) 류정희(2020). '우리나라 아동의 다차원적 빈곤 실태와 정책 과제', 보건복지포럼(2020.5).

소녀가정, 그밖에 여러 가지 사유로 가정에서 제대로 보살핌을 받지 못해서 끼니를 거르거나 먹는다고 해도 필요한 영양을 충분히 공급받지 못하는 경우에 아동의 건전한 성장을 위하여 식사를 제공하거나 식사를 할 수 있도록 관련 식품 등을 지원하는 일체의 행위를 의미한다.

아동급식서비스의 목적은 첫째, 저소득가정의 아동들이 건강하고 행복하게 자랄 수 있도록 민·관이 협조체계를 구축하여 지역 실정과 아동의 가정환경 및 욕구에 맞는 급식을 효율적으로 제공하는 데 있다. 둘째, 아동들은 신체적·정신적으로 성숙하지 않아 스스로 급식능력이 부족하므로 급식이 필요한 아동들에게 적극적인 급식을 지원하고자 하는 데 있다.

3) 안정적인 주거생활보장

생활무능력자를 포함한 저소득층 가정의 최저생활 보장을 위해서 그 보장의 수준은 건강하고 인간다운 삶의 보장으로 해석하는 것이 일반적 견해였다. 이때 건강하고 인간다운 삶을 영위하기 위해서는 인간의 가장 기본적인 욕구로서 의식주를 해결하는 것과 문화적인 삶을 보장하기 위한 정도의 생활보장이 따라야 할 것이다. 그러므로 국민기초생활보장제도의 주거급여를 더욱 강화하고 확대하여 기초생활보장 수급자라면 누구나 그 혜택을 충분히 받을 수 있도록 해야 한다. 또한 영구임대주택을 더욱 증설해야 하며, 저소득층을 위한 장기저리 주택자금 융자제도도 적극 검토할 필요가 있다.

4) 체계적인 건강관리 지원

아동의 건강한 성장은 아동복지의 전제이다. 현재 의료급여는 국민기초생활보장수급권자, 의료급여법에 의한 수급권자를 주 대상으로 하고 있다. 그 외에 북한이탈주민, 18세 미만 입양아동 등을 포함하고 있다. 하지만 급여내용은 수급권자 종별 구분에 따라 차등 지원되고 있다.

빈곤가정아동의 건강지원을 위한 대책으로 의료서비스의 접근성을 높이는 방안이 필요하다. 기초생활 보장 수급자의 경우 의료보호를 받도록 하고 있는데, 의료보호의 1종, 2종 구분을 없애고, 의료보호자라고 하여 의료기관에서 낙인이나 차별을 받지 않도록 정부의 적극적인 의료비 지원이 이루어져야 할 것이다.

사후적인 치료 못지않게 중요한 것이 사전예방서비스이다. 빈곤가정의 질병이 만성화되지 않도록 건강진단서비스와 예방접종 등이 적절하게 제공된다면, 사후적으로 많은 진료비를 부담하지 않아도 될 것이다. 이렇게 하기 위해서는 보건소와 같은 공공의료체계를 더욱 강화할 필요가 있다.

아동의 신체·정신의 발달단계에 따른 체계적인 건강관리 개념이 없이 부분적으로 지원하여, 지원수준이 질병으로 인한 저소득가정의 경제적 부담을 완화할 수 있을 만큼 충분하지 않다. 따라서 아동의 신체·정신의 발달단계에 따라 체계적인 건강관리 체계를 도입할 필요가 있다. 임산부·영유아에 대한 전반적인 건강과 영양관리 지원을 위한 제도가 필요하며, 미숙아 및 선천성 이상아 의료비와 민간의료기관 예방접종 지원비를 증액하여야 한다. 또한 아동의 정신건강 점검을 위하여 정신보건센터에 아동 정신보건 전문 인력을 배치하여 저소득층 아동의 정신건강을 검사하고 치료하는 것이 필요하다.

5) 교육 보호프로그램

빈곤아동에 대한 투자는 빈곤세습의 고리를 단절하고 인적자본을 축적하여 사회통합을 실현하고 사회비용을 절감하는 효과를 기대할 수 있다.

일찍이 미국은 헤드스타트(Head Start), 영국은 슈어스타트(Sure Start)라는 아동복지 프로그램을 통해 영유아의 조기교육, 건강 및 영양지원, 사회발달 등 다방면에 걸친 포괄적 사회서비스를 제공해 빈곤의 악순환을 끊는 데 힘을 쏟고 있다.

보건복지부는 2007년 7월부터 빈곤아동들이 신체적·정서적·사회적 능력 등 전인적으로 발달할 수 있도록 도와주는 '드림스타트' 사업을 도입해 추진하고 있다.

'드림스타트'는 취약지역에 거주하는 저소득 임산부와 12세 이하 아동가구를 대상으로 빈곤아동별 욕구와 가구여건에 맞는 맞춤형 통합서비스를 제공하는 집중적인 사회투자 사업이다. 맞춤형 통합서비스란 보건·복지·교육 분야의 전문가들이 가정을 방문, 아동과 가구의 욕구를 조사한 뒤 지역사회

내 파트너십이 구축된 병·의원, 학교, 학원, 사회복지기관 및 시설, 어린이집 등과 연계해 아동의 욕구에 맞는 서비스를 통합해 지원하는 것이다.

욕구조사는 빈곤아동의 발달욕구를 충족시켜나가는 맞춤형 서비스제공을 위한 선행 서비스로서 영·유아의 경우, 방문보건, 영양보충, 발달 스크리닝 및 돌봄 서비스 등을 통해, 학령기 아동은 학습, 문화체험, 정서지원 프로그램 등을 강화해 나가는 방식으로 서비스를 설계, 제공한다.

6) 디딤씨앗통장(CDA)

2007년 4월부터 미래 성장 동력인 아동에 대한 사회투자로 빈곤의 대물림을 방지하고 건전한 사회인 육성을 위해 아동발달지원계좌(Child Development Account : CDA)를 추진하고 있다.

「아동복지법」 제42조(자산형성지원사업), 제43조(자산형성지원사업 관련 업무), 제44조(자산형성지원사업 관련 업무의 위탁)에 근거하고 있다.

요보호아동의 사회진출 시 경제활동에 소용되는 초기 비용 마련을 위한 자산형성을 지원하여 빈곤의 대물림을 방지하기 위한 것으로 전통적 복지국가가 대응하지 못한 신사회적 위험에 대한 '사회투자정책' 패러다임이 등장한 것이다.

이 전략은 아동이 미래의 노동자로 인식되면서 아동투자를 강조한 것인데 이미 미국과 영국, 캐나다, 싱가포르 등에서 실시되고 있는 자산형성제도(Asset building)이다.

지원대상은 만 18세 미만의 기초생활수급가구(중위소득 40% 이하의 수급 가구-생계, 의료급여) 아동, 아동양육시설 아동, 공동생활가정 생활아동, 가정위탁보호아동, 장애인생활시설 아동, 소년소녀가정 아동 등이다.

저소득층 아동의 사회진출 시 학자금·취업·창업·주거 마련 등에 소요되는 초기비용 마련을 위한 자산형성을 적극적·장기적으로 지원할 필요로 시행하는 제도이다.

지원내용은 아동이 보호자, 후원자의 후원으로 2020년 기준 월 5만 원 이내의 기본 적립금을 적립하면 국가 또는 지방자치단체에서 만 18세까지 같은 액수(1:1 매칭펀드)를 지원하는 것으로 적립금의 사용 용도는 아동의 만 18

세 이후 학자금, 기술자격 취득 및 취업 훈련비용, 창업지원금, 주거마련비 등 자립의 용도(제한적)로 사용하도록 하고 있다(보건복지부, 2020).

7) 가족기능 강화 및 사회적 지지체계의 강화

빈곤아동들은 자주 부모의 부적절한 양육행동, 지도감독 및 가족문제로 인하여 부정적인 영향을 받는다. 또한 경제적 문제와 함께 가족들 간의 정서적·심리적 문제가 복합적으로 나타난다. 특히, 상대적 박탈감과 생활만족도가 낮아 긴장과 갈등이 내재해 있는 경우가 많기 때문에 이러한 욕구를 해결할 수 있는 치료적 서비스를 제공하는 것이 매우 중요하다. 이러한 치료적 서비스는 빈곤가구주를 대상으로 하는 개념치료, 빈곤가족이 당면한 문제와 가족구성원의 상호관계를 원만히 하여 가족응집력을 높여 주는 가족치료가 있다. 그 외에 빈곤가족을 둘러싸고 있는 생활환경의 문제에 대한 환경치료가 있으며, 이외에도 물질적·경제적 지원이 행해질 수 있다. 그러나 무엇보다도 빈곤가족에 대한 치료는 개인의 병리적인 문제로 보기보다는 전체가족을 대상으로 하여 생활상의 문제로 보고 해결해 나가는 프로그램 개발이 중요하다.

또한, 빈곤가족을 지원하는 데 있어서 지역사회주민의 참여를 활성화시키는 방안이 필요하다. 이는 우리나라 대부분의 사회복지기관이 지역사회와 연계되어 있어 재정의 상당 부분을 정부에 의존하는 실정임을 생각해 볼 때 빈곤아동 가족에 대한 다양한 지원서비스가 필요하다. 학교사회복지나 지역사회복지기관들의 협의체인 지역사회보장협의체를 통하여 빈곤아동에 대한 사회적지지 세력과 자원을 개발하여 지역사회에서 빈곤가족을 도와줄 수 있는 프로그램이 필요하다.

8) 아동권리보장

모든 아동은 행복하고 건강하게 성장할 권리를 가지고 있다. 모든 아동이 건강하게 성장하기 위해 누려야 할 아동의 권리로 엘렌 케이(Ellen Key)는 튼튼하게 태어날 권리, 건전하게 키워질 권리, 정상적 가정생활을 누릴 수 있는 권리, 교육을 받을 권리, 도덕적·정신적 훈련을 받을 권리, 놀이나 오락을 즐길 수 있는 권리를 주장하였다. 그러나 많은 빈곤아동이 이와 같은 아동의 기본 권리를 누릴 수 없는 상황에 놓여 있는 것이 현실이다.

가정이 더 이상 보호자의 역할을 하지 못할 때 사회가 실질적으로 아동의 안전을 보장할 수 있는 제도적 장치를 마련해야 한다. 아동이 스스로 보호기관에 보호를 요구할 권리를 법적으로 보장하고, 지역사회의 복지기관에서 아동이 위기에 처했다고 판단될 때 친권자의 의사에 상관없이 보호할 수 있도록 제도화해야 한다. 특히, 빈곤가정이 밀집된 지역의 아동은 다양한 사회적 위험에 노출되어 있으므로 국가와 사회가 최소한의 안전망을 제공해야 한다. 위급한 상황에서 안전을 보호할 수 있도록 아동을 위한 안전가옥을 지역사회 내에 설치하고, 아동의 위기상황을 알릴 수 있는 장치(GPS 소지품 등)를 보급하는 등의 구체적이고 실질적인 보호체계를 구축해야 한다.

생각해봅시다

1 빈곤아동에 대한 범주와 지역사회에서 제공하고 있는 서비스를 조사해 봅시다.

2 빈곤아동과 함께 일하는 사회복지사가 갖추어야 할 자질과 관점에 대하여 토론해 봅시다.

CHAPTER

10

한부모가정아동

1. 한부모가족의 정의와 형태

한부모가족(Single Parent Family)의 사전적 정의는 부, 모 중에서 어느 한 부모와 함께 생활하는 가족을 말한다.

복지는 관계법에 근거하여 이루어지므로 한부모가족의 정의와 형태는 한부모가족의 복지와 관련하여 기본법적 성격을 지니는 「한부모가족지원법」에 규정되어 있다. 단독법이 제정된 것은 한부모가족이 당면하고 있는 어려움이 크고, 점점 증가하고 있기 때문에 제대로 지원하기 위해서이다.

1) 한부모가족의 정의

한부모가족의 정의는 한부모가족의 형태와 관련하여 「한부모가족지원법」에 명시되어 있다.

한부모가족이란 모자가족(母子家族)이거나, 부자가족(父子家族)을 말한다. 이는 실제 한부모가족의 생활을 그대로 반영한 것이다. 즉, 부부가 함께 살다가 한쪽 배우자가 없이 사는 삶이기 때문에 자연스럽게 모자가족 또는 부자가족인 한부모가족이 되는 것이다. 이러한 가족은 거의 기혼부부에 해당되지만 반드시 그렇지는 않다. 미혼의 상태에서 부모가 된 후, 한부모가 되는 가족이 있기 때문이다. 이러한 가족을 청소년한부모가족이라고 말한다.

기혼이든 미혼이든 모자가족이든 부자가족이든 한부모가정에서의 아동은 법적 관점에서 볼 때, 「아동복지법」에 근거한 18세 미만한 자를 말한다. 다만 취학 중인 경우에는 22세 미만까지 포함된다.

2) 한부모가족의 형태

한부모가족의 형태는 「한부모가족지원법」에 명시되어 있으며, 한부모가족의 정의와 관련하여 크게 두 가지 형태로 구분된다.

(1) 부자가족

부자 세대주이거나, 세대주가 아니더라도 실질적으로 세대원을 사실상 부양하는 가족을 말한다. 이 가족의 범주에 아동이 포함된다.

(2) 모자가족

모자 세대주이거나, 세대주가 아니더라도 실질적으로 세대원을 부양하는 자를 말한다. 이 가족의 범주에 아동이 포함된다.

(3) 청소년한부모가족

연령으로 보았을 때 24세 이하의 모 또는 부를 말한다. 이는 「청소년 기본법」에서의 청소년 정의와 관련된다. 단 취학 중인 경우에는 22세 미만을 말하되, 「병역법」에 따른 병역의무를 이행하고, 취학 중인 경우에는 병역의무를 이행한 기간을 가산한 연령 미만을 말한다.

2. 한부모가족 아동의 현황[1)]

통계청(2020)에 따르면, 대한민국 전체 가구 중 한부모가구는 2016년 1,540가구에서 2020년 1,533가구로 지속적으로 감소되고 있는 것으로 조사되었다.

1) 2021년 한부모가족 실태조사 자료(2022.05.20. 발표)

2021년 한부모가족 실태조사 개요

○ 조 사 명: 2021년 한부모가족 실태조사(국가승인통계 제154016호)
○ 법적근거:『한부모가족지원법』 제6조 / 조사주기 : 3년
○ 조사대상: 만 18세 이하 자녀를 양육하는 전국 한부모가족(모·부자가족) 가구주 3,300명
※ 표본추출 : 이번 조사는 「'19년 통계청 등록센서스」에서 파악된 한부모가구를 조사 모집단으로 하여 표본 추출
○ 조사내용: 자녀돌봄, 생활세계·사회적 지지망, 경제활동, 건강, 소득 및 지출, 양육비, 주거 등 9개 분야, 20개 항목(132개 세부항목)
○ 조사방법: 구조화된 설문지 통한 1:1 가구방문·면접조사
○ 조사표 개발 및 결과 분석 : 한국여성정책연구원 / 조사실시 : ㈜한국갤럽조사연구소
○ 연구기간 : 2021. 3월~12월(추가 분석 : ~'22. 4월)

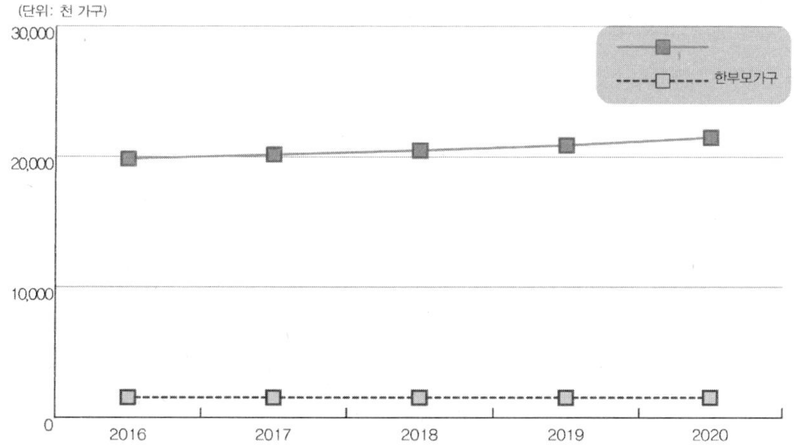

[그림 10-1] 한부모가구 현황

출처 : 통계청, 「장래가구추계」 / 「인구총조사」

1) 일반 특성

한부모의 평균연령은 43.6세로 학력은 고졸 이하가 가장 많고(55.4%), 혼인 상태는 대다수가 이혼 한부모(81.6%)이며, 자녀 수는 1.5명(1명 57.0%, 2명 36.9%로 평균 1.5명)의 자녀를 키우고 있었고, 가장 어린 자녀는 미취학 12.1%, 초등 31.7%, 중학생 이상 56.3%로 중학생 이상인 경우가 과반수(56.3%)로 조사되었다.

모자중심가구(모자가구 53.4%, 모자+기타 가구 14%)가 67.4%, 부자중심가구(부자가구 20.7%, 부자+기타 가구 11.9%)가 32.6%이며, 2018년 조사에 비해 모자중심가구 비율이 1.9% 증가한 것으로 조사되었다.

2) 소득 및 자산

전체 가구평균에 비해 소득은 절반 수준, 자산은 1/4 수준으로 2018년에 비해 상대적 수준은 큰 차이를 보이지 않은 것으로 조사되었다.

한부모가구의 월평균소득은 월 245.3만 원 수준(세금, 사회보험료 등 제외)으로, 2021 전체 평균(「2021년 가계금융 · 복지조사」) 가구가처분 소득(416.9만 원)의

58.8% 수준에 그치는 것으로 조사되었다([그림 10-2] 참조).

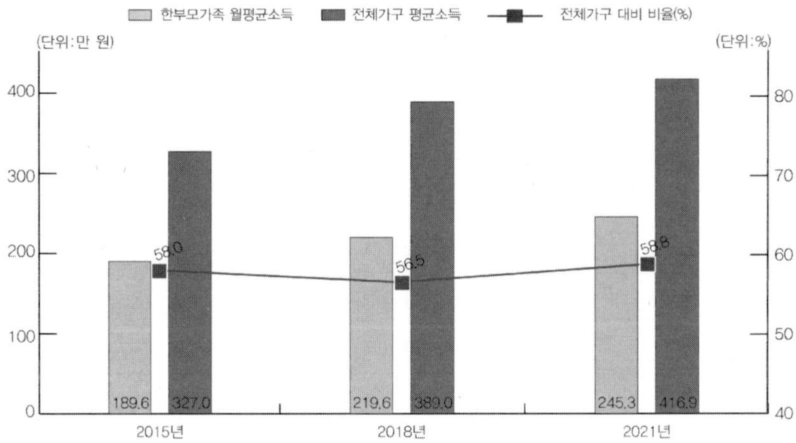

[그림 10-2] 평균 소득(가처분 소득)

* 한부모 월평균소득 : 세금, 사회보험료 등 제외한 가처분 소득
** 전체 가구 평균소득: 「2015, 2018, 2021년 가계금융·복지조사」의 전체 가구 평균 가처분소득

출처 : 한국여성정책연구원(2021). 2021년 한부모가족 실태조사 자료.

월평균소득은 <표 10-1>에서 보는 바와 같이 모자가구는 전체적으로 부자가구에 비해 소득수준이 낮았고, 다음으로 모자기타가구, 부자가구, 부자기타가구의 순서로 나타나 여성한부모가 더 소득이 낮은 것으로 나타나고 있었다.

〈표 10-1〉 한부모가구유형별 근로 · 사업 소득

(단위: %)

	100만 원 미만	100~200만 원	200~300만 원	300만 원 이상	평균(만 원)
모자	12.5	46.3	29.2	12.0	188.2
모자+기타	3.4	40.4	35.8	20.5	221.8
부자	3.9	18.6	40.6	36.9	264.5
부자+기타	2.9	16.5	33.6	47.0	296.3

출처 : 한국여성정책연구원(2021). 2021년 한부모가족 실태조사 자료.

한부모가구의 주소득원은 근로소득이라는 응답이 대다수(73.6%)로 조사되었다([그림 10-3] 참조).

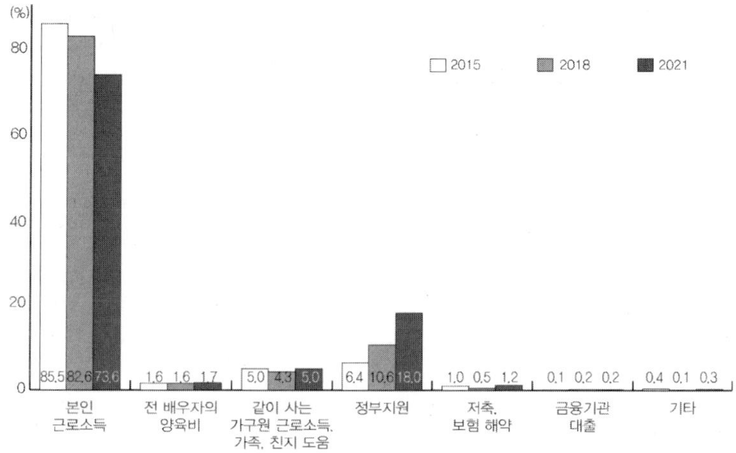

[그림 10-3] 한부모가구의 주 소득

출처 : 한국여성정책연구원(2021). 2021년 한부모가족 실태조사 자료.

한부모가구의 월평균지출은 총 185.3만 원 수준으로, 평균 총소득 245.3만 원의 약 75.5%를 지출하고 있는 것으로 조사되었고, 지출 중에서는 식료품비 지출액 비중이 가장 높고(70.2%), 자녀교육비(26.9%), 주거관리비(21.5%) 순이었다. '부담이 되는 지출항목' 또한 '식료품비'가 가장 높았고(74.0%), 자녀교육비(14.7%), 주거관리비(5.7%) 순으로 조사되었다([그림 10-4] 참조).

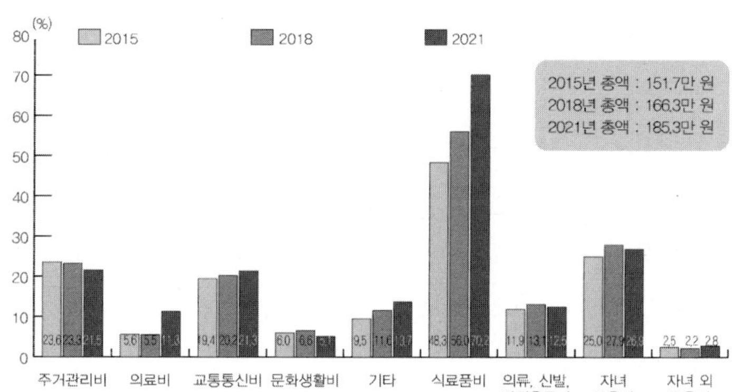

[그림 10-4] 한부모가구 월 평균 지출

출처 : 한국여성정책연구원(2021). 2021년 한부모가족 실태조사 자료.

경제활동부문에서 살펴보면 한부모의 77.7%는 취업 중이지만, 고용안정성이 낮고 근로·사업소득이 적은 워킹푸어(working poor)의 가능성도 높아 보인다.

취업한 한부모의 27.9%가 일평균 10시간 이상 근무로 장시간 근로와 충분하지 않은 휴일로 인해 일·가정 양립이 쉽지 않은 것으로 조사되었다([그림 10-5] 참조).

(단위: %, 2015년: n = 2,229, 2018년: n = 2,106, 2021년: n = 2,565)

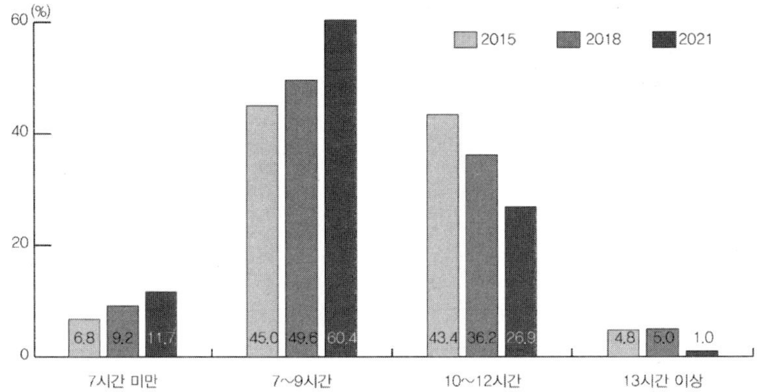

[그림 10-5] 취업 한부모의 실근로시간

출처 : 한국여성정책연구원(2021). 2021년 한부모가족 실태조사 자료.

특히 퇴근시간이 늦은 집단이 비교적 많아 취업한부모의 29.2%는 오후 7시 이후에 퇴근하였고, 오전 중에 퇴근하는 한부모는 1.3%였다. 주5일제 근무하는 한부모는 2018년보다 다소 증가하기는 하였으나 여전히 취업자의 44.4%에 불과하였고, 정해진 휴일이 없는 경우도 12.0%에 달하였다.

한부모들이 현재 직업을 구할 때 겪었던 어려움은 '수입이나 보수가 맞지 않아서(23.2%)', '나에게 맞는 일자리를 찾지 못해서(19.0%)'가 가장 많아, 원하는 일자리를 찾기 어려운 것으로 조사되었고, 나아가 '자녀를 돌봐줄 데가 없어서'라는 응답도 18.4% 수준이었다.

2015년 및 2018년 조사와 비교해 '자녀를 돌봐줄 데가 없어서'나 '취업정보가 부족하거나 잘 몰라서'라고 응답한 비중이 약간씩 증가하였다.

한부모가정의 주거 현황은 주택점유율은 '전세'가 23.6%, '자가' 20.7%, '공공임대' 17.7%, '보증부월세' 26.4%, '무상으로 가족·친지 집' 9.5% 순으로 자가 비율이 낮아 주거 안정성이 낮은 수준인 것으로 조사되었다.

2018년 조사결과와 비교했을 때 자가 비율은 다소 하락하고(24.1%→20.7%), 전세·보증부월세의 비율은 증가한 것으로 나타나 주거안정성은 다소 낮아진 것으로 나타났다.

아울러 소득·지출영역에서 살펴보았을 때 주거비 마련을 위해 빚을 진 비율이 상당히 증가하여 가계수지에는 부정적 영향을 미치고 있는 것으로 판단된다.

공공임대에 거주한다는 비율은 17.7%로 2018년에 비해서는 약간 감소하였으나 2015년 조사에 비해서는 높은 수준으로 조사되었다([그림 10-6] 참조).[2]

(단위: %, 2015년: n = 2,552, 2018년: n = 2,500, 2021년: n = 3,300)

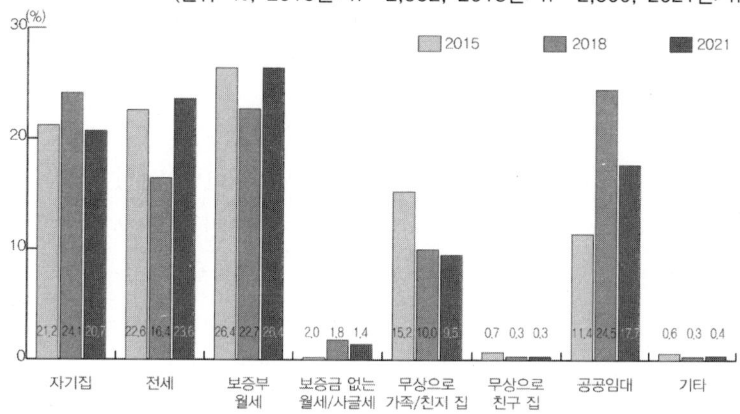

[그림 10-6] 거주형태

출처 : 한국여성정책연구원(2021). 2021년 한부모가족 실태조사 자료.

주거지의 주택형태는 '아파트(53.6%)', '연립주택/다세대 주택(30.7%),' '단독주택(15.0%)' 순으로 전체 가구와 비교할 때 '연립주택/다세대 주택'의 비율이 월등히 높았다.

2) ※(전체 가구): 자가 57.3%, 전세 15.5%, 보증금 있는 월세 21.0%, 보증금 없는 월세 1.9%, 그 외 4.3% (출처: '20년 인구총조사(주거실태, 20% 표본))

(단위: %, 2015년: n = 2,552, 2018년: n = 2,500, 2021년: n = 3,300)

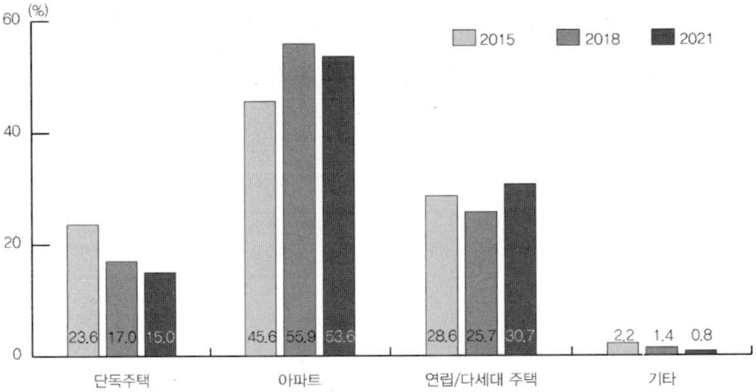

※ 「2020년 주거실태조사」 '아파트(51.1%)', '단독주택(31.0%)', '연립주택/다세대 주택(11.5%)'

[그림 10–7] 주거형태

출처 : 한국여성정책연구원(2021). 2021년 한부모가족 실태조사 자료.

공공임대주택, 주거비지원정책, 한부모가족복지시설 등 주거지원정책 인지도와 이용경험을 조사한 결과, 모든 정책에 대해 절반 이상의 한부모가 알고 있는 것으로 나타났으며, 지속적으로 인지도와 서비스 이용도가 개선되어 온 것으로 나타났다.

세 가지 정책 중에서 제도에 대한 인지도와 이용률이 가장 낮은 것이 한부모가족 복지시설이었으며, 세 정책 모두 2012년부터 전반적으로 제도에 대한 인지도와 서비스 이용도는 높아진 것으로 나타났다.

공공임대주택을 현재 이용하지 않는 이유는 '입주하고 싶지만 신청자격에서 불리하거나 탈락해서(23.3%)', '입주신청 절차가 어려워서(21.5%)', '직장/자녀 학교와 멀어서(16.1%)', '사람들의 인식이 좋지 않아서(11.9%)', '소득/자산 증가로 입주 자격을 상실해서(8.8%)' 순이었다.

3) 한부모가정의 자녀양육

한부모가족 미취학 자녀의 경우 어린이집 64.8%, 유치원 19.2% 등 시설보육 이용률이 84.0% 수준으로 매우 높았고. 한부모가 직접 돌봄 9.0%, 조부모 5.5% 등으로 조사되었다.

(단위: %, 2015년: n = 350, 2018년: n = 374, 2021년: n = 398)

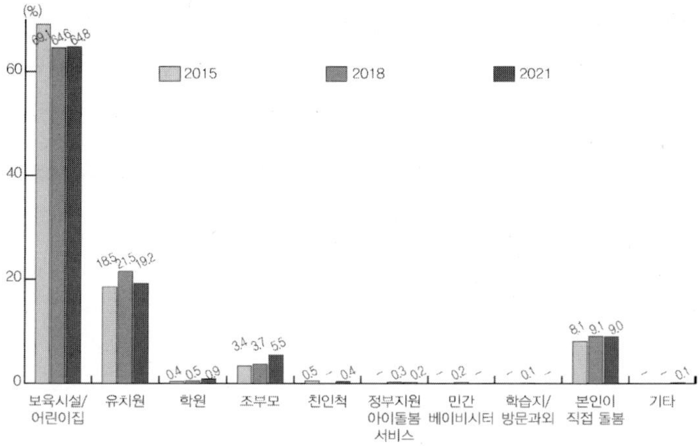

※ 영유아 돌봄유형「2015 한부모가족 실태조사」어린이집 69.1%, 유치원 18.5%, 한부모가 직접 돌봄 5.1%, 조부모 3.4%,「2018 한부모가족 실태조사」어린이집 64.6%, 유치원 21.5%, 한부모가 직접 돌봄 9.1%, 조부모 3.7%

[그림 10-8] 돌봄 유형 – 미취학자녀(1순위)

출처 : 한국여성정책연구원(2021). 2021년 한부모가족 실태조사 자료.

초등자녀의 경우에도 기관이용률이 비교적 높아 초등돌봄교실·방과후 교실, 지역아동센터를 이용하는 비율이 절반 이상을 차지하였다. 다만, 2018년에 비해 초등돌봄교실·방과후교실 이용률은 감소하고 본인이 직접 돌보는 비율은 크게 높아졌는데 이는 코로나19의 영향으로 판단된다.

(단위: %, 2015년: n = 918, 2018년: n = 979, 2021년: n = 1,116)

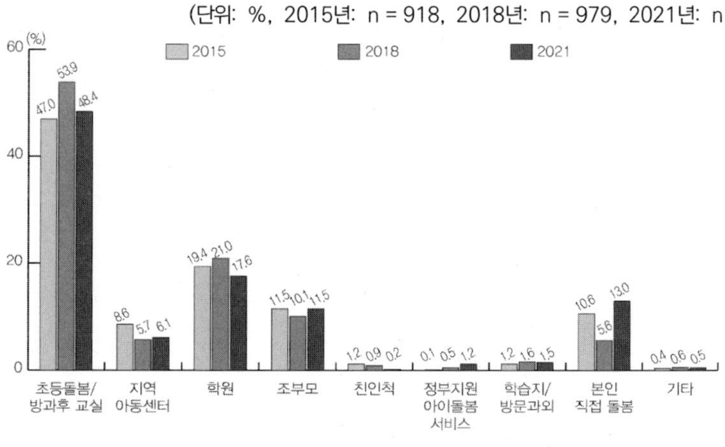

[그림 10-9] 돌봄 유형 – 초등학생(1순위)

출처 : 한국여성정책연구원(2021). 2021년 한부모가족 실태조사 자료.

한부모와 자녀가 함께하는 여가활동은 외식, 운동 및 나들이, 쇼핑 등이 많았고, 여행, 박물관 관람 등의 적극적 여가활동은 상대적으로 낮았다.

외식은 초등자녀 연 11.1회, 중등자녀 연 9.5회, 쇼핑은 초등자녀 연 4.3회, 중등자녀 연 3.3회, 영화·공연관람은 초등 1.0회, 중등 0.7회, 여행은 초등 1.1회, 중등 0.7회, 박물관 관람은 초등 0.7회, 중등 0.3회로 나타났다.

미취학 자녀를 둔 한부모의 9.4%, 초등학생과 중학생 이상 자녀를 둔 한부모의 각각 43.2%와 51.3%는 자녀가 평일 일과 후 돌봐주는 어른 없이 보내는 시간이 있어 돌봄 공백이 상당이 높았다.

한부모가구의 중·고등학생 자녀들이 평소 일과 후에 가장 많이 하는 활동은 'TV·라디오시청, 책 읽기(25.6%)', '게임·컴퓨터(23.2%)' 순으로, 자율적으로 보내는 시간이 많았으며, 상대적으로 '학원·과외(21.1%)' 비율은 일반 청소년[3]에 비해 낮은 편이었다.

전체 연령대에 걸쳐 한부모들의 가장 큰 어려움은 '양육비·교육비용 부담'으로, 미취학부터 중등 이상 자녀까지 모든 연령대에서 70% 이상의 한부모가 어려움을 겪고 있다고 응답하였다. 한편, 부자가족 중 미취학자녀를 양육하는 경우 '자녀 돌볼 시간의 부족'이라고 응답한 비율이 높았(82.3%)다.

초등자녀의 경우에도 한부모들이 경험하는 가장 큰 어려움은 '양육비, 교육비용의 부담(71.9%)'이 가장 많았고, 그다음으로 '자녀 진로지도 어려움(58.1%)', '양육 스트레스(51.5%)' 순이었다.

중등이상 자녀의 경우에도 '양육비, 교육비용의 부담(77.7%)'이 가장 높았고, 그다음으로 '자녀 진로지도의 어려움(67.0%)', '자녀의 학업성적(59.2%)' 순으로 자녀 연령별 양육 어려움에 약간의 차이가 있었다.

4) 생활세계 및 사회적 지지망

한부모들의 과반수가 집안일, 돈이 필요할 때, 본인과 아이가 아플 때, 생활과 관련한 도움이 필요할 때 등 일상생활에서 부모 및 친인척의 도움을 얻고 있었으나, 도움을 구하지 못하는 비율도 적지 않아 사회적 지지망이 취약

3) 「2017 청소년종합실태조사」 결과 청소년(저녁식사 전, 중학생 이상)의 방과 후 주요활동 1순위 '학원/과외(27.6%)'이며 'TV·라디오시청, 책 읽기' 16.8%, '게임·컴퓨터(14.5%)'

한 것으로 나타났다.

집안일에서는 23.8%, 돈이 필요할 때는 16.7%, 본인이 아플 때는 10.7%, 아이가 아플 때 9.2%, 생활 관련해서는 8.0%가 도움을 구할 곳이 '없다'고 응답하였다.

한부모가 된 후 달라진 점으로는 '부와 모의 역할 혼자서 감당', '집안일 부담 증가', '미래에 대한 부담 증가', '경제적 어려움' 등 돌봄과 가사로 인한 역할 과중과 경제적 부담 등 생활에서의 어려움이 여전히 큰 것으로 나타났다.

한부모 성별로는 '집안일 부담 증가'의 경우 부자가족이 어려움을 상대적으로 크게 느낀 반면 나머지 영역 대부분은 모자(+기타) 가구의 어려움이 더 크게 나타났다.

한부모 및 자녀는 동네나 이웃 주민, 학교나 보육시설, 직장·일터, 공공기관, 가족 및 친척 등으로부터 차별을 받거나 심하게 받은 경우가 10~20% 수준으로 나타나 차별을 경험한 비율이 낮지 않았다. 한부모 자녀는 동네·이웃 주민(19.3%), 학교·보육시설(17.4%), 가족·친척(14.2%) 순으로 차별경험이 높은 것으로 집계되었다. 동네나 이웃 주민에게는 한부모임을 밝히지 않는 비율도 자녀는 12.6%로 나타났다.

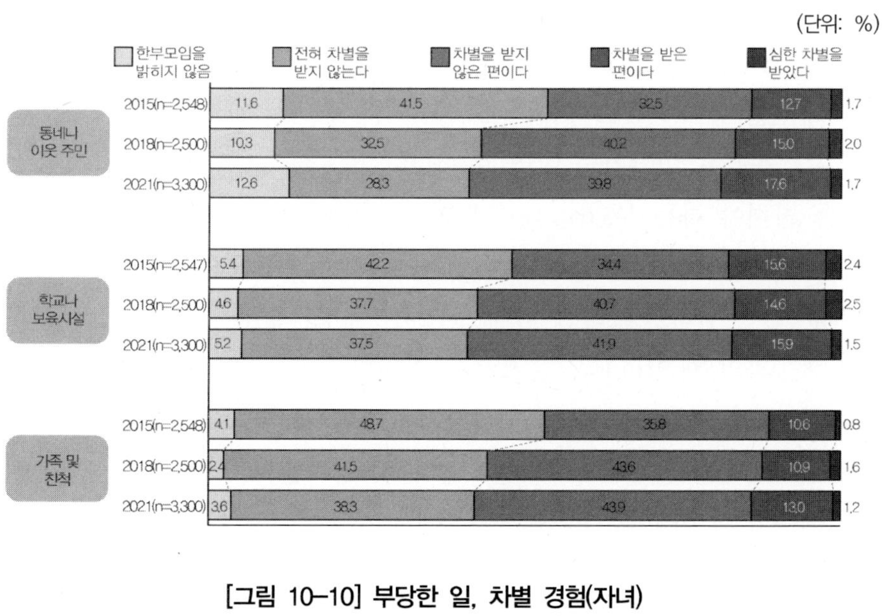

[그림 10-10] 부당한 일, 차별 경험(자녀)

출처 : 한국여성정책연구원(2021). 2021년 한부모가족 실태조사 자료.

5) 정부정책

전체 한부모가족의 54.4%가 기초생활보장 또는 저소득한부모로 정부지원을 54.4%, 받고 있었다. 지난 조사결과들과 비교할 때 지원가구 비율은 지속적으로 증가해왔다.

정부지원을 받지 않음이 45.6%로 「2015 한부모가족 실태조사」 58.5%, 「2018 한부모가족 실태조사」 54.0%보다 줄고 있었다.

정부지원 중 생계급여를 받은 한부모가구는 14.9% 수준으로 '18년 조사(10.4%)에 비해 약간 높은 수준이다.

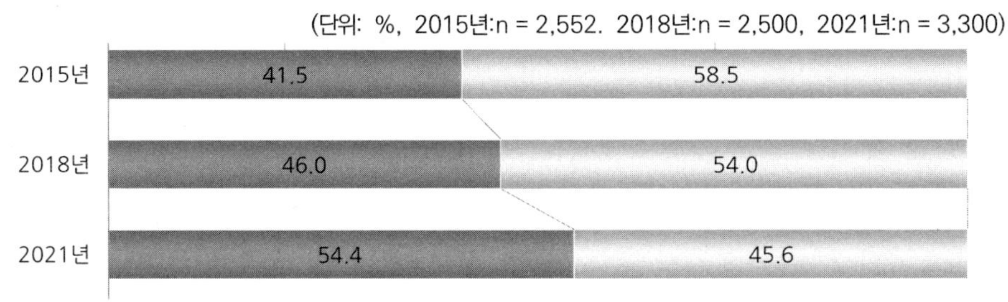

[그림 10-11] 정부지원

출처 : 한국여성정책연구원(2021). 2021년 한부모가족 실태조사 자료.

한부모가족 서비스 이용 시 불편한 점에 대해서 조사한 결과 '서비스에 대한 구체적인 정보를 찾기 어렵다(26.4%)', '내야 하는 행정 서류가 너무 많음(25.7%)', '똑같은 이야기를 여러 번 해야 함(24.4%)', '공개된 공간에서 개인정보를 밝혀야 하는 부담(14.4%)' 등의 순이었다.

한부모들이 관련 지원 사업에 대한 정보를 주로 습득하는 곳은 '구청·주민센터(43.4%)', '인터넷·온라인 카페(21.9%)', '여성가족부 홈페이지(10.5%)', '주변 사람들과의 대화(10.1%)' 순으로 나타났다.

특히 '구청/주민센터', '건강가정지원센터/한부모가족지원센터'와 같은 공식적 전달체계는 한부모가족지원사업 관련 정보를 제공하는 데 가장 큰 역할을 했을 뿐만 아니라 그 영향력도 커져 왔다. '여성가족부 홈페이지'를 꼽은 이들의 비율도 꾸준히 증가해 왔다. 반면 '주변 사람들과의 대화'와 같은 비공식적 통로는 정보 습득 경로로서의 영향력이 감소하였다.

(단위: %, 2015년: n = 2,502, 2018년: n = 2,500, 2021년: n = 3,300)

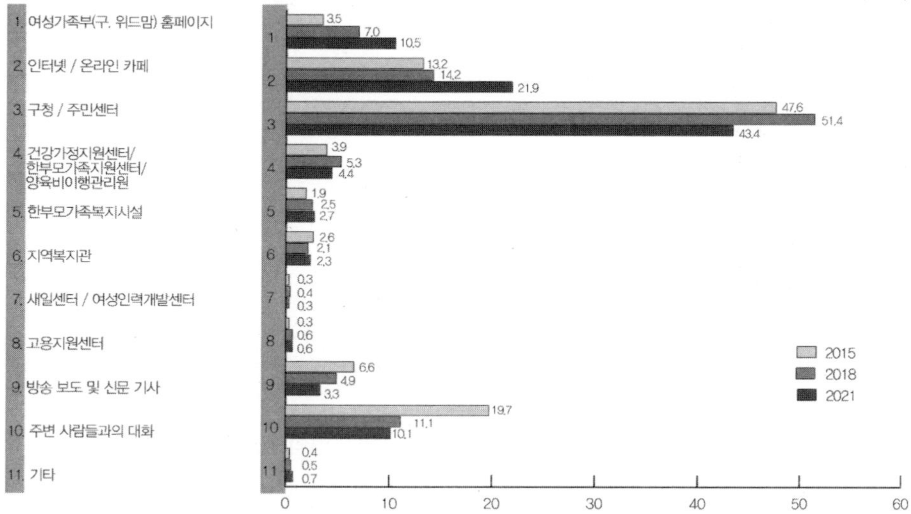

[그림 10-12] 한부모가족지원사업 정보 획득 경로

출처 : 한국여성정책연구원(2021). 2021년 한부모가족 실태조사 자료.

현재 한부모들에게 가장 필요한 지원에 대한 1순위 응답에서는 '생계비·양육비 등 현금지원(60.0%)'이 압도적인 가운데, '시설·임대주택 등 주거지원(13.6%)', '아이돌봄 관련 지원(6.9%)', '아이와 부모 건강을 위한 의료지원(6.8%)', '사회적 인식·차별 개선(3.5%)', '직업훈련·학업지원(3.6%)' 순으로 나타났다.

필요한 지원 2순위는 '시설·임대주택 등 주거지원(29.2%)', '건강지원(19.1%)', '아이돌봄 관련 서비스 지원(10.7%)', '생계비·양육비 등 현금지원(15.9%)', '직업훈련·학업지원(8.6%)' 순으로 나타났다.

(단위: %, 2015년: n = 2,543, 2018년: n = 2,500, 2021년: n = 3,300)

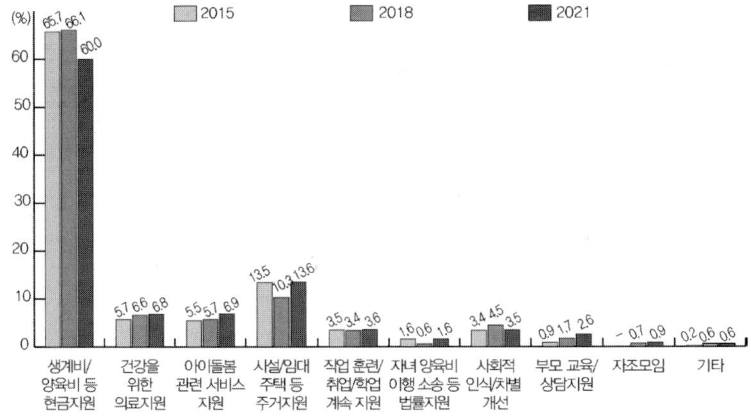

[그림 10-13] 필요하다고 느끼는 지원(1순위)

출처 : 한국여성정책연구원(2021). 2021년 한부모가족 실태조사 자료.

6) 전 배우자와의 관계 및 양육비

이혼 한부모의 대부분은 협의이혼 94.6%를 했고, 대다수가 친권과 양육권을 소유했지만 소유하지 못한 경우도 존재하고 있다.

친권과 양육권을 소유한 경우는 각각 98.2%, 96.6%이며, 부자가구보다 모자가구가 양육권 또는 친권을 갖지 못한 비율이 높았다.

양육비 법적 조치 활용 여부의 경우 이혼 또는 미혼 한부모 중 자녀양육비 청구소송 경험이 있는 경우는 9.5%, 양육비 이행확보절차를 이용해 본 경험이 있는 경우는 10.5%로 법적 대응 경험 비율은 여전히 낮은 수준이나 조금씩 증가하는 양상을 보이고 있다.

(단위: %, 2015년: n = 2,043, 2018년: n = 2,039, 2021년: n = 2,848)

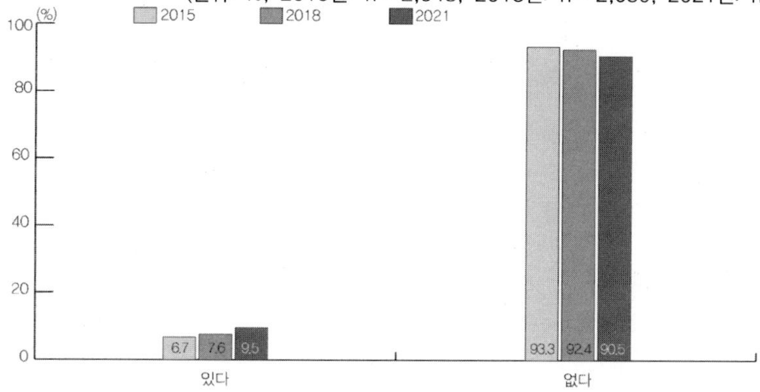

[그림 10-14] 자녀양육비 청구소송 경험(%)

출처 : 한국여성정책연구원(2021). 2021년 한부모가족 실태조사 자료.

(단위: %, 2015년: n = 1,709, 2018년: n = 1,772, 2021년: n = 2,449)

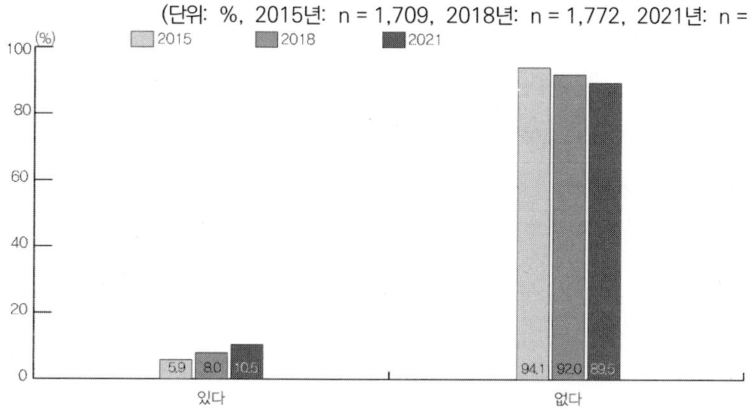

[그림 10-15] 양육비 이행확보절차 이용여부

출처 : 한국여성정책연구원(2021). 2021년 한부모가족 실태조사 자료.

양육비 법적 채권 소유 여부에 대한 조사결과 최근 1년간 법적으로 결정된 자녀 양육비 지급 채권이 있는지 살펴본 결과 법적 양육비 채권이 없는 경우가 전체 이혼·미혼 한부모의 78.7%, 정기지급과 일시지급 중 한 가지 이상의 채권이 있는 경우가 21.3%로 나타났다. 법적 양육비 채권은 정기지급이 19.9%, 일시지급이 1.1%, 두 가지 모두 있는 경우가 0.3%였다. 2018년 조사결과와 비교할 때 양육비 채권이 있는 비율이 다소 감소하였다.

(단위: %, 2015년: n = 2,043, 2018년: n = 2,039, 2021년: n = 2,848)

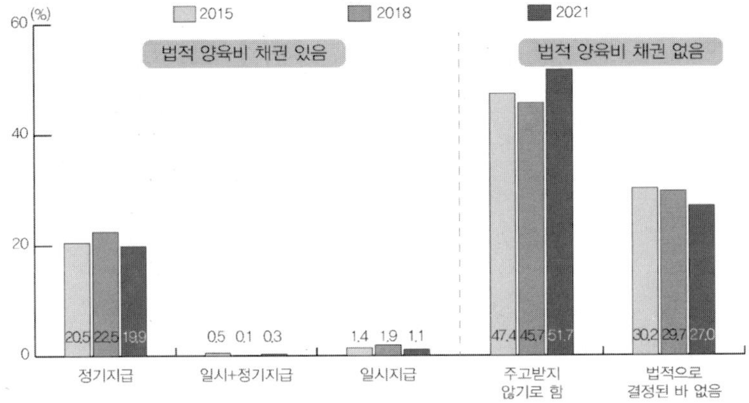

[그림 10-16] 법적 양육비 채권 여부 및 양육비를 지급받기로 한 형태

출처 : 한국여성정책연구원(2021). 2021년 한부모가족 실태조사 자료.

양육비 실제 수령에 대한 조사의 결과 전체 미혼·이혼 한부모 중에서 양육비를 한 번도 받은 적 없다는 비율이 72.1%로 가장 높았고, 과거에는 받았으나 최근에는 받지 못했다는 비율은 8.6%였다. 2018년도 조사와 비교할 때, 한 번도 받은 적 없다는 비율은 여전히 가장 높았으나 1.0%포인트 감소하였고, 최근까지 정기지급 받았다는 비율은 2015년 조사(5.6%)와 비교해 큰 폭으로 상승한 2018년 조사(15.2%) 수준을 유지하고 있어 정책개선의 효과가 이어진 것으로 기대된다.

(단위: %, 2018년: n = 2,039, 2021년: n = 2,848)

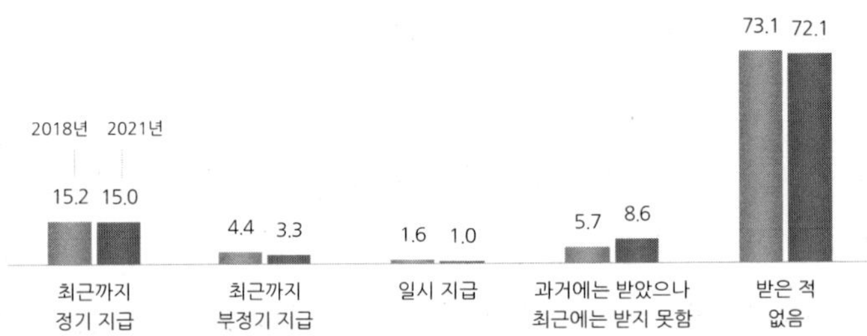

주: 이혼·미혼 한부모 대비 최근 1년간 받은 비율

[그림 10-17] 양육비를 실제로 지급받은 형태

출처 : 한국여성정책연구원(2021). 2021년 한부모가족 실태조사 자료.

양육비 이행 제도 도입에 대한 조사 결과에서 양육비 이행확보를 위해 시급한 제도는 '양육비 긴급 지원 확대(44.4%)', '미이행자 처벌 강화(31.5%)', '양육비이행관리원의 역할 강화(23.6%)' 순으로 '미이행자 처벌 강화'가 시급하다고 응답한 비율이 2015년 23.4%, 2018년 29.9%, 2021년 31.5%로 증가하였다.

(단위: %, 2015년: n = 1,988, 2018년: n = 2,039, 2021년: n = 2,848)

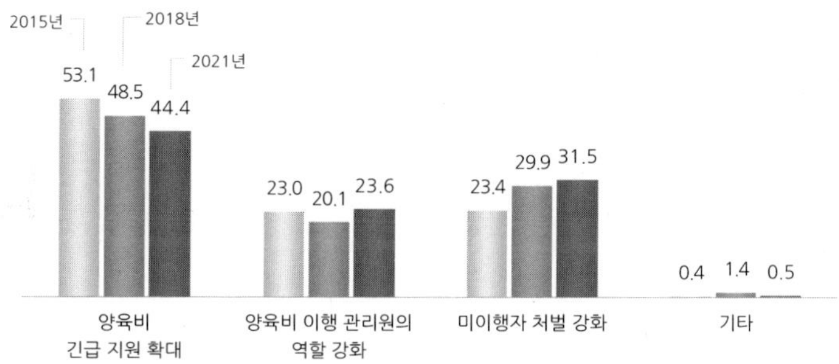

[그림 10-18] 자녀양육비 이행확보를 위한 제도 도입

출처 : 한국여성정책연구원(2021). 2021년 한부모가족 실태조사 자료.

양육비이행관리원에 대해 47.0%가 알고 있다고 답해, 2015년 28.0%, 2018년 44.9%에 비해 인지도가 점차 높아진다.

인지도에 비해 서비스 이용의사(16.9%)는 상대적으로 낮게 나타났는데, 주된 이유는 '비양육부모와 얽히는 것이 싫어서(40.8%)', '비양육부모가 양육비를 낼 형편이 되지 않기 때문에(22.1%)', '양육비를 이미 충분히 받고 있어서(10.3%)', '서비스를 받아도 양육비를 받는 게 어려울 것 같아서(9.7%)'로, 비양육부모와 관계 문제나 현실적으로 양육비를 받기 어려운 상황에 따른 것으로 나타났다.

(단위: %, 2015년: n = 2,043, 2018년: n = 2,039, 2021년: n = 2,848)

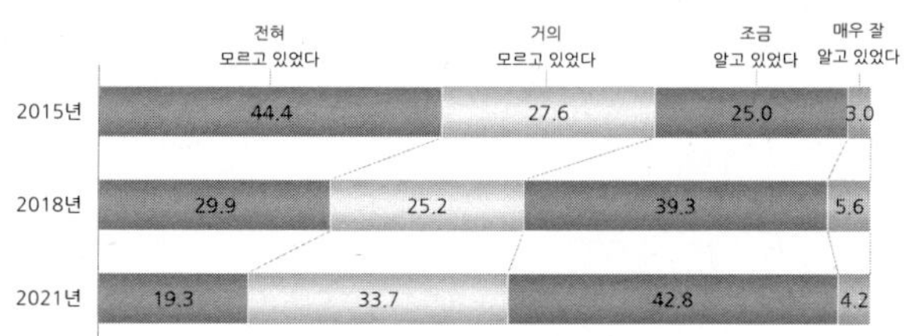

[그림 10-19] 양육비이행관리원 인지도

출처 : 한국여성정책연구원(2021). 2021년 한부모가족 실태조사 자료.

(단위: %, 2015년: n = 1,646, 2018년: n = 1,693, 2021년: n = 2,367)

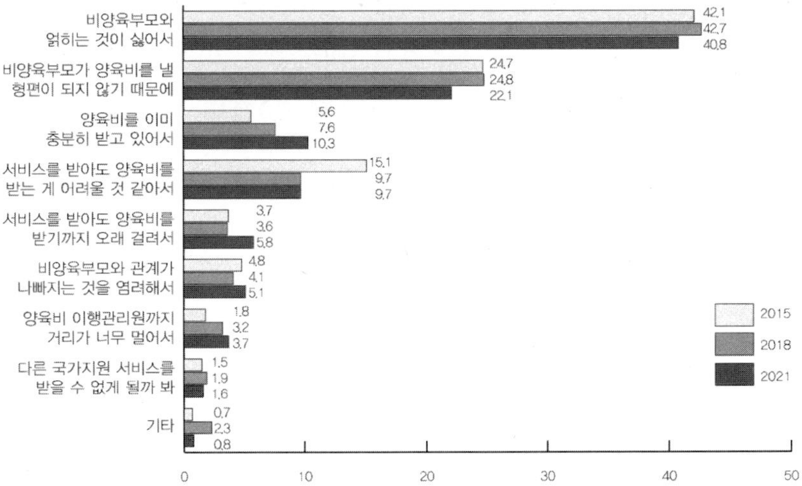

[그림 10-20] 양육비이행관리원 서비스를 이용하지 않으려는 이유

출처 : 한국여성정책연구원(2021). 2021년 한부모가족 실태조사 자료.

비양육부모와 자녀 또는 한부모의 교류 정도를 보면 연락하지 않는 비율이 자녀는 57.5%, 한부모는 65.6%로 전혀 연락하지 않는 비율이 절반을 넘었고, 반면 정기적으로 만나는 비율은 자녀는 10.2%, 한부모는 2.6%에 그쳤다.

자녀의 교류가 없는 비율 중 '소재 파악이 되지 않아 전혀 연락이 닿지 않는' 경우 26.4%, '연락을 원하지 않아서 연락하지 않는' 경우가 31.1%이었다.

한부모와 전 배우자와의 교류 정도는 '연락을 원하지 않아서 연락하지 않는' 경우가 37.8%, '소재 파악이 되지 않아 전혀 연락이 닿지 않는' 경우가 27.8%로, 한부모는 한부모 본인이 교류를 원하지 않아 연락하지 않는 비율이 더 높았다.

(단위: %, 2015년: n = 2,038, 2018년: n = 2,039, 2021년: n = 2,848)

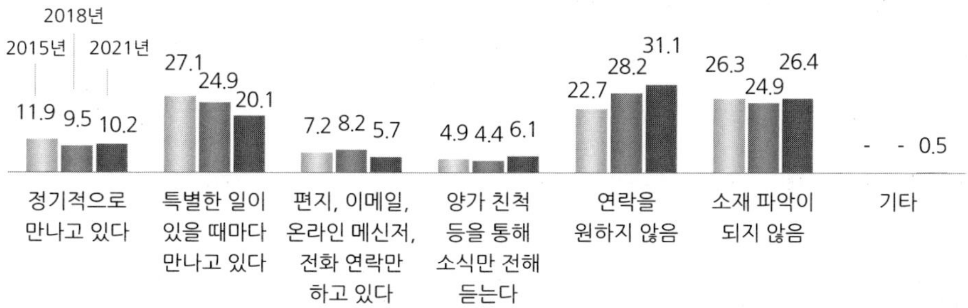

[그림 10-21] 자녀와 비양육부모와의 교류 정도

출처 : 한국여성정책연구원(2021). 2021년 한부모가족 실태조사 자료.

(단위: %, 2015년: n = 2,039, 2018년: n = 2,039, 2021년: n = 2,848)

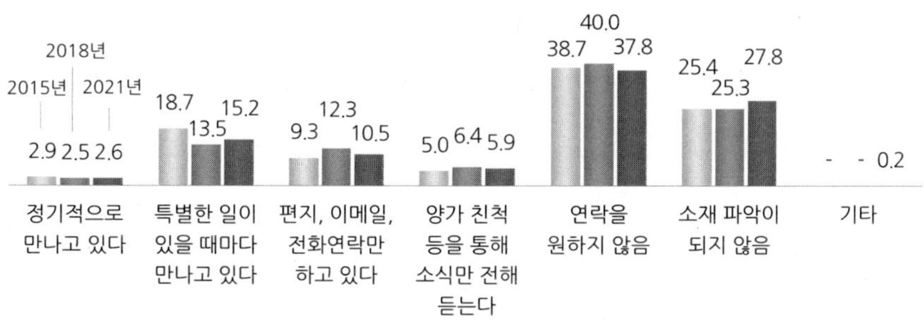

[그림 10-22] 한부모와 비양육부모와의 교류 정도

출처 : 한국여성정책연구원(2021). 2021년 한부모가족 실태조사 자료.

3. 한부모가족 아동을 위한 복지정책 방향 (공계순 외, 2013; 이소희, 2019)

1) 한부모가족 아동에 대한 복지 수준 제고 및 복지 대상 확대

한부모가정의 자녀양육 및 교육비 지원 현실화 및 대상아동의 확대가 필요하다.

특히 한부모가정의 경제적 자립능력 강화를 위해 국민기초생활보장수급자 결정시보다 유연한 기준을 적용할 필요가 있으며, 여성이 생계책임을 지는 경우 소득보장이 더욱 강화되어야 한다.

2) 한부모 및 자녀에 대한 사회적 인식개선을 위한 노력

한부모가정을 결손가정으로 보는 학교나 이웃, 지역사회 등의 인식이 크게 개선되어야만 아동의 적응이 원활해질 수 있으리라 본다. 따라서 이에 대한 교육·홍보 등 적극적인 인식전환 노력이 필요하다.

3) 전문가를 대상으로 한 교육실천

한부모가정의 아동들이 가정을 떠나 개별적으로 보호를 받을 수 있는 공간은 바로 교육기관이다. 그러므로 각급 학교의 교사는 한부모가정의 아동을 잘 이해함으로써 적응과 성장을 도울 수 있는 매우 중요한 역할을 담당하는 전문가이다. 이러한 관점에서 교사를 대상으로 교육프로그램이 개발·실시되고 있으며, 주요 교육주제는 반편견교육, 정서적 지지교육, 학습지원교육 등이다. 이러한 교육프로그램에서 공통적으로 다루어지는 내용은 한부모가족에 대한 인식 제고, 한부모가족의 배경, 한부모가족의 아동들의 발달특성이다.

4) 한부모가정 문제해결을 위한 관련 법·제도의 정비

법·제도의 정비에는 호주제 폐지 및 주민등록제도 개선, 국민기초생활보장제도 보완(국민기초생활보장법 내에 한부모가정 지원근거 마련), 아동복지제도 개선, 자녀양육비 청구, 의료보험제도 보완 등이 포함된다.

5) 한부모가정을 통합적으로 지원해 주는 가족정책의 실현

현재 각 기관 및 시설에서 제공되고 있는 프로그램 및 서비스는 크게 부모와 자녀 등 대상자 중심으로 구분되고 있다. 그러나 특히 아동의 경우 가족의 유기체적 기능에 영향을 받고 있고, 장기적인 관점에서 잠재력 개발이 보다 중요하다는 점에서 복합적이고 통합적으로 지원해 줄 수 있는 가족정책 서비스와 프로그램의 제공이 필요하다.

6) 한부모가정 지원을 위한 가족정책 전달체계 활성화

정부 각 부처 소관분야별 한부모가정 정책에 관한 함의 및 조정기능을 강화하고 공공과 민간의 상호연계시스템을 구축할 필요가 있다. 특히, 여성가족부와 보건복지부의 연계 프로그램이 더욱 확대되어야 하고 민간의 아동지원 프로그램도 더욱 강화되어야 한다. 특히 가족 구성원들의 건강, 직장 및 학교적응문제, 질병 등 위기를 극복할 수 있도록 체계적이고 종합적인 가족복지상담 및 치료서비스에 대한 지원체계를 강화해야 한다.

7) 한부모가정 아동의 적응을 위한 다양한 복지 프로그램 개발

한부모가정의 부모자녀관계 교육프로그램 개발, 주간 보호, 단기보호 및 방과후 지도시설 확충, 자녀 학업지도 확대 및 다양한 특기적성, 취미교실 프로그램 마련, 자녀의 건강한 성장을 위한 신체적·정서적 대한 마련 등이 재검토되어야 한다.

또한 아동의 정서적·심리적 안정을 위한 다양한 교육이 이루어져야 하고 아동의 연령에 따라 생애주기별 프로그램이 특성화되어야 한다. 저학년 아동의 경우에는 취업에 따른 모의 부재가 주는 영향을 최소화시켜야 하고, 고학년 아동의 경우 자기조절능력, 독립성 고취 등을 모색하는 프로그램이 필요하다.

생각해봅시다

1 한부모가정아동에 대한 관련 기사를 조사하고, 이를 해결하기 위한 지원방안에 대해 토론해 봅시다.

CHAPTER

11

조손가정아동

1. 조손가정아동의 개념 및 현황

1) 조손가정아동의 개념

조손가족이란 조부모가 18세 이하의 손자녀와 동거하면서 손자녀의 발달적 욕구충족과 양육에 일차적 책임을 가진 가족을 의미한다. 조손가족은 이미 신체적·경제적으로 소진되어 부양을 받아야 할 조부모와 부모로부터 양육을 받지 못하는 손자녀로 이루어진 가족형태로 부양의 문제와 위기가정 아동양육문제가 복합적으로 나타나기 때문에 다른 가족 아동보다 성장발달의 어려움이 더 많다고 볼 수 있다. 일반적으로 조부모들은 그들의 성인자녀들이 어려운 일을 경험하거나 예기치 못한 사건에 직면했을 때 조용한 구원자, 이차적 방어선 등으로 표현되며 자녀들의 가족을 위한 안전망 혹은 충격완화장치 역할을 담당하였다.

조부모들은 손자녀들이 부모와의 분리로 인한 불안감을 최소화하고 가족 정체성을 유지할 수 있도록 돕는 긍정적인 측면이 있다. 조손가족 증가와 함께 2007년 조손가족을 한부모가족지원법의 보호지원대상으로 포함하여 지원할 수 있는 법적 근거를 마련하였지만 한부모가족의 경우 자립 의지와 능력을 함양하는 것을 목표로 하는 정책수행이 가능하나, 조손가족의 경우 주된 양육자인 조부모는 이미 노동능력을 상실하였고 자립능력의 가능성을 기대할 수 없는 노약자라는 점에서 조손가족지원은 보호를 전제로 한, 지원이 우선시되어야 한다는 것이다(여성가족부, 2007). 즉, 조손가족을 위한 지원은 조부모와 손자녀의 특성을 반영하고 조손가족아동이 보다 더 안정적이고 건강한 가족기능을 토대로 성장 발달할 수 있는 정책과 지원서비스가 요구되고 있는 것이다(송정애, 2022).

2) 조손가정 아동의 현황[1)]

2018년 기준 조부모와 미혼 손자녀로 구성된 총 가구 수는 11만3,297가구

1) 박화욱·김민정·임정원·연윤영(2020). 조손가족 실태조사 연구보고서. 세이브더칠드런·강남대학교.

이며, 총 가구원 수는 29만 8,038명으로 보고되고 있다. 이중 조부모와 18세 미만 손자녀로 구성된 총 가구 수는 52,951가구이며, 총 가구원 수는 151,588명인 것으로 나타났다(허민숙, 2020). 특히, 조부·조모와 함께 거주하는 18세 미만 손자녀 가구 수는 28,997가구이며, 조부 또는 조모와 거주하는 가구 수는 23,954가구인 것으로 나타나 조부모와 함께 거주하는 경우가 조부 또는 조모와 함께 거주하는 경우보다 약간 많은 것으로 나타났다.

〈표 11-1〉 조손가족 구성현황

(단위: 년, 가구, 명)

구분	계		조부모 + 미성년손자녀		조부 또는 조모 + 미성년손자녀	
	가구	가구원	가구	가구원	가구	가구원
2015	52,131	148,907	27,777	91,570	24,354	57,337
2016	51,155	145,317	27,662	91,104	23,493	55,213
2017	53,297	152,480	29,080	98,803	24,217	56,677
2018	52,951	151,588	28,997	95,739	23,954	55,849

※ 주: 인구총조사 2018년 11월 1일 기준

※ 자료: 통계청, 국회입법조사처 제출자료(2020.2.21.) (허민숙, 2020)

조손가족 중 손자녀의 연령을 살펴보면, 5~9세가 18,076명으로 가장 많고, 10~14세가 15,715명, 0~4세가 14,216명, 15~17세가 11,176명의 순인 것으로 나타났다.

〈표 11-2〉 조손가족 연령별 손자녀 현황

(단위: 년, 가구, 명)

구분	전체	0~4세	5~9세	10~14세	15~17세
2015	64,965	16,225	14,723	19,021	14,996
2016	60,297	14,672	15,392	16,748	13,485
2017	60,700	14,543	17,258	16,189	12,710
2018	59,183	14,216	18,076	15,715	11,176

※ 주: 인구총조사 2018년 11월 1일 기준

※ 자료: 통계청, 국회입법조사처 제출자료(2020.2.21.) (허민숙, 2020)

(1) 조부모에 대한 조사 현황

손자녀를 양육하면서, 손자녀의 부모와 연락을 하고 있는지 조사한 결과, [그림 11-1]에서 보는 바와 같이, 완전 단절이 39.4%(137명), 1년에 1~회 정도 연락하며 거의 접촉하지 않는 경우가 26.1%(91명)로 나타났다. 또한 손자녀 부모와 양육책임 분담 정도는 조부모(본인)가 전적으로 책임진다는 응답이 71.1%(150명)로 조사되어, 조손가구 3가구 가운데 2개 이상의 가구에서 조부모가 전적으로 손자녀 양육을 담당하는 것을 알 수 있었다.

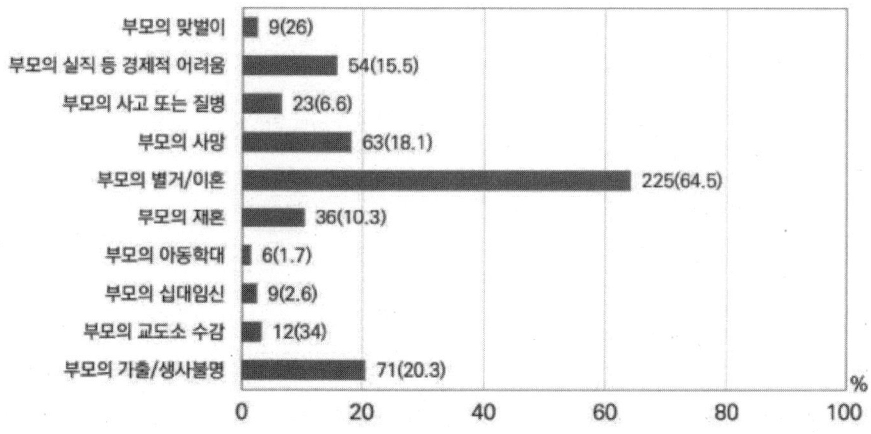

[그림 11-1] 손자녀 양육 사유(중복응답)

출처 : 박화옥 외(2021). 조손가족실태조사연구보고서. 세이브더칠드런·강남대학교. p.72.

조부모가 손자녀를 양육하며 가장 어렵다고 생각되는 3가지 상황을 1순위부터 3순위까지 질문한 결과 손자녀 양육이 어려운 1순위 상황으로는 교육비 부족이 41.8%, 손자녀의 학습 지도 13.8%로 나타나 과반 이상인 55.6%를 차지하였다. 2순위로 가장 높게 응답된 것은 손자녀의 학습지도와 나의 체력의 한계였으며, 22.2%로 동일한 수준으로 조사되었다. 결과적으로 조부모들은 손자녀를 양육하면서, 경제적 어려움으로 인한 교육비 부족, 고령으로 인한 학습지도의 어려움과 체력적 한계를 느끼며 힘들어하는 것을 알 수 있었다.

조부모가 손자녀를 책임지고 양육하면서, 가족, 친구 또는 가까운 지인의 도움을 얼마나 받고 있다고 지각하고 있는지 알아보았다. 가족, 친구 또는 가까운 지인이 진심으로 나를 돕는다고 노력하는지, 생활의 문제나 고민, 감정을 함께 공유하며 의논하는지 질문하였는데, 그 결과 1점(전혀 그렇지 않다)부터 4점(매우 그렇다)으로 측정된 척도에서 평균 2.66점으로 나타났다. 사회적 지지의 대상별로 살펴보면, 가족으로부터의 지지를 상대적으로 더 많이 지각하고 있었고, 친구 또는 가까운 지인으로부터의 지지는 상대적으로 낮았다. 특히 도움이 필요할 때 주변에서 도움을 줄 사람이 없다(전혀 없다 + 없다)라고 응답한 조부모가 46.4%로 조사되어 약 2명 중 1명의 조부모는 가까운 곳에 도움을 요청할 곳이 없다고 느끼고 있는 것을 알 수 있었다. 또한 친구관계에도 의지하기 어렵다고 느끼고 있는 것으로 분석되었는데, 친구들이 진심으로 나를 도우려고 한다거나 어려움에 처했을 때 의지할 친구가 있다고 생각하는지에 대해서 40% 이상의 조부모가 '전혀 그렇지 않다' 또는 '그렇지 않다'라고 응답하였다.

대리양육위탁가정 서비스 이용 여부에 대한 조사결과, 조손가족이 대리양육위탁가정으로 등록한 경우는 43.1%로 절반에 미치지 못하였다. 대리양육위탁가정으로 등록하지 않았다는 가정은 33.3%로 3가구 가운데 1가구는 대리양육위탁가정에 대한 정부지원을 받지 않고 있었다. 서비스를 받고 있는지 또는 이 서비스가 무엇인지 '모르겠다'라고 응답한 경우도 23.6%로 나타나, 약 4명 중 1명은 대리양육위탁가정에 대해 인지하지 못하는 것으로 조사되었다.

여가생활 및 필요한 정보 습득 경로는 시·군·구 관내에 있는 사회복지기관

/주민센터에서 얻는 경우가 가장 많았는데, 34.3%로 나타났다. 노인(종합)복지관/센터도 다수의 조부모가 이용하는 서비스 기관이었는데, 32.0%의 조부모가 복지관이나 복지센터를 통해 정보를 얻는다고 응답하였다.

각 서비스에 대한 이용경험은 없지만, 관련 서비스가 필요하다고 응답한 결과를 보면, 교육비(83.2%) 지원에 대한 욕구가 가장 높았으며, 생계비 지원(80.8%), 건강보험/의료급여(72.8%), 기초연금(72.7%), 조부모님 의료비(72.5%), 양육수당(68.5%), 학습지원 프로그램(66.8%), 그리고 후원 및 결연서비스(64.3%)에 대한 욕구가 60% 이상으로 높게 나타났다.

(2) 조손가정 아동에 대한 현황

조사대상[2)] 손자녀의 주요 인구사회학적 특성에서, 성별은 남학생이 54.5%, 여학생이 45.5%로 남학생의 응답 비율이 상대적으로 더 많았다. 학교급별 분포는 초등학교 88명(25.4%), 중학교 153명(44.1%), 그리고 고등학교 103명(29.7%)으로 나타났으며, 검정고시를 준비 중인 경우도 3명(0.9%)이 포함되었다. 지각된 경제수준은 보통이라고 응답한 손자녀가 146명(42.4%)으로 가장 많았다. 매우 못사는 편, 못 사는 편, 또는 약간 못 사는 편이라고 응답한 손자녀는 약 46.5%(160명)로 나타나, 절반에 가까운 손자녀가 못 사는 편이라고 하였다. 반면, 잘 사는 편이라고 응답한 손자녀는 38명(11.1%)으로 많지 않았다.

조손가정 아동의 삶의 만족도와 건강에 대한 만족도에 대한 응답 빈도(%) 및 평균(표준편차)을 보여준다. 삶의 만족도는 1점(전혀 그렇지 않다)부터 4점(항상 그렇다)의 4점 척도로 측정되었는데, 평균은 3.10점으로 나타나 높은 편이었다. 특히 사는 게 즐겁다는 문항에 항상 그렇다(37.9%) 또는 그런 편이다(54.3%)라고 응답한 손자녀가 92.2%로 대다수의 손자녀는 삶을 즐겁게 생각하고 있었다.

손자녀 가운데 현재 병원에서 계속 치료받아야 할 질병이 있다고 응답한 경우는 15.1%(52명) 이었으며, 이들의 질병으로 가장 높은 비중을 차지한 것

2) 손자녀 설문에는 347명의 아동과 청소년이 참여하였으며, 초등학교 4~5학년 45명(13.0%)이 아동용 설문지에 응답하였고, 6학년부터 고등학교, 검정고시 준비 중인 손자녀 302명(87.1%)은 청소년용 설문지에 응답하였다.

은 아토피피부염(47.1%) 이었다. 정신장애(ADHD, 우울, 공황장애, 조현병 등)가 있다고 응답한 손자녀는 질병이 있는 52명 가운데 15.4%(8명)로 조사되었다.

손자녀들이 규칙적으로 식사를 하고 있는지 알아보았는데, 37.5%가 규칙적으로 식사하지 않는다고 하였고, 그 이유로 가장 높은 비중을 차지한 것은 '먹기 싫거나 귀찮아서'로 52.3%가 응답하였다. 바쁘고 시간이 없어서(20%), 늦잠을 자서(10%)라는 응답도 다수 나타났는데, 손자녀 식성에 맞는 반찬과 음식을 제공하는 서비스도 필요하지만, 이들이 규칙적으로 생활을 관리할 수 있도록 하여야 시간에 맞추어 식사가 가능하다는 것을 확인할 수 있었다.

손자녀(초6~고3) 가운데 아르바이트 경험이 있는 경우는 19명(6.4%)으로 많지 않았다. 이들에게 일주일에 몇 시간 정도 아르바이트를 했는지 질문한 결과, 10시간 미만이 42.1%, 10시간~19시간 21.1%이었고, 20시간 이상을 일했다고 한, 손자녀는 36.8%로 조사되었다. 일주일 평균 근로시간은 15.71시간(표준편차 = 12.22)이었다.

아르바이트를 하게 된 주요 이유는 용돈이 부족해서라고 응답한 손자녀가 15명(78.9%)으로 가장 많았고, 생활비 충당(15.8%), 사회경험(10.5%), 여가시간 활용(10.5%)을 위해 아르바이트를 한다고 응답한 경우도 있었다.

조부모와 함께 생활한 기간은 10년~15년 미만이라고 응답한 손자녀가 42.3%로 가장 많았고, 15년 이상이라고 한 손자녀도 15.5%로 나타났다. 조부모와의 평균 동거 기간은 10.50년(표준편차 = 4.35) 이었다.

손자녀에게 친부모와 얼마나 자주 연락하는지 질문하였는데, '가끔' 또는 '자주 연락한다'는 응답이 49.7%로 약 절반을 차지하였다. 친부모가 사망한 경우는 10.2%이었고, 연락이 닿지 않는 상황은 25.6%인 것으로 조사되었다.

친부모와 가깝다고 느끼는 손자녀는 54.1%로 나타났고(아주 가깝다+가까운 편이다), 가깝지 않은 편(전혀 가깝지 않다+가깝지 않은 편이다)이라는 응답은 45.9%이었다.

조손가정 아동의 자아존중감 척도에 대한 손자녀 응답의 빈도와 평균을 보여주고 있다. 자아존중감은 4점 척도(1 = 전혀 그렇지 않다, 4 = 매우 그렇다)로 측정되었는데, 평균점수는 3.11점(표준편차 = 0.61)으로 높은 편이었다. 이는 한국아동청소년패널의 중1과 중3 학생의 평균인 3.10(표준편차 = 0.40)과 유사한 수준이다. 다만, 개별 문항의 빈도를 확인했을 때, 스스로의 능력에 대한 평가(예: 장점이 많고, 남들이 하는 만큼은 뭐든지 할 수 있으며, 유능하지 않다고 생각함)에서는 부정적인 응답이 상대적으로 높은 것으로 나타났다.

손자녀의 자아유능감에 대한 응답 결과는 자아존중감과 동일한 4점 척도로 측정된 3개 문항에 대한 평균은 2.96점(표준편차 = 0.64)로 나타났다. 각 문항에 대한 응답을 살펴보면, 나는 재주가 많다고 생각한다는 손자녀가 68.6%(238명)로 나타났고, 나는 다른 사람들보다 의지가 강하다고 생각하는 손자녀는 72.9%(253명) 이었으며, 처음에 못할지라도 잘할 때까지 열심히 한다고 한 경우는 76.4%(265명)로 조사되었다.

손자녀의 사회성 기술은 대인관계기술, 바람직한 의사소통 방식, 깊이 생각하고 행동하는 신중함 등에 대하여 9문항을 사용해 측정하였다. 분석결과는 4점 응답 범주로 응답된 척도에 평균점수는 3.07점(표준편차 = 0.51)으로 분석되었다. 다만 깊이 생각하고 행동한다는 문항에 대해서는 30.5%가 그렇지 않다고 응답하여, 문제해결을 위한 사고과정에 대한 학습이 필요한 손자녀가 다수 있는 것을 알 수 있었다.

손자녀의 집중력결핍에 대해 분석한 결과는 4점 응답범주로 측정했을 때, 평균점수 2.23점(표준편차 = 0.59)으로 분석되었다. 오랫동안 집중해야 하는 과제를 하고 싶지 않다고 응답한 손자녀가 53.1%로 나타나 학습에 집중하는 훈련이 필요한 경우가 많음을 알 수 있었다.

손자녀 우울 척도에 대한 응답결과에서는 4점 척도로 측정된 우울 점수의 평균은 1.86점(표준편차 = 0.64)으로 나타나 그 수준이 높지 않았다. 그러나 29.4%의 손자녀가 ‘어떤 일이 잘못되면 나 때문이라고 생각한다’고 응답하였고, 41.5%는 걱정이 많다고 스스로를 생각하고 있는 것으로 분석되어, 손자녀의 우울적 정서에 대한 관심도 필요한 것으로 조사되었다.

손자녀의 외현화 행동문제를 이해하기 위해, 초등학교 4~5학년 손자녀에게는 공격성을, 나머지 초등학교 6학년 이상 손자녀에게는 대표적인 10개 문제행동에 어느 정도 참여했는지 질문하였다. 4점 응답범주로 측정된 공격성 척도의 평균 점수는 1.68점(표준편차 = 0.60)으로 나타났다. 문제행동 10개 유형에 대해서는 음주(88.9%)와 성인사이트 이용(86.5%)을 제외한 나머지 8개 문제행동에 대해서는 모두 90% 이상의 손자녀가 문제행동을 하지 않았다고 응답하였다. 본 연구에 참여한 손자녀의 약 75%가 중고등학생임을 고려할 때, 문제행동의 수준은 높지 않은 것으로 보인다. 다만 성인사이트를 본 경험이 상대적으로 높았고, 스마트폰이 사용이 높은 수준인 상황을 고려할 때, 성인사이트 사용의 부정적 측면에 대한 올바른 교육과 지도가 필요하다고 하겠다.

초등학교 6학년부터 고등학교 3학년까지 청소년 설문에 응답한 손자녀를 대상으로 문제행동으로 피해를 본 경험에 대해서도 질문하였는데, [그림 11-2]에서 보는 것과 같이, 가장 높은 비중으로 나타난 문제행동 피해 경험은 놀림이나 조롱당한 것으로 20.2%(70명)에게서 보고되었다. 의도적으로 또래집단에서 빠지거나 따돌리고 무시당한 경험과 나쁜 소문이나 뒤에서 수군거림의 피해를 당한 적이 있다고 한 경우는 11.2%의 동일한 수준으로 응답되었다.

한국아동청소년패널 연구의 일환으로 2014년에 실시된 중학교 2학년 조사에서 참여한 청소년의 1.3%가 심한 놀림이나 조롱을 당한 적이 있다고 응답한 것과 비교할 때, 본 연구의 손자녀들이 보고한 놀림이나 조롱의 경험이 보다 높은 수준임을 알 수 있었다.

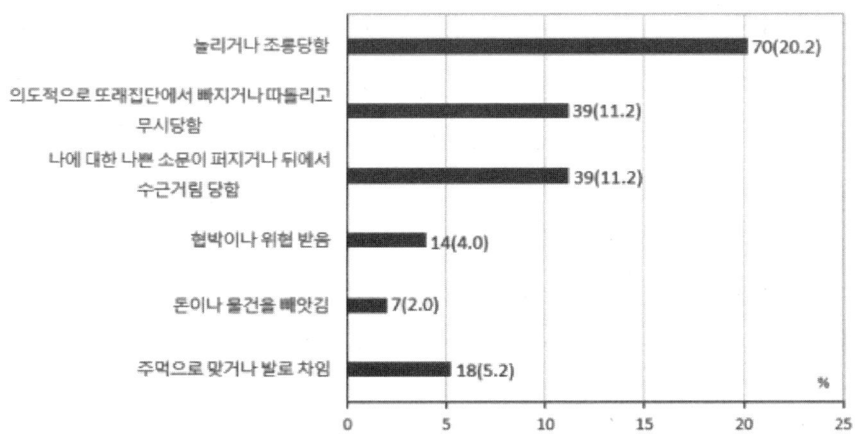

[그림 11-2] 손자녀의 문제행동별 피해 경험률

출처 : 박화옥 외(2021). 조손가족실태조사연구보고서. 세이브더칠드런·강남대학교. p.97.

최근 늘어나는 스마트폰 사용량이 조손가족 손자녀에게서는 어떤 수준으로 관찰되는지 확인하기 위하여, 초등학교 6학년부터 고등학교 3학년 손자녀에게 스마트폰을 사용하는지, 사용한다면 스마트폰을 사용하면서 경험하는 사고와 행동적 특성 15개 문항(한국정보화진흥원, 2011a)에 대해 응답하도록 하였다. 응답한 손자녀의 98%(291명)는 스마트폰을 사용하고 있었으며, 스마트폰을 소지하지 않는 손자녀는 6명(2.0%)에 불과하였다. 스마트폰을 사용하는 291명의 손자녀를 대상으로 스마트폰 중독을 진단하는 15개 문항의 척도를 사용하여 분석한 결과는, 총점 60점으로 평가되는 스마트폰 중독척도에서 조사대상 평균은 30.52(표준편차 = 8.17) 이었으며, 최소 점수는 15점, 최대 58점까지 분포하는 것으로 나타났다.

한국정보화진흥원(2011a)에 따르면, 스마트폰 중독을 판단하기 위해 일상생활장애[3], 금단[4], 내성[5]이라는 3가지 하위 척도를 활용하며, 이들 하위 척도의 점수를 모두 합한 총점과 각 영역별 점수에 따라 일반 사용자, 잠재적 위험 사용자, 그리고 고위험 사용자로 분류하고 있다.

척도는 점수가 높아질수록 스마트폰 사용이 중독에 가까운 수준으로 평가되도록 설계되었으며, 3개 하위 척도의 점수를 모두 더한 총점이 60점으로 산출되는 척도이다.

실제로 한국정보화진흥원(2011a)의 기준에 따라 조사대상 손자녀의 스마트폰 중독수준을 분석한 결과, 12.8%(37명)가 잠재적 위험 사용자, 5.9%(17명)가 고위험 사용자인 것으로 나타났다. 따라서 학교급 및 남녀 차이와 상관없이 조사에 참여하였던 초등학교 6학년부터 고등학교 3학년 손자녀의 약 20%가 게임과 SNS 등 중독성이 강한 콘텐츠에 몰입하여 스마트폰을 사용하고 있음을 알 수 있었으며, 건전한 스마트폰 사용에 대한 지도감독이 요구된다고 하겠다.

한편, 초등학교 4~5학년의 경우 아직 스마트폰을 휴대하지 않는 경향이 있어, 스마트폰 사용 대신에 인터넷 사용에 대해 질문하였다. 학업 관련 작업 또는 학습시간을 제외하고, 하루 평균 인터넷을 얼마나 사용하는지, 그리고 이로 인한 상황에 대해 질문하였다. 그 결과를 분석한 결과, 평균 사용시간은

3) "일상생활장애"는 스마트폰의 과도한 사용으로 신체적·정서적·사회적 기능이 원활하지 않아 학교생활이나 대인관계, 지각된 건강상태에서 문제를 느끼는 것을 의미
4) "금단"의 상황은 스마트폰 이용을 중단하거나 제한하게 되면 심리·정서적으로 불편함을 초래하는 우울이나 불안 등의 증상이 나타나는 것으로 정의
5) "내성"의 상황은 스마트폰의 지속적 또는 과도한 사용으로 유사한 정도의 만족감을 얻기 위해서는 스마트폰을 더 오래, 더 자극적인 내용에 활용하게 됨을 의미

약 4시간(247분) 인 것으로 조사되었다. 최소 30분에서 최대 12.17시간(730분)까지 응답되었으며, 하루 6시간 이상 사용한다고 응답한 초등학교 4~5학년 손자녀도 8명(19.5%)인 것으로 나타났다.

인터넷 사용시간은 남학생과 여학생 간에 통계적으로 유의미한 차이가 있었는데, 남학생이 평균 293.86분(표준편차 = 188.70) 사용하여, 여학생 193.42분(표준편차 = 79.69)에 비하여 평균 100분 정도 더 많이 사용하는 것으로 분석되었다.

손자녀들의 학교생활적응 정도는 4점으로 측정된 척도에서 평균은 3.19점(표준편차 = 0.50)으로 나타나, 대체로 높은 수준의 학교생활적응을 보였다.

다만, 24.8%의 손자녀, 즉 4명 중 1명의 손자녀가 학교를 그만두고 싶은 적이 있었다는 질문에 '그렇다' 또는 '매우 그렇다'라고 응답하였고, 배우고 있는 대부분의 과목을 좋아한다는 문항에는 40.6%의 손자녀가 '그렇지 않다' 또는 '매우 그렇지 않다'라고 응답하여, 손자녀들이 학교 공부에 흥미를 갖고, 학업을 지속할 수 있도록 지원할 필요가 있음을 알 수 있었다

스스로 평가하는 학업성취의 수준은 대체로 낮은 것으로 나타났는데, [그림 11-3]에서 보는 것처럼, 37.7%가 학업성취가 미흡하다고 평가하였고, 25.8%가 우수한 편이라고 응답해 미흡하다고 생각하는 손자녀보다 그 비중이 낮았다.

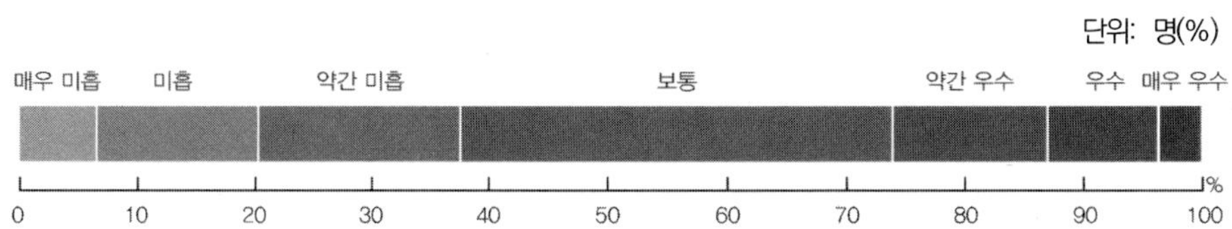

[그림 11-3] 손자녀가 지각한 학업성취 수준

출처 : 박화옥 외(2021). 조손가족실태조사연구보고서. 세이브더칠드런·강남대학교. p.107.

손자녀들에게 평소에 잘 어울리고, 친하게 지내는 학교 친구, 동네 친구 및 선후배들의 생각과 행동에 대해 질문하여, 또래관계의 긍정적 성향과 부정적 성향을 알아보았다. 긍정적 관계에 대한 조사결과, 4점 응답범주로 측정한 9개 문항에 대한 평균은 3.40(표준편차 = 0.52)으로 분석되었다.

방과 후 또는 방학 중 학습활동은 주로 교과목 학습을 중심으로 이루어지고 있었으며, 예체능 활동을 하지 않는다고 응답한 손자녀는 60.2%, 기능/기술 활동을 하지 않는다고 응답한 손자녀는 72.3%로 나타났다. 학습활동은 교과목을 중심으로 이루어지고 있어, 응답자의 약 3분의 2가 현재 학교(40.7%), 지역사회 공공기관(26.8%), 지역사회 사설기관(45.9%), 그리고 자기주도적 가정학습(26.8%)으로 학습활동을 하고 있다고 하였다.

한편 손자녀가 희망하는 일상생활 지원 서비스는 [그림 11-4]에 제시된 것처럼, 놀이 및 휴식 프로그램(55.5%)이었으며, 학습지도 프로그램이나 고민상담 프로그램에 대한 욕구는 상대적으로 낮았다. 학습지도 프로그램을 희망하는 경우는 전체의 26.6%인 것으로 나타난 반면, 예체능 또는 기능/기술 프로그램을 희망하는 손자녀는 각각 42.8%, 34.7%인 것으로 조사되었는데, 이는 실제 예체능과 기능/기술 프로그램에 참여하고 있는 손자녀가 절반에 미치지 못했던 것과 무관하지 않은 것으로 보인다. 고민상담 프로그램을 희망하는 청소년은 17%로 나타나 우선순위가 낮은 분야인 것으로 나타났다. 가장 많은 손자녀가 희망하는 프로그램은 놀이 및 휴식 프로그램으로 실제 지역사회에 안심하고 편히 즐길 수 있는 놀이시설이 부족하다는 사회적 공감대가 반영된 결과라 하겠다.

단위: 명(%)

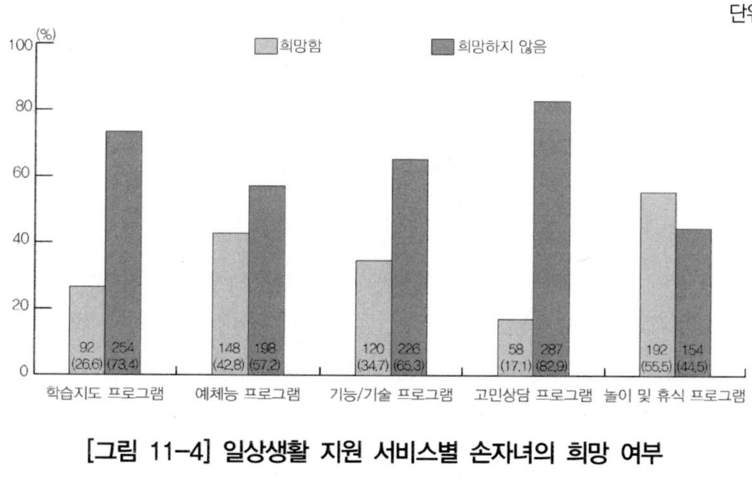

[그림 11-4] 일상생활 지원 서비스별 손자녀의 희망 여부

출처 : 박화옥 외(2021). 조손가족실태조사연구보고서. 세이브더칠드런·강남대학교. p.107.

조손가족 손자녀의 학업계획과 진로에 대한 생각을 알아보기 위하여, 중 3 이상 손자녀를 대상으로 희망하는 학력 수준과 진로계획에 대해 조사하였다. 그 결과 [그림 11-5]에서 보는 것과 같이, 4년제 대학을 졸업하고 싶다고 응답한 경우가 40.5%로 가장 많았고, 고등학교까지 공부하겠다고 응답한 손자녀는 25.2%이었다. 고등학교를 졸업한 후에 대학진학을 계획하는 손자녀는 56.9%이었으며, 바로 취업하겠다고 응답한 경우는 21.5%로 나타났고, 아직 결정하지 못했다고 응답한 손자녀도 21.5%로 5명 중 1명은 아직 고등학교를 졸업한 후의 계획을 결정하지 못하고 있었다.

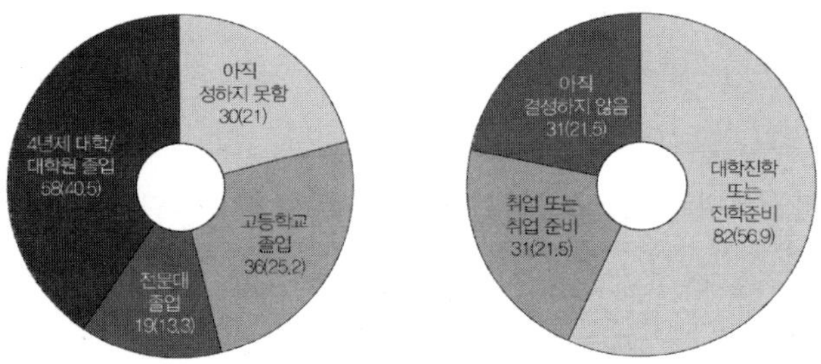

[그림 11-5] 학업 계획 및 고등학교 졸업 후 진로에 대한 생각

출처: 박화옥 외(2021). 조손가족실태조사연구보고서. 세이브더칠드런·강남대학교. p.108.

대학을 진학하겠다고 응답한 손자녀 82명에게 그 이유를 질문하였는데, 1순위로 가장 높게 응답된 것은 원하는 직장을 얻기 위해서로 47.6%이었다. 2순위와 3순위로는 대학생활을 즐기고 싶어서라는 이유가 24.4%, 17.1%로 가장 높았다.

고등학교 졸업 후 바로 취업하고자 한다는 손자녀 31명에게 그 이유를 질문한 결과 사회에 일찍 진출하고 싶어 취업하겠다는 손자녀가 1순위에서 38.7%로 가장 높은 비중을 차지하였고, 가정형편 때문에 바로 취업하고자 한다는 손자녀는 25.8%로 조사되었다. 유사하게 2순위와 3순위에서도 사회에 일찍 진출하고 싶거나 가정형편을 이유로 바로 취업하기를 계획한다는 손자녀가 20% 내외로 높게 나타났다. 또한 더 이상 공부하고 싶지 않거나 대학교육이 별로 도움이 될 것 같지 않다는 의견도 비교적 많은 손자녀에게서 2순위와 3순위로 응답되었다.

장래 직업을 구체적으로 정했는지에 대해 질문한 결과, [그림 11-6]과 같이 34.3%(46명)는 구체적으로 정해놓은 직업이 있다고 하였고, 대략 하고 싶은 직업이 있다고 응답한 손자녀가 44.8%(60명)로 더 많았다.

[그림 11-6] 장래 자신이 하고자 하는 직업 결정 여부

출처: 박화옥 외(2021). 조손가족실태조사연구보고서. 세이브더칠드런·강남대학교. p.109.

직업 선택 시 가장 중요한 요인에 대해 질문한 결과, 33.6%(48명)가 안정적으로 오래 일하는 것이 중요하다가 1순위에서 가장 높게 응답되었다. 수입(월급)이 많은 것도 중요하게 고려되었는데, 1순위 응답에서는 27.3%(39명)로 두 번째로 높았고, 2순위로는 20.3%(29명)가 응답하여 가장 높은 비중을 차지하였다. 3순위에서는 자신의 소질과 적성을 살릴 수 있어야 한다는 응답이 15.4%로 높게 나타났다. 전반적으로 안정적인 수입, 소질과 적성을 중요한 직업 선택의 요인으로 생각한다는 것을 알 수 있었다.

2. 조손가정아동의 특성 및 주요문제

1) 조손가정아동의 특성

조손가족은 조부모가 18세 이하의 손자녀와 동거하면서 손자녀의 발달적 욕구를 충족시켜 줄 수 없는 환경 속에서 부모의 부재, 빈곤, 낮은 가족응집력, 가족의 해체 등을 경험하고 그것으로 인한 부정적 영향을 받기 쉽다. 다양한 이유로 가족해체와 부모와의 분리 후 선택의 여지 없이 조부모와 함께 생활하는 아동들은 발달적 문제가 있을 가능성이 있다. 특히 부모와 함께 살지 않는 아동들은 학교나 지역사회에서 부모 없는 아이라는 편견과 차별에 민감하게 반응하는 것으로 나타났다(송정애, 2022).

2) 조손가정아동의 주요문제

(1) 경제적 문제

우리나라 조손가구는 대부분 경제적 형편이 어려워 손자녀의 양육비용을 부담하기가 매우 힘들다. 특히 나이 많은 조모들은 신체적으로 노쇠하여 스트레스를 받고 젊은 조모들은 손자녀 양육 때문에 일할 기회마저 잃어버린다. 조모들은 부모역할에 대한 심리적 스트레스도 크게 느끼는데 양육환경이 매우 열악하여 손자녀의 성장욕구에 부응하기가 어렵다. 조손가족에게는 무엇보다 경제적 도움이 필요하지만 조손가족 대부분은 서류상 부모가 손자녀의 부양의자로 되어 있어 사회의 보살핌을 받지 못하는 경우가 많다. 일반적으로 빈곤층 자녀들은 중상류층 자녀들에 비하여 청소년기가 짧은 것이 특징이다. 조손가족의 자녀들이 이른 나이에 결혼을 하거나 10대 미혼모가 되어 가출이나 이혼을 하는 등 극단적인 방법으로 가족해체가 이어지면서 손자녀 양육은 조부모가 맡게 되고 자녀는 최소한의 안부 전화도 하지 않고 연락이 두절되는 등 양육책임을 회비하고 있는 경우도 많다. 이 경우 조부모는 자녀의 결혼생활 실패를 자신이 부모역할을 제대로 못 했기 때문이라고 생각하고 손자녀가 자녀세대와 동일한 인생을 살지 않도록 교육적 지원자의 역할에 전념하여 손자녀에 대한 교육적 기대수준은 매우 높지만, 경제적 형편이 어렵고 주변에 도움을 받을 만한 지원망도 없기 때문에 경제적 어려움을 호소하고 있다.

(2) 부정적인 정서적 문제

조손가족 아동들은 정서적으로 우울, 불안, 철회, 낮은 자존감 등의 문제를 가지고 있으며 적절한 교육과 자극의 부재로 낮은 인지능력의 문제를 보인다.

손자녀들은 조부모에게 양육되기 전에 이미 부모의 사망, 이혼, 실직, 불화, 알코올중독 등과 같은 불안한 환경에 노출되어 다양한 정서적 문제를 지니고 있을 가능성 높다.

조부모에게 맡겨진 후에는 부모의 부재로 남겨진 허탈감, 두려움, 당혹감, 버림받았다는 배신감, 원망, 우울 등으로 부모에 대한 그리움을 왜곡되게 표현한다(문선화, 2001).

다시 말하자면 부모의 이혼 등으로 정서적 지지를 못 받거나 경제적 문제, 가족응집력이 낮거나 가족 간 의사소통문제가 있을 경우 불안과 우울을 경험하게 되고 불안과 우울은 비행 혹은 또래관계, 학교생활적응에 영향을 미친다는 것이다(송정애, 2022).

(3) 외현적 문제행동

비행, 공격성, 반항적 행동 등과 같이 사회적·법률적·도덕적·교육적 측면에서 수용하기 어려운 행동을 의미하는 외현적 문제행동이 조손가족과 같은 저소득층, 결손가정 청소년들에게 높게 나타나는 것으로 보고되고 있다. 이들은, 부모의 이혼 및 별거 등으로 인한 가족해체, 빈곤, 스트레스 등과 같은 가정환경, 학교생활에서의 부적응, 친구관계 등 사회 환경 등에서 경험하는 욕구불만을 공격적인 행동으로 해소하는 경향이 있고 일탈적인 또래의 압력에 넘어가기 쉬우며 폭력행동은 비롯한 비행에 관여할 가능성이 높다고 한다. 즉, 조손가족 아동들은 자신이 선택하지 않은 부정적 경험들로 인하여 내면에 분노의 수준이 높으며 이러한 분노는 자신에 대한 무가치감으로 발달되고 이것이 문제행동의 원인으로 작용한다.

(4) 성인역할부담감

성인역할부담금이란 부모의 실질적, 역할부제 상황에서 아동이 자신의 발달단계에 맞지 않는 과도한 성인역할을 수행함으로써 경험하는 정서적 과부하를 의미한다. 손자녀들은 실제 조부모의 양육지원을 받아야 하는 상황이지만, 원가족 해체와 조부모와의 재결합 과정에서 정서적 상처를 받으며 오히려 아동은 조부모를 부양하거나 가사를 하는 등 집단의 세대주로 조부모를 직·간접적으로 지원하는 역할을 하고 있다. 이러한 아동의 역할은 성인 보호자의 부재, 무능력 등으로 인해, 아동임에도 불구하고 성인 역할을 하는 여건과 조기성숙의 압력을 받은 애어른의 역할로, 사회·문화적으로 긍정적으로 수용되지만 아동의 발달단계에 맞지 않는 역할이다(신혜섭, 2007).

이와 같은 과도한 성인역할부담감은 아동이 성인역할에 과도한 시간과 에너지를 사용하게 되면서 아동발달에 부정적 영향을 미친다. 그뿐만 아니라 그 시기에 필요한 친구관계 형성이나 학교생활적응에 어려움을 초래하기도 하며, 제도권 교육을 제대로 받아본 적인 없는 고령의 조부모들에게 필요한 학업과 생활지도 등을 받기 어려운 상황이다(송정애, 2022).

3. 조손가족아동을 위한 복지정책 방향

1) 조손가족아동 복지정책

우리나라는 아직 조손가족을 위한 정책이 마련되지 않고 있다. 조손가족을 위한 지원은 노인이나 아동을 대상으로 하는 정책이거나 부분적으로 조손가족이 지원받을 수 있는 정책들뿐이다. 조손가족 지원정책으로는 여성가족부의 한부모가족지원법에 의한 한부모가족 지원대상자로 조손가족이 포함되어 있지만 이 경우 저소득조손가족을 대상으로 하고 있으며 지원규모도 손자녀 양육지원만을 하고 있는 실정이다. 그러나 국민기초생활보장수급법상 지원대상이 되는 저소득 조손가족은 의료보호나 주거급여를 지원받을 수 있으며 65세 이상 조부모는 기초노령연금을 받을 수 있다. 아동의 경우 가정위탁대리양육지원을 받을 수 있다(송정애, 2022).

(1) 국민기초생활보장제도

국민기초생활보장제도는 생활이 어려운 사람에게 필요한 급여를 실시하여 이들의 최저생활을 보장하고 자활을 돕는 것을 목적으로 1961년 시행된 생활보호제도를 대신하여 2000년 10월부터 국민기초생활보장법을 근거로 시행된 공공부조제도이다. 국민기초생활보장제도 수급자는 소득인정액이 최저생계비 이하인 동시에 부양의무자기준을 동시에 충족시켜야 하지만 조손가족의 경우 "가정해체방지를 위한 별도가구 인정 특례" 적용을 받게 된다. 국민기초생활보장제도의 수급대상이 되는 조손가족은 차등적으로 생계비 및 의료서비스를 받을 수 있고 디딤씨앗통장(CDA) 등을 지원받을 수 있다.

(2) 한부모가족지원제도

2007년 10월 모·부자복지법이 한부모가족지원법으로 개정되면서 조손가족은 한부모가족에 포함되어 지원받을 수 있는 법적 근거가 마련되었다. 조손가족은 한부모가족자녀 양육비지원, 저소득 한부모가족 건강보험료지원, 가족역량강화지원서비스(취약 한부모 역량강화서비스, 위기가족지원서비스, 가족보듬서비스, 조손가족통합지원서비스)를 받을 수 있다.

(3) 가정위탁 대리양육

아동복지법 제2조에 의하면 요보호아동을 보호·양육하기를 희망하는 가정에 위탁양육 함으로써 아동이 가정적인 분위기에서 건전한 사회인으로 성장할 수 있도록 하는 가정위탁보호제도를 실시하고 있다. 친조부모, 외조부모 등에 의하여 양육하는 경우 이를 대리가정 가정위탁으로 보고 있으며 조손가족의 경우 대리가정 가정위탁에 해당된다.

(4) 아이돌보미 지원사업

건강가정기본법 제22조에 의하면 부모의 다양한 자녀양육수요를 충족시킬 수 있는 가정 내 개별 돌봄서비스를 통하여 취업모의 양육부담 경감 및 개별양육을 희망하는 수요에 탄력적으로 대응하고 경력단절중장년여성의 고용증진 및 취약계층의 육아역량 강화를 지원할 수 있도록 규정하고 있다. 이러한 목적을 달성하기 위하여 2006년부터 아이돌보미 지원사업이 실시되고 있다. 아이돌보미 지원사업은 생후 3개월~만 12세 이하 아동을 대상으로 직접 아이돌보미를 가정으로 파견하여 서비스를 제공하고 있으며, 조손가족은 한부모가족 및 맞벌이 가족과 함께 지원대상자 우선순위로 지원받을 수 있다.

(5) 드림스타사업

드림스타트사업은 기초생활수급자 및 차상위계층 가정 중 위기도 사정조사를 통하여 0세(임산부)~12세의 저소득아동 및 가족을 대상으로 시·군·구별 저소득가구 밀집지역에 맞춤형 통합사례관리 서비스를 제공하는 사업이다. 저소득아동을 둘러싼 환경(가족, 학교, 지역사회) 간 긴밀한 협조 및 연계체제를 구축하고 지역사회 특성을 고려한 건강서비스, 보육, 교육, 복지서비스를 포함한 통합서비스를 제공하며 특히 기초생활수급가정 및 차상위계층가정, 결손가정, 한부모가정아동에 대한 우선지원원칙으로 해당 지역 내 공동생활가정, 가정위탁, 대리양육, 성폭력피해아동을 우선대상으로 하고 있다.

조손가족아동을 위한 지원시스로 지역아동센터, 청소년공부방, 방과 후 아카데미 등의 아동복지서비스가 있다.

2) 조손가족 아동대상을 위한 복지실천 방향

우리나라 조손가족은 가족해체과정에서 만들어진 일탈적 가족유형이기보다는 사회구조적 변화과정에서 만들어진 변형된 가족유형으로 보고 있다. 말하자면 일시적으로 조부모와 손자녀가 생활하는 것이 아니고 혈연적 유대와 양육에 대한 강한 책임, 적극적 의지를 가진 조부모가 손자녀가 독립할 때까지 함께 생활하는 정상적 가족이라고 볼 수 있다. 이런 의미에서 조손가족을 비정상 가족으로 규정하여 지원방안을 고려하는 것은 이들의 생활주권을 부정하고 정서적 안정을 깨드리게 되어 생활적응에 부정적 영향을 미치게 된다는 것이다(여성가족부, 2007). 이러한 측면에서 조손가족아동의 성장발달을 지원하기 위한 보다 체계적인 통합적인 정책과 서비스가 마련되어야 할 것이다(박화옥 외, 2021; 송정애, 2022).

(1) 조손가족에 대한 인정과 존중을 지향하는 사회적 인식과 정책적 관점의 전환

국외의 경우 부모로부터 적절한 양육을 받지 못하는 아동에게 조부모의 양육과 돌봄을 제공하는 것은 가족문화의 연속성과 안정성(stability)이 담보된 보호체계를 제공할 수 있다는 측면에서 일반가정위탁보호 또는 시설보호보다 선호된다. 우리나라 조손가족 또한 조부모와 손자녀의 강한 정서적 유대를 기반으로 자발적으로 형성된 경우가 다수이기에 대안적인 보호유형을 인위적으로 제시하거나 조정하기는 쉽지 않다. 한편 보호가 필요한 아동이 발생하였을 때, 전담양육을 기꺼이 담당할 의지를 가진 조부모(또는 친인척)가 부재하다면 개별 아동의 안전과 보호, 양육체계를 마련하기 위한 사회적 비용은 더욱 증대될 것이다. 이에 손자녀에게 안전과 보호, 양육환경을 제공하는 조부모에 대한 인정(recognition)과 존경(respect), 그리고 지원(reward)의 당위성을 사회가 인식하고 이를 지향하는 정책적 관점의 전환이 요구된다(Brennan et al., 2013).

여성의 사회참여 증가, 혈연적 가족주의의 퇴색과 이혼율의 증가는 다양한 가족형태의 증가를 만들고 있다. 이러한 다양한 가족형태를 가족해체과정이나 병리적 현상으로 보는 편견은 차별로 이어져 이들 가족이 생활하는 데 큰 장애요인이 되고 있다.

조손가족은 부모의 사망, 이혼 등으로 해체된 가정의 아동을 조부모가 보호 양육하는 과정에서 새로운 가족으로 형성되는 점을 감안하여 일반가족과 다르지 않고 단지 특별한 도움이 필요한 가족이라는 관점의 변화가 필요한 것이다. 이를 위하여 지역사회 내에서 일반가족과 조손가족과의 교류, 자매결연 등 사회적 관심을 유도하는 프로그램을 마련하고 조손가족이 경제적 문제 등 다양한 문제로 인하여 재(再)해체 되지 않도록 사회적 관심과 공동협력이 필요하다. 지금까지 조손가족은 경제적 취약성, 조부모의 신체적 문제, 교육의 열악함 등의 이유로 부정적인 측면과 문제 중심으로 인식되었다. 조손가족의 부정적인 측면과 문제는 조손가족지원의 필요성을 부각시키기 위한 특성이어야 하며, 문제가족으로 사회적 낙인을 찍어서는 안 된다는 것이다. 조손가족은 우리사회의 다양한 유형의 가족 중 한 가족유형이다.

대중매체를 활용한 지역주민 인식개선과 교육, 적극적인 정책홍보 등을 통하여 가족의 위기와 어려움을 극복하고 새로운 조부모-손자녀 가족을 형성해 가는 당사자들의 강점과 역량, 성취 등을 공유할 필요가 있다.

조손가족은 단순하게 정상가족의 범위를 벗어난 결손가족 혹은 취약가족의 유형으로 인식하지 않고 다양한 가족 중 한 유형으로 그들 가족만이 강점을 가지고 있음을 인식하여야 한다. 다시 말하자면 조손가족을 지원함에 있어 단순히 보호대상으로만 지원하는 것이 아니라 그들 가족의 강점을 강화하고 가족기능을 회복, 향상시킬 수 있는 지원서비스가 필요하다.

이러한 과정에는 조손가족 구성원들의 자발적인 참여가 함께 진행되어야 할 것이고, 조손가족에 대한 편견과 낙인이 조손가족에 대한 인정과 존중으로 전환될수록 손자녀의 건강한 성장과 발달에 더욱 도움이 되는 터전이 마련될 것이다.

(2) 종합적인 가족지원서비스 제공

우리나라 조손가족 지원사업은 조부모와 손자녀만을 지원대상으로 하고 있다. 따라서 향후 조손가족지원사업은 아동의 부모가 생존해있는 경우, 조부모와 손자녀만을 대상으로 해서는 안 되며, 원가족과의 재(再)결합을 유도할 수 있도록 부모세대를 포함한 단계별 종합적인 지원서비스가 마련되어야 할 것이다.

현재 건강가정지원센터에서 지원하고 있는 조손가족 희망사다리서비스에 부모상담과 교육서비스가 포함되어 부모와 함께 가족캠프 및 체험활동을 통하여 가족기능 및 가족관계의 회복 및 향상을 도모할 수 있어야 할 것이다.

(3) 개별화된 지원서비스 강화

손자녀와 조부모의 심리적 상실감, 미래에 대한 불안과 공포 등 심리·정서적 안정을 위한 전문적인 개입서비스가 필요하다. 또한 대부분의 조부모들은 손자녀들의 교육에 관심을 가지고 있으나 고령, 낮은 학력, 사회적 변화에 대한 이해 부족으로 손자녀 교육에 대한 어려움을 가지고 있다. 경제적인 어려움 때문에 손자들을 학원에 보내는 것이 힘들고 손자녀 양육을 위한 지식과 기술이 부족하여 손자녀의 성장발달에 필요한 적절한 양육 및 교육 환경을 제공하지 못하고 있는 실정이다. 이와 같이 적절한 환경을 제공받지 못한 손자녀들은 학습능력 저하로 인하여 학습부진아가 되는 경우가 많고 학교생활 부적응문제로 인하여 문제청소년이 될 가능성도 높기 때문에 조손가족 손자녀들의 학습에 대한 종합적인 진단과 처방으로 개별적인 특성에 따른 학습능력 향상을 지원할 수 있어야 할 것이다. 또한 부모 없이 자라는 손자녀들의 심리·정서적 측면을 위한 지원서비스와 더불어 손자녀의 적성과 능력, 진로지도, 성교육을 위한 프로그램이 필요하며 무엇보다 손자녀들에게 필요한 다양한 문화체험을 할 수 있는 기회를 제고하여 손자녀의 성장발달을 지원할 수 있어야 한다.

(4) 아동의 안전과 보호, 양육에 대한 국가의 책임 강화

부모의 적절한 양육을 받지 못하는 아동 발생 시 아동에 대한 국가의 보호 의무를 강화하고 중앙정부와 지방정부의 역할을 명확하게 분담할 필요가 있다.

아동의 친권자가 적절한 양육을 수행하지 않는(못하는) 경우 아동의 안전과 보호 의무를 국가가 책임지고 수행하여야 함을 인식해야 한다.

중앙정부는 조손가족지원 정책의 방향과 가이드, 사업지침을 마련하고, 기본적인 운영비용과 재정적 지원을 담당하되 지방정부는 각 지역 내 조손가족의 특성과 욕구를 반영하여 특화된 서비스를 개발 및 운영하는 등의 적절한 역할분담이 재정립될 필요가 있다.

현재 가정위탁지원제도의 경우 위탁가정을 위한 경제적 지원은 모두 지방정부에 이양하고 중앙정부는 권고하는 역할에 그치고 있어 결과적으로 조손가족의 거주지역에 따라 비일관된 수준의 지원이 제공되는 현상이 지속되고 있다. 지방자치 분권화를 활성화하는 현 추세를 고려하면 모든 지역에 균등하고 동질(同質)한 서비스와 지원을 제공하는 접근이 부적합한 것으로 생각될 수 있으나 초저출산 시대를 직면하고 있는 우리나라 상황에서 모든 아동의 건전한 성장과 발달을 지원하고, 안전하고 영속적인 보호체계를 마련한다는 정책적 목적을 상기한다면 일정 수준 이상의 서비스 지원은 일관되게 집행

될 필요가 있다고 판단된다.

(5) 지자체 행정기관 및 서비스 유관기관들 간 네트워크 활성화

조부모-손자녀 가족 관련 지원서비스 제공기관들 간 상호협력 및 지역 내 네트워크의 활성화가 요구된다.

조손가족 당사자의 동의를 얻어 해당 사례정보를 공유하고 공공과 민간의 자원을 활용할 수 있도록 통합사례관리 및 솔루션 회의 등을 진행할 필요가 있다.

손자녀의 주양육자 선정 및 사례(아동과 양육자) 모니터링 과정에서도 지자체 행정기관 – 가정위탁지원센터 – 지역복지관, 드림스타트, 지역아동센터 실무자들 간 유기적 네트워크와 소통은 필수적으로 이루어져야 할 것이다.

광역시(도) 단위에서 운영되는 가정위탁지원센터의 사례(아동과 양육자) 모니터링은 조손가족 내 조부모와 손자녀를 일상생활 단위에서 만나고 접촉하는 지역기관(예: 행정복지센터, 복지관, 지역아동센터, 교육기관 등)과 밀접하게 협업하며 진행될 필요가 있으며, 다양한 유관기관들이 하나의 조손가족 사례를 함께 지원하는 경우 특정 사례에 대한 책임기관과 자원기관들을 구분하여 역할을 분담하고 각자 맡은 역할에 대하여 책임을 강화하는 체계로 운영할 필요가 있다.

주어진 역할을 수행하기에 필요한 적정 인력과 재원 또한 보강되어야 할 것이다.

사례관리 서비스 진행과정에서 조부모와 손자녀가 적극적으로 참여할 수 있는 기회를 보장하고 당사자의 의견과 관점, 욕구해결 방법과 자기결정이 반영되도록 진행되어야 할 것이다. 서비스이용 과정이 조손가족 조부모와 손자녀의 역량강화 과정이 될 수 있도록 지원할 필요가 있다.

(6) 조부모–손자녀 개별 욕구에 따른 지원 서비스 개발 및 운영

① 양육자로서 조부모의 강점을 강화하고 손자녀 양육 관련 욕구뿐 아니라 조부모 자신의 삶의 질 향상을 위한 서비스 지원이 필요하다.

- 경제적 지원(생활비, 양육비, 의료비 등)

- 조부모의 건강증진 및 의료서비스 지원
- 일상생활지원(예: 손자녀와 식사를 고려한 밑반찬 및 도시락 지원 등)
- 손자녀 연령에 따른 적절한 양육방식 및 대화법, 갈등대처 방식 등 교육 및 상담
- 조부모의 사회참여활동과 여가 및 휴식 서비스(respite care)

② 손자녀의 신체-심리정서-사회적 건전한 발달을 지원하는 다양한 서비스를 개발하고, 손자녀의 연령발달단계 및 조부모의 생애주기별 욕구를 반영한 서비스를 지원해야 한다.

- 손자녀의 신체건강 모니터링
- 손자녀의 심리정서 안정 지원(예: 부모와 조부모에 대한 감정 정리 등)
- 손자녀의 학교생활적응(교사 및 또래관계, 학습 등) 지원: 코로나19 팬데믹 상황에서 불가피한 온라인 기반의 교육환경이 교육격차를 더욱 심화시킬 위험이 있으므로 조손가족 손자녀를 위한 찾아가는 학습도우미(대면과 비대면 혼합형태) 등 지원 강화
- 진로적성 개발 지원: 학교(교육복지 또는 학교사회복지실 연계) 또는 지역아동센터 등 지역서비스기관을 대상으로 다양한 진로적성 개발 프로그램 공모사업을 진행하고, 우수 프로그램을 선정 및 지원함으로써 조손가족 손자녀들이 자신의 특기, 장점을 발견하고 유능감 및 사회성 기술을 향상시킬 수 있도록 기획 확대
- 손자녀의 일상생활지원(예: 도시락 지원 등) 및 인터넷과 스마트폰 중독 예방 프로그램(대면과 비대면 혼합형태)
- 결연후원 및 장학금 연계 서비스

③ 가족체계를 위한 사회서비스의 주요 역할은 다양한 형태의 가족이 순기능을 유지하며 가족구성원 개개인의 신체-심리-사회 측면 삶의 질을 향상시킬 뿐 아니라 가족체계의 건강성을 향상하도록 지원하는 것이다. 조손가족 형성의 주요 요인이 정서적 유대를 기반으로 한 조부모-손자녀 간 애정임을 고려할 때 사회서비스는 이 가족이 순기능을 유지할 수 있도록 지지체계가 되어야 할 것이다.

생각해봅시다

1 조손가정아동에 대한 관련 기사를 조사하고, 이를 해결하기 위한 지원방안에 대해 토론해 봅시다.

CHAPTER

12

다문화가정아동

1. 다문화가정 아동의 개념

1) 다문화가정의 개념

다문화가족이란 자국 내에 거주하는 모든 외국인가족을 포함하는 광의의 개념과 자국가족 중 한 명이 우리나라 국적을 취득하여 구성된 가족을 의미하는 협의의 개념을 의미한다. 2008년 다문화가족지원법이 제정되면서 우리나라에서는 다문화가족의 개념에 한국남성과 결혼한 이주여성가족, 한국여성과 결혼한 이주남성가족, 이주민가족(이주노동자, 유학생, 북한이탈주민 등)을 포함하고 있다(송정애, 2022).

다문화가족지원법 제2조에서 정의하는 '다문화가족'이란 「재한외국인 처우 기본법」 제2조 제3호의 결혼이민자와 「국적법」 제2조부터 제4조까지의 규정에 따라 대한민국 국적을 취득한 자로 이루어진 가족을 의미하며, '결혼이민자 등'이란 다문화가족의 구성원으로서 「재한외국인 처우 기본법」 제2조 제3호의 결혼이민자와 「국적법」 제4조에 따라 귀화허가를 받은 자로 정의하고 있다.

2) 다문화가정 아동의 유형

다문화가정 아동이 두 가지 이상의 언어와 문화를 가진 가족 내에서 양육·성장하는 아동을 의미할 때, 다문화가정아동은 <표 12-1>에서와 같이 세 부류로 나눌 수 있다. 첫째, 국제결혼가정이고, 둘째, 외국인근로자 가족을 말한다. 셋째, 중도입국자녀이다.

〈표 12-1〉 다문화가정아동 유형

유형	다문화가족아동
국제결혼가정	• 한국인 아버지와 외국인 어머니 사이에서 태어난 아동·청소년 • 한국인 어머니와 외국인 어머니 사이에서 태어난 아동·청소년
외국인근로자가정	• 외국인 근로자가 한국에서 결혼하여 태어난 아동·청소년 • 본국에서 결혼하여 형성된 가족이 한국에 이주한 가정의 아동·청소년
중도입국자녀	• 결혼이민자가 한국인 배우자와 재혼하여 본국의 자녀를 한국에 데려온 경우 • 국제결혼가정자녀 중 외국인 부모의 본국에서 성장하다 재입국한 아동·청소년 • 외국인 부모와 동반 입국한 자녀(외국인근로자자녀) • 근로 및 학업에 목적으로 청소년기에 입국한 외국인 무연고 아동·청소년 • 북한이탈민이 외국인과 제3국에서 출생한 자녀를 데려온 경우

출처 : 송정애(2022). 아동복지론 이해와 실천. p.316.

2. 다문화 가정 아동 현황과 직면한 문제

교육부의 통계에 따르면 '2021년 다문화가정 학생 현황'을 조사한 결과 2019년보다 137,225명보다 증가한 160,058명이 재학하고 있다고 밝혔다. <표 12-1>에서 보는 바와 같이 학교급별로 살펴보면, 초등학생 72.0%(33,792명), 중학생 20.5%(9,647명), 고등학생 7.5%(3,515명)로 여전히 초등학생 비율이 높지만, 전년보다 중·고등학생 비율이 늘어나고 있다.

〈표 12-1〉 다문화 학생 수

(단위: 명)

연도	초등학교	중학교	고등학교	각종학교	합계
2021	111,371	33,950	14,308	429	160,058
2020	107,694	26,773	12,478	433	147,378
2019	103,881	21,693	11,234	417	137,225

주) 다문화 학생 : 국제결혼가정의 국내출생 자녀와 중도입국 자녀, 외국인 가정 자녀
출처 : 교육통계서비스 사이트 2022.08.12. 검색 자료

다문화가족 아동의 현황을 다문화가족 실태조사로 살펴보고자 한다.

여성가족부의 '2021년 다문화가족 실태조사'에 의하면 전국의 다문화가구는 전체 346,017가구이며 결혼이민자* 가구가 82.4%(285,005가구), 기타귀화자** 가구가 17.6%(61,012가구)이다.[1)]

거주 지역별로는 수도권(서울 · 경기 · 인천) 거주는 56.1%로 '18년(55.6%) 대비 0.5%p 증가했으며, 동 지역 거주자(76.8%)가 읍면 지역 거주자(23.2%)에 비해 3배 이상 많아, 수도권 집중이 뚜렷한 것으로 나타났다.

가족 구성의 경우 부부+자녀 가구 35.5%, 부부 가구 30.0%, 한부모가구 10.9%, 1인 가구 8.3% 등이며, 부부 가구의 비중이 '18년(17.0%) 대비 13.0%p 증가했다.

가구원 수에 대한 조사결과 평균 가구원 수는 2.82명이며, 평균 자녀 수는 0.88명으로 '18년(0.95명) 대비 감소했고, 무자녀 가구가 42.0%로 5.3%p 증가했다.

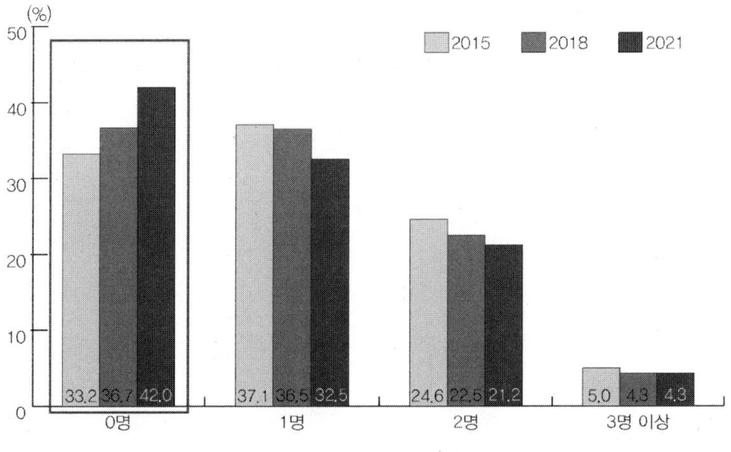

[그림 12-1] 다문화가구의 자녀 수

출처 : 여성가족부. 2021년 다문화가족 실태조사. 보도자료(2022.6.28. 조간)

결혼이민자·기타귀화자의 국내 거주기간이 15년 이상 비율은 39.9%로 '18년(27.6%) 대비 12.3%p 증가했고, 30세 이상 비율이 높아지고 있어, 정착

1) * 결혼이민자 : 한국인과 혼인한 외국 국적자 및 혼인귀화자
** 기타귀화자 : 혼인귀화 외의 방법으로 한국 국적을 취득한 귀화자

주기 장기화로 평균 연령대가 높아지고 있다([그림 12-2, 12-3]).

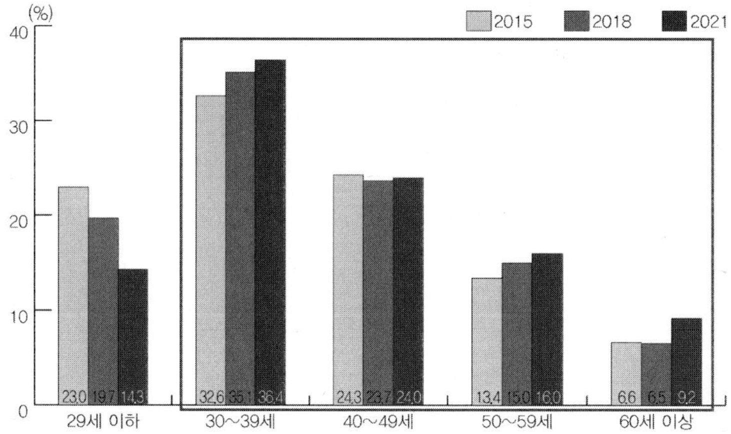

[그림 12-2] 결혼이민자 · 귀화자의 연령대

출처 : 여성가족부. 2021년 다문화가족 실태조사. 보도자료(2022.6.28. 조간)

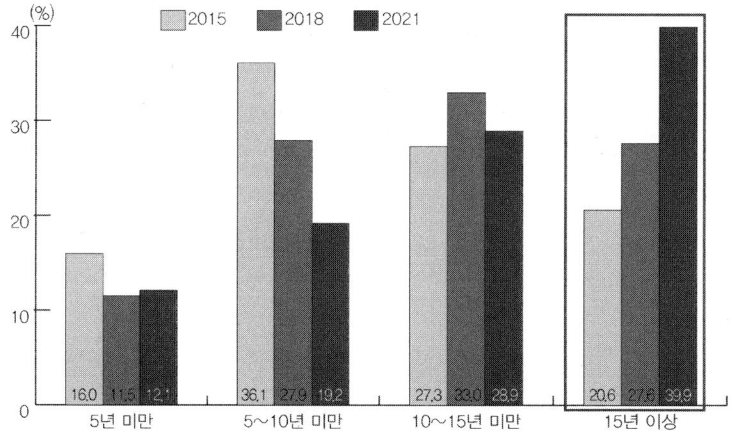

[그림 12-3] 결혼이민자 · 귀화자의 국내거주기간

출처 : 여성가족부. 2021년 다문화가족 실태조사. 보도자료(2022.6.28. 조간)

부부관계의 만족도는 4.35점으로 소폭(0.04점) 높아졌고, 하루 평균 대화시간은 1시간 이상이 70.7%로 9.2%p 증가했고, 문화적 차이와 갈등은 감소하는 등 전반적으로 부부관계가 개선된 것으로 나타났다.

부부 간 갈등은 46.3%로 15.5%p 감소했으며, 갈등 사유는 성격 차이(56.6%), 양육문제(26.7%), 경제적 문제(24.7%) 순이다.

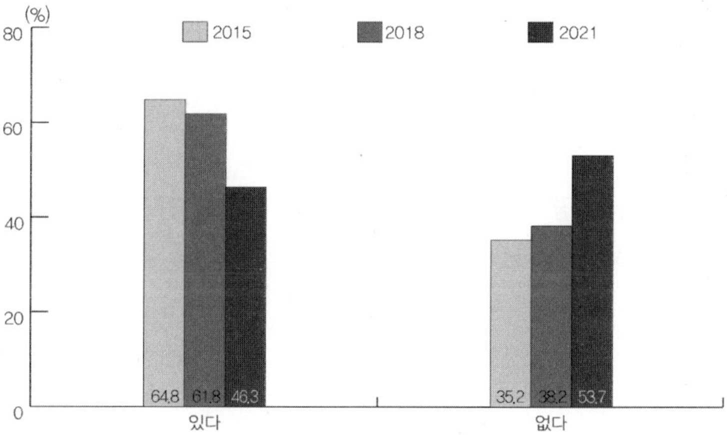

[그림 12-4] 결혼이민자 · 귀화자의 지난 1년간 부부갈등 경험

출처 : 여성가족부. 2021년 다문화가족 실태조사. 보도자료(2022.6.28. 조간)

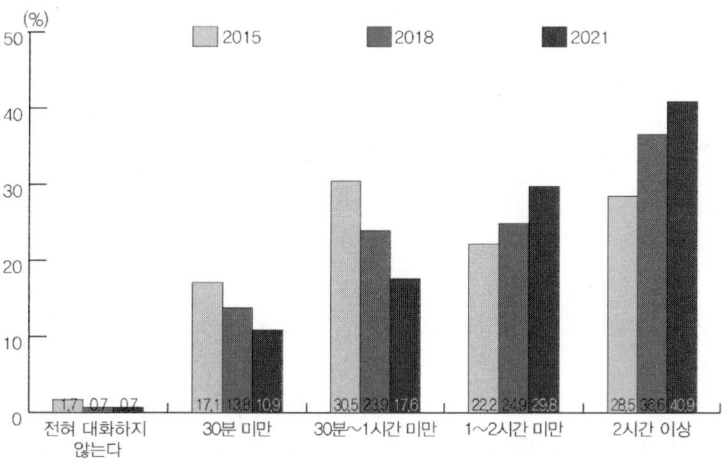

[그림 12-5] 결혼이민자 · 귀화자의 부부간 하루 평균 대화시간

출처 : 여성가족부. 2021년 다문화가족 실태조사. 보도자료(2022.6.28. 조간)

부부간 문화적 차이를 경험했다는 비율은 52.4%로 3.5%p 감소했고 식습관, 의사소통방식에서 큰 차이를 경험하고 있다.

자녀양육에 대한 조사결과는 만 5세 이하는 한국어 지도(26.8%), 만 6세 이상은 학습지도(50.4%)에서 가장 큰 어려움을 느끼는 것으로 조사됐다.

자녀관계에 대한 조사결과는 결혼이민자·기타귀화자의 자녀관계 만족도는 4.54점으로 '18년(4.44점)보다 다소 높아졌다.

만 5세 이하 자녀 양육이 어렵다고 응답한 비율은 73.7%로 '18년(78.2%) 대비 4.5%p 감소했고, 그중 가장 큰 어려움은 한국어 지도(26.8%), 긴급돌봄(20.5%) 순이다.

만 6세 이상 자녀 양육이 어렵다고 응답한 비율은 88.1%로 5세 이하보다 높았고, 학습지도(50.4%)에 가장 큰 어려움을 겪고 있었다.

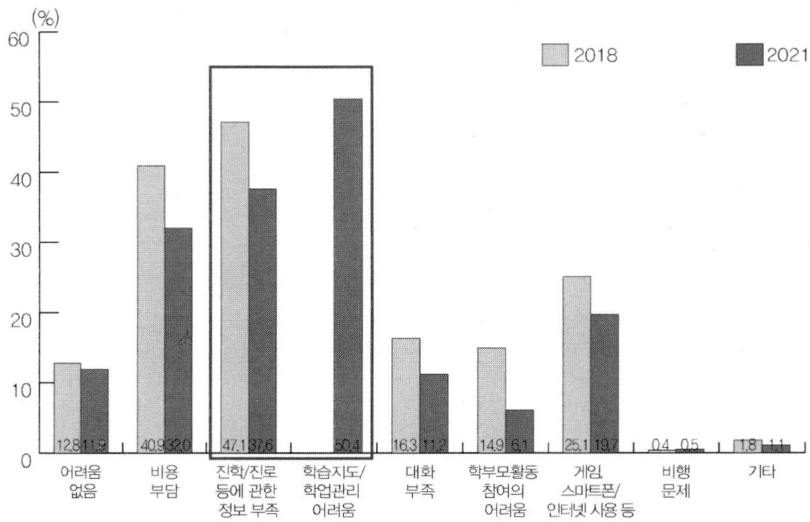

[그림 12-6] 결혼이민자 · 기타귀화자의 만 6세 이상 자녀 양육 시 어려움(복수응답)

주 : "학습지도/학업관리 어려움"은 '21년 신규, 복수응답(1+2순위)

출처 : 여성가족부. 2021년 다문화가족 실태조사. 보도자료(2022.6.28. 조간)

한국생활의 어려움과 차별경험이 감소하고, 사회적 관계는 확대되는 등 한국생활 적응도가 높아진 것으로 나타났다.

한국어 능력에 대한 주관적 인식은 3.87점으로 '18년 대비 다소 하락('18년 3.89점)한 것으로 나타났다.

한국생활의 어려움에 대한 조사 결과로 한국생활에 어려움이 없다는 비율(37.9%)은 '18년(29.9%)보다 8.0%p 증가했으며, 주된 어려움은 언어문제(22.9%)·경제적 어려움(21.0%)·외로움(19.6%) 순이다.

차별경험에 대한 조사결과 외국 출신이라는 이유로 차별받은 경험은 16.3%로 지속 감소('15년 40.7%→'18년 30.9%)하고 있다.

사회적 관계에 대한 조사결과 집안사정·자녀교육 등 개인적 문제에 대하여 도움을 받거나 의논할 상대가 없다는 비율이 '18년보다 감소하였다.

자녀현황을 보면 청소년기에 해당하는 만 9~24세 자녀의 비중이 증가했으며, 대부분 국내에서 성장한 것으로 나타났다.

연령분포를 보면 전체 다문화가족 자녀/중 만 9~24세는 43.9%로, '18년 대비 8.3%p 증가했다.

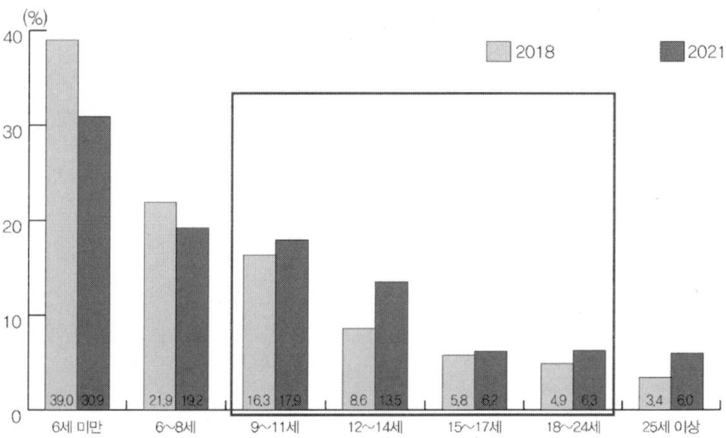

[그림 12-7] 다문화가구의 자녀 연령

출처 : 여성가족부. 2021년 다문화가족 실태조사. 보도자료(2022.6.28. 조간)

만 9~24세 중 국내에서만 성장한 비율은 90.9%로 '18년(83.8%) 대비 증가했으며, 학습지원(3.42점), 진로상담·교육(3.31점)에 대한 서비스 수요가 높았다.

만 15세 이상 자녀 중 비재학·비취업 비율은 14.0%로 '18년(10.3%)에 비해서 3.7%p 증가했고, 지난 일주일간 주된 활동은 취업준비(49.0%)로 나타났다.

가정생활에 대한 조사로 부모님과의 관계 만족도 및 대화시간은 '18년 대비 감소했고, 자긍심·자아존중감 등은 하락했다.

부모와의 관계에 관하여 어머니와 관계 만족도는 3.75점, 아버지는 3.50점으로 '18년(어머니 3.82점, 아버지 3.59점) 대비 하락했다.

부모와 대화시간에 조사결과 아버지와 '전혀 대화하지 않는' 자녀는 10.5%로 지속적으로 증가('15년 7.0%→'18년 8.6%)했으며, 어머니와 대화시간도 전반적으로 감소하는 경향이 나타났다.

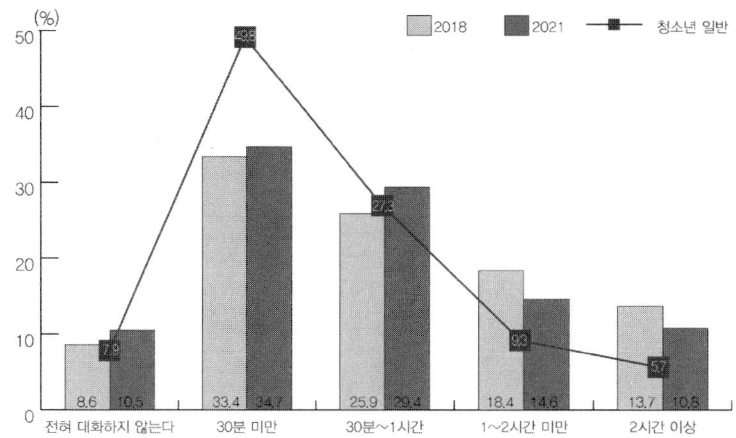

[그림 12-8] 아버지와 하루 평균 대화시간

출처 : 여성가족부. 2021년 다문화가족 실태조사. 보도자료(2022.6.28. 조간)

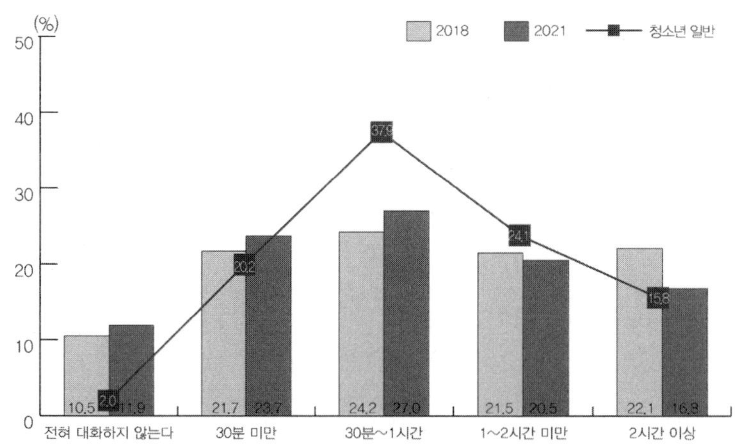

[그림 12-9] 어머니와 하루 평균 대화시간

출처 : 여성가족부. 2021년 다문화가족 실태조사. 보도자료(2022.6.28. 조간)

외국출신 부모의 모국어를 한국어만큼 잘하고 싶다는 비율은 27.3%로, '18년(42.4%) 대비 15.1%p 감소하는 등 이중언어를 사용하는 환경 및 의지는 감소했다.

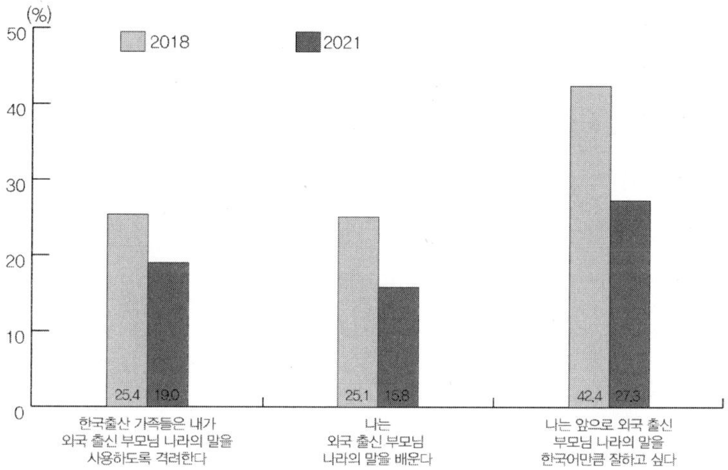

[그림 12-10] 외국출신 부모의 모국어에 대한 태도

출처 : 여성가족부. 2021년 다문화가족 실태조사. 보도자료(2022.6.28. 조간)

다문화가족으로서의 자긍심은 3.38점, 자아존중감은 3.63점으로 '18년에 비해 하락했다. 자긍심('18년 3.48점 → '21년 3.38점) / 자아존중감('18년 3.87점 → '21년 3.63점)

학교생활에 대한 조사결과 고등교육기관에 취학하는 비율은 전체 국민에 비해 크게 낮았다.

다문화가족 자녀의 취학률은 우리나라 학교급별 전체 국민에 비해 모두 낮은 수준이고, 고등교육기관 취학률 격차는 31.0%p로 매우 크다.

만 13세 이상의 희망 교육수준은 4년제 이상 대학교 67.1% 등 전반적으로 상향되었으나 전체 청소년[2]에 비해 낮은 수준이다.

학교폭력을 경험한 비율은 2.3%로 '18년(8.2%)에 비해 5.9%p 감소했고, 학교폭력 피해 발생 시 참거나 그냥 넘어간다가 23.4%로 조사됐다.

2) 다문화 자녀 : 4년제 이상 대학교 67.1%, 4년제 미만 대학교 23.3% 등
전체 청소년 : 4년제 이상 대학교 80.7%, 4년제 미만 대학교 8.1% 등

* 참았다('15년 22.5%→'18년 30.4%→'21년 13.5%), 그냥 넘어갔다('15년 13.6% →'18년 18.2%→'21년 9.9%) 자녀의 차별경험은 크게 감소했고, 고민상담의 상대는 부모에서 친구·선배 등 또래의 비율이 증가했다.

13세 이상 자녀의 고민상담의 상대는 친구·선후배 40.2%로 '18년에 부모님이 가장 높았던 것(부모님 38.3%, 친구 · 선후배 33.2%)과 다른 양상을 보였다.

* 13세 이상 청소년 일반('20 통계청 사회조사) : '친구, 동료', '선후배(44.2%)', '부모님(27.2%)'

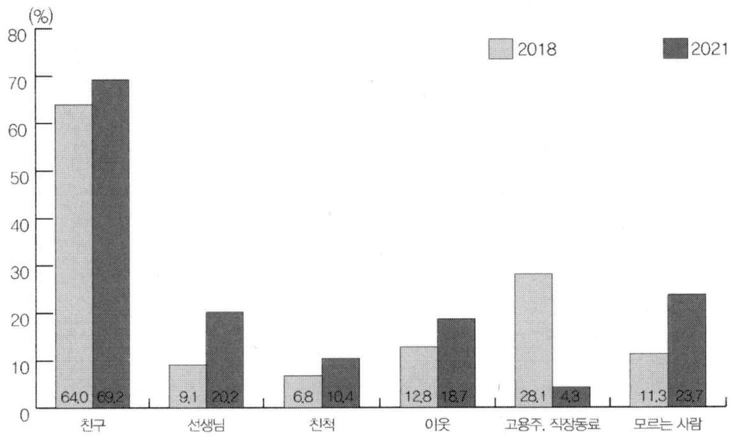

[그림 12-11] 다문화가족 자녀를 차별한 사람

출처 : 여성가족부. 2021년 다문화가족 실태조사. 보도자료(2022.6.28. 조간)

이번 실태조사 결과를 살펴보면, 15년 이상 거주자가 39.9%로 결혼이민자·귀화자의 국내 거주 기간이 장기화되면서, 학령기 자녀의 비중도 꾸준히 증가하고 있는 것으로 나타났다.

결혼이민자·기타귀화자가 생활에서 겪는 어려움과 차별경험은 감소하는 등 한국 생활 적응도는 향상되고 있다.

다만, 한국 학제경험이 부족한 결혼이민자·기타귀화자가 학령기에 접어든 자녀를 양육하고, 학습을 지도하는 데 어려움을 겪고 있어 이에 대한 정책적 관심이 필요하며, 다문화가족 자녀 중 국내에서만 성장한 자녀의 비율이 90%에 이르면서 다문화 배경 자녀의 강점인 이중언어 활용 및 능력개발 의지는 오히려 줄어들고 있는 것으로 조사됐다.

3. 다문화가정 아동을 위한 복지정책 방향

앞서 살펴본 바와 같이 다문화가족의 아동이 직면한 어려움은 매우 다양하다. 다문화가족의 성공적 사회적응과 통합을 위해 그동안 우리 정부에서는 다양한 정책과 사업을 펼쳐 왔다. 다문화가정 아동을 위한 복지실천 방향에 대해 살펴보고자 한다(김주아 외, 2013; 도미향 외, 2013; 송정애, 2022).

1) 다문화가족아동의 가족생활 지원

다문화가족아동을 위해서는 무엇보다 가족생활 지원이 우선되어야 한다. 이들 다문화가족을 지원함에 있어 가족의 사회경제적 배경을 고려하여 취약한 가족을 판별하고 우선적으로 집중할 수 있어야 할 것이다.

경제적으로 어려운 다문화아동, 아버지의 사회적 지위가 낮은 아동, 다른 출신국에 비해서 소수만이 한국에 거주하고 있는 국가의 출신 어머니를 가진 아동을 대상으로 한 정서적 지원 등의 지원서비스를 제공할 수 있어야 하며, 그동안 다문화가정 아동을 위한 지원이 언어발달과 학습지원프로그램에 집중되어 있던 것에서 벗어나 자아존중감 향상 등 사회 심리적 적응력 및 개인역량을 향상시키는 프로그램을 지원할 필요가 있다. 또한 아동의 사회적 배경의 개인별 특성 및 욕구에 따라 맞춤형 지원이 될 수 있는 대학생 1 : 1 멘토링 서비스 등을 확대할 필요가 있다.

2) 공교육에서의 다문화교육

다문화가정 자녀들이 처음에는 말하기, 듣기가 중요하지만, 입학을 하면 읽기와 쓰기가 중요한 부분을 차지하게 된다. 다문화가정 아동들이 쉽게 따라 할 수 있는 통합된 교재 개발이 필요하다. 그리고 한국어 및 부족한 교과를 지도할 수 있는 방과 후 학교 프로그램을 개선하여야 한다. 또한 다문화 가정 아동이 재학 중인 학교에 이들을 지도할 수 있는 전담교사를 배치하도록 한다. 전담교사의 역량강화를 위해 교원자격연수 시 다문화 이해교육, 집단따돌림 예방교육 등을 교양과목에 포함시켜야 한다. 학교의 또래친구와 결연을 맺어 학교적응을 돕는 프로그램을 제도화하여야 한다.

다문화가정 아동에 대한 유아단계부터의 프로그램과 외국 출신 어머니를 위한 교육프로그램 등이 학교 또는 교육 당국 차원에서 이루어져야 한다. 한국의 학교제도에 익숙하지 않은 부모들을 위해 학교생활 안내 리플릿을 다양한 언어로 제작, 배포할 필요가 있다.

3) 다문화 가정아동 사회·심리적 적응 지원

다문화 가족 아동의 사회 심리적 적응을 위하여 올바른 의사소통 지원을 위한 맞춤형 언어교육서비스가 제공되어야 할 것이다. 특히 바람직한 부모-자녀관계 정립을 위한 전문적 프로그램 도입과 특히 다문화가정 아동의 사회적응에 가족응집력의 수준이 중요한 요인임을 감안하여 가족지지를 통한 가족응집력향상 서비스를 제공할 필요가 있으며, 특히 부모국가에 대한 이해증진과 자긍심 프로그램을 확대함으로써 다문화가정 아동 정체감을 확립할 수 있도록 지원한다.

4) 다문화가정아동 학교생활적응 지원

현재 부처별로 분산되어 있는 다문화가족아동지원서비스를 통합하고 효율적인 서비스 전달체계를 마련할 수 있어야 한다. 다문화가족아동을 위한 지원서비스가 영·유아와 초등학생 자녀에게 집중되어 있으므로 다문화 중·고교생을 위한 정책 마련과 프로그램 개발이 필요하다. 또한 다문화가족아동의 학업지원과 숙제, 준비물 챙기는 것과 관련된 일상적인 지원과 교사 및 일반아동을 대상으로 다문화에 대한 수용과 인식교육을 제공함으로써 학교생활 적응을 지원한다.

다문화가족 자녀들이 차별에 노출되지 않도록 찾아가는 다문화 이해교육을 강화하고, 학교폭력 발생 시 조치과정에서 통·번역사 등 전문가가 참여할 수 있도록 한다.

5) 다문화가족아동 문화적응 지원

다문화가족아동 문화적응을 위하여 다문화가족 아동을 위한 차별화된 정책보다는 일반아동과 같은 맥락의 지원이 무엇보다 중요하다. 특히 아동 개인특성을 고려한 개별화된 학습지원과 상담, 특기적성교육 등의 프로그램을 제공하고 발달주기별 연속적인 서비스가 제공될 수 있어야 한다. 특히 이중언어 습득을 위하여 결혼이주여성을 활용한 다양한 모국어 교육을 실시하고 무엇보다 다문화가족아동 및 일반아동 모두를 위한 지역사회복지서비스 및 복지제공기관 확충이 필요하다.

생각해봅시다

1 건강가지지원센터(다문화가정지원센터 포함)를 방문하여 다문화가정 아동의 복지를 위해 제공하는 프로그램과 효과는 무엇인지 사례를 조사하여 발표해 봅시다.

2 다문화가정 아동이 차별 피해 시 적절히 대응할 수 있는 방법을 토론해 봅시다.

CHAPTER

13

시설보호

1. 시설보호의 이해

1) 시설보호의 이해

시설보호란 여러 가지 이유로 양육자가 없는 아동이나, 있다 하더라도 여러 가지 이유로 아동을 직접 양육하지 못할 때 하루 24시간 집단 보호를 제공하는 서비스이다.

시설보호는 입양사업, 가정위탁사업과 함께 부모가 아동을 양육·보호할 능력을 상실하였거나 그 역할을 회피할 때 제공되는 완전한 대리 보호사업이다.

시설보호의 목적은 시대에 따라 변화해 왔는데, 과거에는 사회적 보호가 필요한 아동을 장기적으로 집단수용하는 것이었다면, 현재는 아동을 일시적으로 보호하면서 아동과 그 가족에 대한 치료서비스를 제공함으로써 아동을 가족으로 복귀시키는 것이다(Kadushin & Martin, 1988).

시설보호가 아동에게 적절한 대리보호를 제공하기 위해서는 다음과 같은 다섯 가지의 원리를 지켜야 할 것이다.

- 인권의 존중과 보장 원리
- 정서 안정성의 원리
- 친자관계 존중·조정의 원리
- 개별화와 사생활 존중의 원리
- 적극적 사회참여의 원리

시설보호의 최근 동향은 집단적 시설보호가 감소하면서 정상화와 탈시설화 경향에 따라 시설의 소(小)숙사화, 공동가정, 가정위탁보호의 도입 등 지역사회보호로의 변화과정에 있다고 할 수 있다(윤혜미 외, 2013).

2) 시설보호의 유형

시설은 서비스기간과 서비스 기능에 따라 분류할 수 있는데, 전자의 경우

일시보호시설과 장기보호시설로 구분되며, 후자의 경우 넓은 의미의 양육·보호·교정·치료의 기능을 수행하는 시설로 구분된다. 물론 이러한 경우에도 장기간 수용되거나 부모나 가족 및 아동이 당면하고 있는 문제가 심각한 수준인 경우는 여러 가지 기능을 동시에 수행하게 되며, 장기간 보호받게 된다.

3) 입소대상자 및 보호기간

아동양육시설 및 일시보호시설의 입소대상은 ① 보호자가 없거나 보호자로부터 이탈된 아동, ② 보호자로부터 학대받은 아동, 보호자의 학대로 아동보호 전문기관에 신고 되어 동 기관이 시·도지사에게 보호조치를 의뢰한 아동(특히, 아동에게 장애가 있거나 문제행동이 심각한 경우, 아동보호전문기관에서 아동의 시설입소를 의뢰하면서 시 · 도에서는 반드시 입소될 수 있도록 해야 함), ③ 국민기초생활보장수급자로서 보호자의 질병, 가출 등으로 가정 내에서 보호하기 어려운 아동, 시·도지사 또는 시장·군수·구청장이 특별히 보호가 필요하다고 인정하는 아동(가출아동에 대해서는 적극적으로 시설보호 등 보호조치)이다.

자립지원시설의 지원대상아동은 ① 시설퇴소 아동 중 취업 중인 아동을 우선하며, ② 시설퇴소 아동 중 취업준비 중인 18세 이상 25세 미만인 자 ③ 국민기초생활보장수급자로서 25세 미만인 자이며 양육시설 등에서 취업을 하여 퇴소한 후 직장기숙사에서 생활하다가 중간에 직장을 잃어 거처가 없는 25세 미만인 자의 경우는 입소가 가능하다.

아동복지시설의 입소절차(아동복지법시행령 제6조)는 시·도지사 또는 시장·군수·구청장이 입소대상아동의 신상카드를 작성하고 아동입소의뢰서를 작성하여 시설장에게 의뢰한다. 학대로 인해 아동의 보호조치를 의뢰할 경우, 아동보호전문기관에서는 시·도지사 또는 시장·군수·구청장에게 보호조치 의뢰공문(또는 보호조치 승인 공문)과 상담소견서를 제출하면 된다.

지방자치단체의 장은 요보호아동이 발생하여 관계 법률에 따라 아동복지시설에 입소를 의뢰한 때에는 「실종아동 등의 보호 및 지원에 관한 법률」 제6조 제2항 규정에 의하여 보호자가 불명확한 아동에 대해서는 신상카드를 작성하여 인터넷을 활용하여 실종아동전문기관으로 송부한다.

지방자치단체의 장은 「실종아동 등의 보호 및 지원에 관한 법률」 제6조

제3항 규정에 의하여 아동복지시설의 장(개인 운영신고시설 및 미신고시설 포함)으로부터 보호자가 확인되지 아니한 아동 및 장애인(지적장애인, 정신장애인)의 신상카드를 제출받은 때에는 인터넷을 활용하여 실종아동전문기관으로 송부한다.

시설장이 보호자로부터 버려진 아동을 발견하여 긴급히 보호할 필요가 있는 때에는 우선 보호하되, 24시간 이내에 관할 시·도 및 시·군·구에 보고하여 보호조치를 의뢰해야 한다. 시설이 없는 시·군·구에서 발생한 아동의 차질 없는 입소를 위해 시·도지사가 배치 업무를 직접 담당하거나 각 시·군·구에 지침을 시달하여 추진토록 한다(다만, 시 · 도가 직영하는 아동복지시설에서 아동배치 업무를 담당하는 경우 제외).

지방자치단체는 아동의 특성과 여건에 따라 타 지자체로부터 아동보호양육의뢰(전출 · 입 등)를 받은 경우에는 이를 적극 검토·수용하여 아동의 이익이 최우선적으로 고려되도록 적극 조치하여야 한다. 아동복지시설 운영비 지방이양에 따른 지방비 부담 및 시설부족 등을 이유로 아동보호양육의뢰를 기피하는 사례가 없도록 하며, 의뢰(전출 · 입 등)한 지자체와 협의하여 운영한다.

퇴소는 보호 중인 아동이 18세에 달했거나 보호의 목적을 달성했다고 인정된 경우이며 다만 대학 이하의 학교에 재학 중이거나 아동직업훈련 또는 직업능력개발훈련시설에서 교육·훈련 중인 자, 학원에서 교육 중인 20세 미만의 자, 질병·장애 등을 이유로 시·도지사 또는 시장·군수·구청장이 보호기간의 연장을 요청하는 자는 보호기간의 연장이 가능하다(아동복지법 시행령 제11조).

일시보호시설의 경우 보호기간은 3개월이며 1회에 한해 3개월 연장이 가능하다. 또 자립지원시설은 입소 후 25세까지 이용 가능하며(입소대상연령이 25세 미만) 26세를 초과할 수 없는데 입소 후 기본이용기간은 3년으로 하며, 1회에 1년씩 2회 연장이 가능하다. 한편 단기보호시설의 보호기간은 6개월이다(박정란 외, 2012).

4) 시설아동의 자립지원 프로그램

아동복지시설은 아동의 자립준비를 위해 일상생활기술, 자기보호기술, 지역사회 자원활용 기술, 돈 관리 기술, 사회적 기술, 진로탐색 및 취업기술, 직장생활기술, 다시 집 떠나기 등 8대 영역의 지원 프로그램을 제공하고 있다. 각 영역의 구체적 내용은 <표 13-1>과 같다.

〈표 13-1〉 자립기술의 8대 영역

영역	내용
1. 일상생활기술	일상생활에 필요한 세탁, 청소, 예의범절, 요리하기 등 기술습득
2. 자기보호기술	개인위생관리, 응급처치방법, 성교육, 스트레스 다스리기 등
3. 지역사회 자원활용 기술	지역 내 활용 가능한 서비스, 사회자원 방문조사 및 활용
4. 돈 관리 기술	교육을 통한 올바른 경제관념을 형성, 효율적인 용돈 관리기술 습득
5. 사회적 기술	긍정적인 대인관계 기술습득, 효과적인 의사소통기술 등
6. 진로탐색 및 취업기술	적성검사를 통한 상급학교 진학 및 직업탐색
7. 직장생활기술	이력서 작성법, 면접방법, 대처방법 등 직장생활기술 습득
8. 다시 집 떠나기	집 구하기, 계약, 이사 등의 거주지 마련방법습득

출처 : 보건복지부. 2021년 아동분야 사업안내. p.164.

2. 양육시설과 공동생활가정의 현황

1) 양육시설 현황

우리나라에서 아동을 보호하는 대표적인 시설은 아동양육시설이다. 오랫동안 '고아원'으로 불리던 아동시설은 정확하게는 아동양육시설로 구분할 수 있다. 아동양육시설은 보호를 필요로 하는 아동을 입소시켜 보호, 양육하는 것을 목적으로 하는 시설이다. 아동양육시설에서 아동을 보호하는 것을 일반적으로 시설보호라 한다(공계순 외, 2013).

보건복지부의 자료 '2021년 아동복지시설현황'을 보면 양육시설 237개소에 보호아동은 10,352명이 생활하고 있다(〈표 13-2〉 참조).

〈표 13-2〉 아동복지시설 보호아동 현황

2020.12.31. 현재(단위 : 개소, 명)

구분	계(현원)		아동양육시설		아동보호 치료시설		자립지원 시설		아동일시보호시설		아동상담소	아동전용시설	개인양육 시설	
	시설	인원	시설	인원	시설	인원	시설	인원	시설	인원			시설	인원
계	274	11,356	237	10,352	12	436	15	253	10	315	10	8	12	54
서 울	42	2,177	34	1,893	3	116	3	68	2	100	1			
부 산	21	901	18	854	1	21	1	22	1	4				
대 구	23	666	18	569	2	42	2	41	1	14				
인 천	10	548	9	499					1	49	5	1		
광 주	12	483	10	434			1	11	1	38		1		
대 전	13	470	11	348	1	108	1	14						
울 산	2	122	1	116			1	6						
세 종	1	21	1	21										
경 기	28	1,125	25	1,001	1	39			2	85	3	1	4	26
강 원	11	313	8	261			1	27	2	25			2	4
충 북	12	522	10	478	1	31	1	13				4	1	
충 남	14	573	13	561			1	12						
전 북	16	652	14	594	1	45	1	13						
전 남	23	987	21	955	1	14	1	18					1	10
경 북	15	707	15	707									3	12
경 남	25	828	24	808	1	20						1	1	2
제 주	6	261	5	253			1	8			1			

출처 : 보건복지부(2021). 2021년도 아동복지시설현황(2020.12.31. 현재).

2) 공동생활가정

(1) 공동생활가정(그룹홈)의 개념과 발전과정

공동생활가정(그룹홈)은 보호를 필요로 하는 아동에게 가정과 같은 주거여건과 보호를 제공하여 건전한 사회인으로 성장하도록 지원하는 것을 목적으로 하는 시설이다.

우리나라는 그동안의 대규모 집단시설보호에서 탈피하고 소규모 가정보호 형태로의 전환과 지역사회 중심의 아동보호를 위한 새로운 보호형태의 필요성이 대두됨에 따라, '국민복지기획단('95.3.23)'에서 마련한 국민복지 기본구상에 그룹홈의 도입을 논의하였다. 그리고 '96년 12월 그룹홈 제도의 도입을 결정하여, '97년부터 시범사업을 실시하였으며, 개정 아동복지법('04년 1월)에 따라 공동생활가정이 아동복지시설의 종류에 추가되었다(보건복지부, 2011).

그룹홈은 20세기 들어서면서 등장한 아동복지의 새로운 흐름인 주류화, 정상화, 탈시설화, 사회적 통합에 기반을 두고 발전된 모형으로 대표적인 지역사회서비스라고 할 수 있다(김태현 2000).

(2) 공동생활가정 유형과 기능

공동생활가정은 남녀 분리형(성별 분리 보호함. 다만 초등학교 미만 남매의 경우 지자체장의 결정으로 같은 그룹홈에 배치 가능하나 초등학교 입학 연령에 도달한 경우 남녀 분리)으로 운영된다.

단기보호는 경제적 위기 또는 부부의 갈등이나 별거, 수감 및 아동학대 등으로 인해 보호자 또는 친·인척이 함께 거주할 수 없는 아동 보호를 말하며, 장기보호는 기존의 소년소녀가정 또는 시설에서의 아동 및 장기보호가 필요한 아동을 보호하는 것이다. 치료보호는 시설보호에 적응하지 못하거나 약간의 정서적 문제 등으로 인하여 시설보호에 적합하지 않은 아동을 보호하는 것이다.

공동생활가정은 대안가정, 대안복지시설, 치료공간 제공을 위하여 다음과 같은 기능을 수행한다(보건복지부, 2013년도 아동분야 사업안내).

- 안정적인 공간으로써의 기능
- 방임, 학대, 비행으로부터의 보호 기능
- 생활지도와 다양한 교육의 기회 제공을 통한 사회화 기능
- 가정생활에 대한 경험을 통한 가정과 부모-자녀의 관계에 대한 모델링 기능
- 건전한 놀이, 문화의 형성을 돕는 기능
- 방임, 학대 등으로 인한 심리·정서적 치료의 기능

• 아동의 원가족 복귀를 돕는 기능
• 아동과 원가족의 자립능력 향상을 돕는 기능
• 지역사회 내 아동보호를 위한 인식을 확산하는 기능

(3) 공동생활그룹홈 입소 및 생활기간

공동생활가정(그룹홈)의 유형에 따라 입소대상 아동 선정 및 입소하는데, 대상아동의 입·퇴소절차는 시설아동의 입·퇴소절차와 동일하다.

아동 5명을 표준으로 하되 아동 7인 이내로, 공동생활가정의 입소아동은 5인 이상을 유지하도록 하며, 관할 시·군·구청에서는 요보호아동의 공동생활가정 배치 시 5인 미만의 아동이 생활하는 공동생활가정을 우선 고려하도록 한다. 그리고 단기보호 및 치료보호 그룹홈의 입주기간은 1년이 원칙이나 1년 단위로 연장 가능(시장 · 군수 · 구청장이 연장 조치)하고, 장기보호의 경우에는 시설보호와 동일하게 18세 미만(출생일 기준)까지 보호 가능하나, 아동복지법 시행령 제11조(시설보호기간의 연장)에 해당하는 경우 연장이 가능하다.

(4) 공동생활가정 현황

그룹홈은 지난 1997년부터 1999년까지 시범사업으로 실시되어 계속 확대 추진되고 있다. 2004년 아동복지법 개정 시에 아동복지시설의 종류에 추가된 공동생활가정의 입소대상아동은 기존 아동시설, 소년소녀가정 세대뿐 아니라 모든 보호대상아동으로 하고, 일시보호아동이 있는 경우 장기간 보호하는 아동과 서로 부정적 영향을 주지 않도록 구분하여 보호한다. 그룹홈은 주택형 숙사에서 아동에게 지역사회복지관, 상담소, 보건소, 의료기관, 지역 내 드림스타트 사업 등 지역사회의 자원과 연계하여 통합적 서비스를 제공하도록 한다. 그룹홈의 위치는 일반가정과 차이가 없도록 주거 밀집지역에 설립하여 학교, 병원, 시장, 대중교통수단 이용 등을 고려하여야 한다.

대상아동의 입주절차는 시설아동의 입소절차와 동일하며, 가정적 양육기능을 강화하고 있다. 또한 각 시도에 설치되어 있는 아동보호전문기관에서 격리 보호할 필요가 있다고 판단된 피학대아동을 보호하기 위하여 시·도에 필수적으로 1개소 이상씩 그룹홈을 설치·운영하도록 하고 있다.

공동생활가정(그룹홈)은 2020년 12월 31일 기준 520개이며 2,758명의 아동을 보호하고 있다(보건복지부, 2021).

〈표 13-3〉 일반 공동생활가정 아동 현황

2020.12.31. 기준(단위 : 개소, 명)

구분	시설수	종사자 수	정원	수용인원			아동현황							
				계	남	여	계	미취학		초등재	중재	고재	대재	기타
								0~3세	3~6세					
계	520	1,504	3,552	2,758	1,527	1,231	2,758	63	261	945	628	644	180	37
서 울	68	194	454	314	188	126	314	11	36	88	75	91	7	6
부 산	27	85	183	155	81	74	155	2	4	43	50	51	5	
대 구	12	36	80	55	38	17	55		2	20	17	14	2	
인 천	17	49	117	106	50	56	106	3	11	37	28	16	11	
광 주	34	102	237	172	86	86	172	1	26	74	33	34	4	
대 전	16	48	110	94	56	38	94	2	19	36	20	15	1	1
울 산	8	24	52	45	34	11	45	1	6	19	12	6	1	
세 종														
경 기	156	448	1,070	850	486	364	850	18	95	279	207	189	54	8
강 원	18	53	126	90	40	50	90	6	6	26	20	20	11	1
충 북	24	65	166	124	66	58	124	7	8	49	17	34	9	
충 남	28	78	196	151	76	75	151	2	9	54	29	36	20	1
전 북	41	118	277	209	96	113	209	1	10	85	45	47	16	5
전 남	33	92	221	178	104	74	178	2	8	65	30	35	26	12
경 북	8	22	55	43	28	15	43	4	6	9	11	10	1	2
경 남	26	78	180	145	84	61	145	3	10	51	28	41	11	1
제 주	4	12	28	27	14	13	27		5	10	6	5	1	

출처 : 보건복지부(2021). 2021년 공동생활가정 현황(일람표).

(5) 아동 공동생활가정(그룹홈) 보호서비스 내용

공동생활가정 서비스의 핵심적 요소는 아동양육과 보호프로그램이라고 할 수 있다. 그룹홈서비스를 제공하는 사회복지사는 아동양육과 보호프로그램을 위한 계획과 필요한 역할을 수행할 수 있어야 한다.

① 아동양육

사회복지사는 아동양육을 책임지는 사람으로서 아동이 가정에서와 같은 경험을 할 수 있도록 하며 아동의 의존욕구와 보호받을 욕구를 충족시키면서 점차적으로 독립하고 스스로를 책임질 수 있는 능력을 함양할 수 있도록 해야 한다. 공동생활가정의 아동양육을 위한 내용 <표 13-5>와 같다.

또한 아동에 대한 훈육, 치료사의 역할을 하여야 하며 아동을 관찰하고 집단생활의 경험을 제공하여야 한다. 뿐만 아니라 아동과 부모의 관계유지를 할 수 있도록 하며 아동의 부적응행동 위기상황에 대한 대처를 할 수 있어야 한다.

〈표 13-4〉 아동양육서비스 내용

영역	내용
신체적 보호	음식, 식사와 간식 제공, 식사시간, 충분한 수면, 간호, 청결유지, 정리정돈
습관의 발달	연령과 발달수준에 맞는 사회적 기대, 즉 청결, 식사습관, 배변습관, 외모관리, 성관리법, 예절, 사회적으로 인정된 생활양식, 일상생활규칙과 절차
의복 손질	옷감에 따른 세탁방법, 계절에 따른 의복관리 및 보관, 옷 구매 방법
금전관리	용돈관리, 저축의 종류, 저축습관(통장 만들기, 저축하기), 보험, 세금 정산 등
학교공부지원	학교적응, 학업성적지원(멘토), 학교생활지원(교사), 지역자원연계(예능계지원)
가치·윤리 원칙	아동중심서비스, 존엄성, 발달, 아동권리기반, 비밀보장, 개별화, 비차별성, 기회균등

출처 : 보건복지부(2011). 아동공동생활가정 운영메뉴얼.

공동생활가정 프로그램은 가정적 보호라는 공동생활가정의 특성상 사회복지사의 양육활동과 아동의 일상생활 자체가 프로그램이라고 할 수 있다. 공동생활가정의 프로그램은 개별화를 기초로 낙인을 예방하고 아동의 발달이라는 장기적인 관점에서 계획되고 진행되어야 한다. 이에 프로그램을 아동양육 및 보호·교육, 가족 역량강화, 사례관리, 자립준비, 지역연계, 5대 의무교육으로 구성하여 공동생활가정에서 쉽게 계획 및 수행할 수 있도록 하는 데 목적이 있다(보건복지부, 2021). 프로그램의 구성내용은 다음과 같다.

〈표 13-5〉 공동생활가정 프로그램의 구성

영역	프로그램	비고
아동·청소년의 자립 능력 향상	• 아동청소년의 발달론적 관점에서의 특성 이해 • 아동의 특성과 능력에 맞는 개별화된 서비스 제공 - 아동의 강점을 이해하고 과제 해결 중심 접근 • 아동의 학령에 맞는 개별적인 연차적 자립 계획 수립 - 매년 아동의 욕구를 점검하여 수정	
원가족과의 관계 회복	• 가족 방문 또는 전화, 문자, 편지, 카드 등 지속적인 관계 유지 노력 연 1회 이상 • 가족참여 프로그램(예. 가족캠프 등) 연 1회 이상 실시 • 관련 기관 및 단체 등과 연계하여 부모교육 등 연 1회 이상 실시	
학교와 관계 형성	• 학교 교사와 정기적이고 지속적인 상담, 정보공유, 학교행사에 참여 - 분기 1회 이상 아동생활 상황에 대해 교류한 기록 보유	
지역 내 자원 활용	• 지역 내 관공서, 민간 자원 등 자원 연계 • 자원봉사 및 후원 기관과 관계 형성성	

* 공동생활가정(그룹홈) 운영 매뉴얼에 따라 각종 프로그램 운영

3. 시설보호 아동을 위한 복지정책 방향

1) 시설아동의 건강한 발달을 위한 상담 프로그램 제공

시설아동의 건강한 발달을 위해서는 입소배경, 심리상태, 발달수준 등을 고려하여, 개별화된 서비스가 제공되어야 한다. 먼저 입소배경과 심리상태와 관련하여 시설아동은 시설에 입소하면서 원가정 또는 친부모와의 분리를 경험하게 되며, 특히, 원가정에서 심각한 학대나 방임의 경험이 있을 경우 더욱 더 심각한 심리문제를 가지게 된다. 양육시설아동의 심리사회적 문제에 관한 조사에서 28%의 아동이 전문적 치료를 요할 만큼의 심각한 문제행동을 보이고 있는 것으로 나타났는데, 이것은 일반아동의 2%에 비해 매우 충격적인 결과이다. 따라서 시설아동의 심리문제의 치료를 위해서는 입소 후 전문가의

심리평가를 통해 적절한 입소상담서비스가 제공되어야 한다. 특히, 입소 전 부정적 부모-자녀관계 향상을 위한 프로그램이 개발될 필요가 있으며, 입소 전 부정적 생활사건을 경험하고 시설에 입소한 아동의 경우도 부정적 경험을 해소할 수 있는 상담프로그램이 제공되어야 한다(정선욱, 2002).

두 번째로, 시설아동이 신체, 정서, 인지, 사회발달 면에서 건강하게 성장하기 위해서는 시설아동의 발달에 영향을 주는 시설의 양육환경을 개선할 필요가 있다. 특히, 시설의 양육환경 중에서 정서적 분위기, 사회적 성숙의 촉진, 지역사회와의 관계 등이 인지, 사회, 신체, 자아존중감 등 아동의 발달에 영향을 미치는 중요한 요인으로 나타났으므로, 이러한 요인을 중심으로 시설의 양육환경을 개선할 필요가 있다(변미희 외, 2001). 더불어 시설아동의 적성과 재능에 맞는 예체능교육 프로그램도 제공되어야 한다.

2) 자립준비 프로그램과 퇴소 후 사회적응 프로그램의 제공

자립준비 프로그램은 빠르면 빠를수록 효과가 크겠지만, 늦어도 고등학교 1학년부터는 개별 자립 사정계획을 세워 아동 특성에 따라 자립계획을 세워야 한다. 자립계획을 세운 후 보육사와 시설아동이 함께 대처능력을 개발하고 자립준비기술을 익히기 위한 프로그램에 참여하여 장기적으로 자립을 준비하도록 도와야 한다(신혜령, 2001). 또한 자립준비 프로그램에는 퇴소 후 경제적인 부분뿐만 아니라 건강한 가정을 형성하여 가정적으로도 안정될 수 있도록 건강가족의 특성, 시설아동의 가치관 교육, 정서교육, 진로교육, 생활지도교육, 미래 가정 형성교육 등을 통합적으로 포함하여 개발하는 것도 바람직하다(강복정, 2001).

퇴소아동의 사회적응 성패를 결정할 자립 준비 프로그램이 정착되기 위해서는 아동복지법에 모든 시설아동들이 자립 준비 프로그램에 참여하도록 명시하여야 한다. 왜냐하면, 현 아동복지법으로는 시설운영에 대한 정부보조금의 지급항목은 시설생활자의 최저생계, 기본적 교육 및 기본적 시설운영에 필요한 항목에 국한되어 있으며 시설아동의 일상생활지도, 자립 및 사회적응을 위한 프로그램을 운영하는 데 소요되는 교육훈련비가 거의 배정되어 있지 않기 때문이다. 그리고 양육시설에 퇴소자 전담직원을 두어 퇴소대상 아동에 대해 사전·사후 관리 시스템을 개발할 수 있도록 해야 하며, 현재 퇴소 아동의 진로, 취업 정보를 제공하고 있는 아동복지자립지원센터도 연계하여 활성화하여야 한다.

퇴소 전 자립준비프로그램과 더불어 퇴소 후 사회적응을 도울 수 있는 제도적 장치가 마련되어야 한다. 시설 퇴소아동의 사회적응을 돕기 위해서는 대학진학 등 학업을 계속하기를 원할 경우, 경제적 어려움이 없이 계속 공부할 수 있도록 지원하여야 하며, 자립지원 정착금을 증액하여 현실화하여야 하며, 시설에서는 퇴소아동을 위한 상담 및 직업 알선 등 사후 관리 서비스를 지속적으로 제공해야 한다.

3) 가족 재결합 프로그램의 활성화

친부모나 친부 또는 친모가 생존해 있는 경우는 전체 시설아동의 56.2%로, 시설보호 아동 부모의 상당수가 생존해 있으나, 경제적 문제나 질병 및 장애 등으로 아동을 보호할 수 없는 상태에 있음을 보여주고 있다. 시설아동의 친부모를 비롯한 연고자들은 연간 3~5회 정도 명절이나 아동의 생일 등 특별한 날에 시설을 방문하고 있는 것으로 나타났다(김승권 외, 2003). 이와 같이 최근 들어 친부모가 생존해 있는 시설보호 아동의 수가 늘어가고 있는데, 시설보호 아동과 원가정이 재결합하기 위해서는 먼저 아동의 부모 또는 연고자의 정보작성을 의무화하여야 하며, 가족 재결합 프로그램에 참여하도록 하여야 하며, 친부모가 시설아동의 가정 복귀를 희망할 경우에는 주거비, 생계비, 양육비의 지원이 보장되어야 한다.

다시 말해, 시설보호 시에도 부모의 책임과 역할이 유지되는 것을 법적으로 명백히 명시하여 부모 책임을 강조하여야 하며, 재결합 계획을 수립하고 이를 수행할 수 있도록 사례관리자를 두어야 한다. 아동에 대한 부모의 접촉과 참여를 의무화하고 부모와 함께 방문계획을 세워 부모가 이를 지키도록 하여야 한다(정영순, 2000).

시설보호 이전의 원가정 생활 및 현재의 시설생활에서 안정적이고 지속적인 애착관계를 경험할 때 시설아동은 심리적으로 안정되므로, 원가정으로부터 분리될 위험에 처한 시설아동의 경우 부모-자녀 유대관계, 부모 및 아동의 욕구, 가정환경, 아동의 권리 등에 대한 정확한 사정을 바탕으로 장기적 보호계획이 수립되어야 하며, 이때 '애착관계'와 '영속성'이 중시되어야 한다(정선욱, 2002).

이상에서 살펴본 바와 같이 시설아동이 원가정으로 복귀하도록 하기 위해서는 시설아동과 원가정의 애착관계가 안정적이고 지속적으로 유지될 수 있는 가족 재결합 프로그램을 개발하고 활성화하여야 한다(김주아 외, 2013).

4) 시설양육아동의 권리보장 및 자립성 고양

시설에서 양육받는 보호대상아동은 일반 아동이 받는 권리는 물론, 시설양육을 받는 보호 상태의 아동이기 때문에 부가적인 배려를 받아야 제대로 성장할 가능성이 높다. 이는 쉬운 일이 아니다. 따라서 국가는 부모를 대리하여 시설양육을 받는 아동을 최대한 건강하고, 건전하게 육성해야 하는 책임을 완수해야 한다. 가장 확실한 지향점은 국제적인 기준을 충족시키는 것이다.

- 국제협약에 명시된 네 가지 일반 원칙을 준수하는 시설양육을 지향한다.
- 국제협약에 명시된 네 가지 기본권을 준수하는 시설양육을 지향한다.

나아가 시설양육아동은 부모를 포함한 보호자가 없는 상황에서 18세 퇴소 후 평생을 살아가야 한다. 따라서 자립성을 키우는 것은 매우 중요한 발달과업이 되는 이 발달과업 역시 국제협약CRC의 준수에 의해 가능하다(권지성·정선옥, 2009; 김은정, 2014).

5) 아동지향의 양육관과 태도

시설에서 아동양육을 담당하는 종사자는 부모와 가족과 같은 태도를 지녀야 한다. 물론 아동복지 전문가로서의 자녀교육 및 보수교육은 기본이 되지만, 무엇보다도 아동에 대한 사랑과 아낌없는 헌신이 필요하다. 이는 아동의 행복과 복지에 대한 강한 소명의식에 의해서만이 가능하다.

- 내가 낳은 아이를 양육하듯이 시설양육을 지향한다.
- 내 아이의 친구를 위하듯이 시설양육을 지향한다.

• '사회적 부모'라는 정체성으로 시설양육을 지향한다.

이렇듯 소중한 과업을 이루기 위해서는 생활지도원 및 원장과 생활하는 아동이 마치 친부모와 친가정에서 생활하는 것처럼 안정적인 애착관계를 형성할 뿐만 아니라, 지속적으로 신뢰관계를 형성해야 한다. 이렇게 하기 위해서는 시설 종사자가 자주 교체되거나, 이직하는 것은 곤란하다.

그러나 현실적으로 시설 종사자가 장기적으로 한 시설에서 아동을 장기간 양육하기는 상당히 어렵다. 일단 법적인 가족이 아니고, 여성 생활지도원이 다수를 차지하기 때문에 결혼과 출산 등의 생활 주기상의 문제가 발생하기 때문이다. 따라서 국가는 최대한 시설 종사자가 안정적인 양육을 할 수 있도록 최선을 다해 지원해야 한다(이소희, 2019).

생각해봅시다

1 시설보호아동의 퇴소 준비를 위한 자립준비 프로그램을 생각해 봅시다.

2 시설보호아동의 가족연계프로그램의 활성화 방안에 대해 토론해 봅시다.

CHAPTER

14

아동복지의 과제와 전망

1. 아동복지의 과제(공계순 외, 2013)

1) 부모에 대한 교육의 강화

오늘날 사회가 급속히 변화되면서 부모역할을 제대로 수행하기가 매우 어려워지고 있으며, 메스미디어에서 쏟아지는 육아정보의 홍수 속에서 그렇게 할 수 없는 부모는 불안해하거나 자신감을 상실하고 있다. 우리 사회는 부모됨을 자연스럽게 생각하는 문화적 풍토를 가지고 있으나, 가족을 사적인 영역으로 인식하고 부모 됨을 준비하는 사람이 많지 않다. 그러나 자녀발달에 미치는 부모의 영향력을 고려해 볼 때 가족체계의 건강과 부모 및 자녀의 삶의 질을 높이려면 부모역할로 다른 교육과 마찬가지로 교육과 학습을 통해서 준비하는 것이 필요하다.

각종 사회단체나 교육단체들을 통하여 아동의 기본적인 욕구에 관한 교육과 부모와 자녀 간의 상호작용 등에 대한 훈련을 강화하고, 가정의 기본적인 욕구를 해결하는 데 도움이 되도록 전문기관의 서비스를 효과적으로 이용할 수 있는 체계적인 부모교육의 대부분은 중산층부모와 자녀로 구성된 가족을 전형적인 대상으로 하여 이루어진 경향이 강하였다. 그러나 다양한 가족구조가 증가하고 사회경제적 여건의 제약으로 인한 부모역할 수행이 어려운 경우도 있으므로 이러한 집단의 특성을 고려하여 부모교육의 내용을 구성하고 부모교육의 참가를 증진할 수 있는 방안을 마련하여야 할 것이다.

2) 보육서비스의 다양화와 질적 향상

아동의 조기교육에 대한 관심과 여성의 사회진출에 따라 증가하는 보육서비스를 보육수요자의 욕구에 맞도록 발전시켜야 한다. 현재 민간에 맡겨져 있는 보육사업이 공공성을 확보하려면 정부의 전폭적인 지원과 대책이 필요하다. 여성들의 취업형태를 반영하여 야간·공휴일·24시간 보육서비스 등이 확대되어야 하며, 영아전담 보육시설과 장애아 보육시설이 확충되어야 한다. 초등학교 학생들이 방과후 방임되는 것을 막을 수 있도록 방과후 보육서비스도 확충되어야 한다.

보육의 질적 수준을 향상하기 위하여 물리적 환경과 프로그램의 질을 향상하도록 해야 한다. 서비스의 질은 보육인력에 따라 좌우되는 정도가 높기 때문에 보육교사의 양성 및 관리가 제대로 이루어질 수 있도록 하여야 하고, 근무여건의 개선을 통하여 전문성을 발휘할 수 있는 인력을 확보해야 한다.

3) 가정위탁과 입양의 활성화와 사후관리

모든 아동은 가능한 자신의 가정에서 보호를 받으며 성장해야 하지만 그렇지 못할 경우는 가정과 유사한 환경을 제공할 수 있는 가정위탁이나 영구적인 가정을 마련해 주는 입양을 고려해야 한다. 가정위탁과 입양이 활성화되기 위해서는 사회구성원들의 인식제고가 필요하다. 가정위탁사업에 대해 잘 모르는 경우가 많기 때문에 위탁가정을 개발하기 위해서는 적극적인 홍보가 필요하며, 국내입양에 대해서도 부정적인 태도를 불식할 수 있도록 다양한 홍보활동을 해야 한다.

아동이 일시적으로 타가정에서 서비스를 받는 과정과 영구적으로 새로운 가정을 갖게 된 후에도 아동과 가족에게 필요한 서비스를 제공할 수 있도록 관리를 잘하여야 한다. 위탁부모가 중도에 탈락하여 아동이 위탁가정을 자주 옮기는 사태가 발생하거나 위탁부모로부터 학대나 방임을 겪는 등 부적절한 보호를 받지 않도록 도와주는 전문 프로그램을 실시해야 한다. 국내입양은 사후관리를 의무화하여 입양가정이 경험하는 문제들에 대해서 전문적인 서비스를 제공하는 체계를 확립해야 하고, 해외입양아동에 대해서도 정체감 형성에 도움을 줄 수 있는 사후관리가 필요하다.

4) 아동양육보호시설의 소규모화와 전문화된 서비스

요보호아동을 주로 보호하는 방식이었던 아동양육보호시설이 소규모화되고 주거형태도 개선되어서 가정적인 분위기를 형성할 수 있도록 하여야 한다. 즉, 소숙사 제도나 그룹홈을 활성화해야 한다. 특히 그룹홈은 가정위탁보호와 시설보호의 중간 형태로 소규모이고, 지역사회 내에 있으면서 가정적 보호가 가능하고, 아동에게 가정과 비슷한 분위기에서 전문적인 서비스를 제공할 수 있다는 이점이 있다. 소숙사 제도나 그룹홈의 활성화를 위해서는 정부의 재정적 지원이 뒷받침되어야 한다.

시설에서 보호하는 아동에게는 의식주 해결의 단순보호 차원을 벗어나서 아동의 다양한 욕구를 충족할 수 있는 프로그램과 서비스가 필요하다.

시설아동의 사회·심리적 문제는 상당 부분 시설입소 이전의 상황에서 비롯된 것으로 과거의 경험에서 오는 부정적인 영향을 최소화할 수 있도록 하는 프로그램이 필요하다. 아동에게 전문화된 서비스를 제공하기 위해서는 입소시설이 보다 기능적으로 조정·통합될 필요가 있다. 입소한 아동의 가족과의 재결합을 촉진할 수 있는 프로그램이나 가족에 대한 서비스도 제공할 수 있어야 한다. 시설아동이 퇴소 후 자립할 수 있도록 사회적응 및 진로에 대한 준비를 할 수 있어야 하며, 아동이 퇴소 후 자립에 대하여 지원하는 제도가 활성화되어야 한다. 아동과 가족에게 전문적인 서비스를 제공하기 위해서 인력의 전문성을 높이도록 해야 한다.

5) 아동학대에 대한 대책의 강화

아동학대는 아동의 권리를 침해하는 가장 대표적인 문제이다. 아동학대를 예방하고 학대발생 시 신고할 수 있도록 대중과 신고의무자의 인식변화를 위한 홍보 및 교육활동이 이루어져야 한다. 특히 신고의무자의 의무불이행에 관한 제재조치를 명확히 할 필요가 있다. 아동학대의 개념에 대한 구체성이 아직 부족하므로 아동학대의 여부를 판별할 수 있는 표준화된 척도가 개발되어야 한다. 아동보호전문기관은 인구수에 비해 적으며 기관 내 전문인력의 업무가 과중한 상태로, 기관의 수와 인력이 확충되어야 한다.

아동보호서비스를 제공하는 과정에서 관련 기관들이 협력하고 서비스를 통합할 수 있도록 연계성을 확보하도록 해야 한다. 가해자와 피해자 모두 적합한 치료와 서비스를 받을 수 있도록 가해자 치료명령제가 도입되어야 하며, 아동에게 필요한 전문적인 서비스를 줄 수 있도록 사회복지사의 전문능력을 향상할 수 있는 교육과 기회가 제공되어야 한다.

6) 장애아동의 조기진단 및 조기치료

아동의 신체 및 정서장애에 대해서 조기에 발견하고 치료할 수 있는 체계의 확립이 필요하다. 출생 전부터 장애를 예방할 수 있도록 모자보건사업이 강화되어야 하며, 영유아기에 건강진단 및 성장발달 스크리닝을 통해서 장애를 조기에 발견할 수 있도록 해야 한다. 장애진단 시 조기에 의료 교육적 재활서비스를 비롯한 각종 서비스를 받을 수 있도록 제도적으로 보장하여야 한다.

행동 및 정서장애 아동에 대한 정신건강 서비스의 개발과 이용을 활성화할 수 있는 대책이 필요하다. 불안정한 가정환경과 경쟁적인 학교생활 등으로 분노나 공격적 행동과 같은 문제행동과 신경증이나 열등감 같은 정성 장애를 가진 아동이 증가하고 있다. 아동정신건강의 중요성에 대한 사회적 인식이 고양되어 정서장애 문제를 사전에 예방할 수 있도록 해야 하며, 지역사회정신보건센터를 비롯하여 정신건강 관련 기관에서 아동의 정신건강에 관한 서비스를 보다 활성화하도록 하여야 한다.

7) 학교사회사업의 제도화

학교는 아동들이 많은 시간을 보내는 학습과 생활의 공간이다. 오늘날 학교폭력, 비행, 약물남용, 이성문제 등 학교를 중심으로 한 아동의 문제가 심각해지고 있어서 학교사회사업을 교육제도 안에서 해결해야 할 필요성이 커지고 있다. 현재 학교와 학생들의 문제에 대한 접근 방법으로 상담 제도를 실시하고 있으나 진로 지도 차원이거나 학생 개인에 대한 상담 수준을 벗어나지 못하여 학생들의 문제에 포괄적으로 접근하지 못하고 있다고 평가되고 있다. 학교사회사업은 학생들의 학교생활을 잘할 수 있도록 심리·정서적 문제를 갖고 있는 학생, 학습부진을 보이는 학생, 가정환경의 문제를 갖고 있는 학생, 비행 학생 등을 일차적 대상으로 하여 이들의 문제를 해결하기 위하여 학교와 가족, 지역사회가 협력해서 활동해야 한다. 현재 우리나라의 학교사회사업은 일부 지역사회복지관을 중심으로 학교와 연계하거나 지역사회복지관의 사회복지사가 학교에 파견되어 서비스를 제공하는 형태가 주를 이루고 있으며, 이런 방법은 학교의 행정적인 배려와 교사들의 협조 없이는 성공적으로 이루어지기 어려운 한계를 갖고 있다. 학교사회사업은 치료적 차원뿐만 아니라 예방적 차원에서 광범위한 학생들의 문제에 개입하여 학생들의 총체적인 삶을 향상시키고 학교가 전인교육을 실현하도록 도와주는 것으로 제도화되어야 한다.

8) 아동을 위한 건전한 생활환경과 여가시설의 확충

급속한 산업화의 과정에서 우리 아동들은 자연환경과 마음껏 뛰어놀 수 있는 놀이장소를 잃어버렸으며, 각종 사고와 위험에 노출되어 있다. 아동들이 놀 수 있는 지역의 공간이 없어진다는 것은 단순한 물리적인 공간의 축소만이 아니라 민주적인 사회공동체를 경험할 수 있는 기회를 박탈당하는 것이다. 아동을 위한 놀이기구나 시설 또한 안전성이 제대로 갖추어지지 않아서 신체적으로 위협이 되거나 심하면 사망을 초래하기도 한다. 오늘날 아동들이 즐겨 이용하는 인터넷이나 전자게임은 아동에게 무차별적으로 유해한 정보를 전달하고 있어서 그 폐해가 심각하다.

모든 아동이 건전하지 못한 매체물과 유해한 환경으로부터 보호받을 수 있도록 가정, 학교, 지역사회 및 국가가 노력을 기울여야 할 것이다. 또한 아동이 건전하게 성장·발달할 수 있는 공간과 시설들을 확충에 나가야 할 것이다.

9) 북한 이탈 아동 및 결혼이민자 가족의 아동에 대한 관심과 지원

북한지역을 이탈하여 남한으로 오는 아동이 증가하는 추세인데 이들은 남한의 학교에서 수업이나 교우관계에서 어려움을 겪고 있으며, 아동들이 부모가 적응하는 속도를 능가하여 적응하기 때문에 부모의 권위가 제대로 서지 않고, 부모 자신도 적응해야 하는 과정에 있기에 부모로서의 역할을 제대로 수행하기 어렵다고 한다. 따라서 남한 사회에서 이들이 정착하고 적응하는 과정에서 아동 및 가족 단위에서 야기될 수 있는 문제에 대하여 관심을 가지고 적절한 개입과 지원을 해야 한다.

또한 국제결혼이 증가하면서 결혼이민자 가족 및 자녀에 대한 사회적 지원이 강화되어야 할 필요성이 증대하고 있다. 결혼이민자 가족은 상당수가 경제적으로 취약한 위치 있으며, 가족관계에서 어려움을 경험할 수 있다. 이에 아동은 영향을 받을 뿐만 아니라 언어발달이 지체되고 학교생활의 적응에 어려움이 있을 수 있으며, 자아정체감 혼란 등을 경험할 수 있다. 따라서 결혼이민자 가족에 대한 사회적 인식의 개선과 더불어 결혼이민자 가족에 대한 포괄적인 지원체계를 구축하고, 아동들에 대해 학교, 가정, 지역사회를 중심으로 언어발달과 학습, 심리사회적 서비스 등을 지원할 수 있도록 해야 한다.

2. 아동복지의 발전방향

아동복지의 향상을 위해 적절한 사회적 대책을 마련하기 위해서는 아동의 권리와 아동복지 실천을 위한 조건 및 원칙에 비추어, 급변하는 아동과 가족을 둘러싼 환경의 변화 속에서 아동들이 직면할 상황은 어떠한지를 고려하는 것이 중요하다. 우리나라 아동복지의 발전을 위하여 나아가야 할 방향을 제시하면 다음과 같다(공계순 외, 2013; 배은영 외, 2014).

1) 아동복지에 대한 새로운 인식과 전문성 강화

오늘날 아동복지의 개념은 종전의 자선적인 접근과는 달리 사회발전에 호응하는 이념과 목적을 가진 것으로 아동복지사업의 수행을 위해 전문적인 원칙과 지식 및 기술을 확립해야 할 것이다. 아동복지는 이념적으로 아동들이 잠재능력을 실현하며 건전한 성장과 발전을 도모하고, 우리 사회를 이끌어 갈 미래의 인적 자원을 개발하는 미래지향적인 목적도 포함하고 있다. 아동복지는 보건과 교육 등을 포함한 다학문적인 접근이 필요하며 실천적인 면에서 사회복지의 한 분야로서 사회복지사의 적극적인 활동이 필요하다. 아동에 대한 이해와 전문적인 개입방법에 대한 지식의 습득과 훈련을 통하여 아동복지 전문가가 사업을 수행하여야 한다.

아동복지에서 또 하나 지향하여야 하는 것은 전문성의 강화이다. 현대 사회에서 아동은 다양한 문제를 경험하고 있다. 이러한 사회 환경에서 아동의 욕구에 따라 제공하는 프로그램이 다각적인 것이어야 하며, 개발 프로그램들은 아동의 문제해결 또는 욕구충족을 위해서 전문성을 확보하는 것이어야 한다.

예를 들어 비행아동, 정서적 문제 경험 아동, 빈곤아동 등의 문제에 대한 대응에서 사회복지사의 전문성을 강화하는 방안이 마련되어야 하며, 전문성을 강화하는 방안으로 계속 교육의 실시, 관련 전문직의 팀 접근 강화 등이 적극적으로 검토되어야 한다.

2) 아동의 권리에 대한 인식과 실제적 보장의 강화를 위한 국가의무 강화

아동복지는 아동이 한 독립된 인간으로서 인간다운 생활을 영위할 권리가 있으며 사회와 국가는 이러한 권리를 보장해 주어야 할 의무가 있다는 것에서 출발한다. 무엇보다도 사회구성원들이 이념적으로 아동의 권리를 인정하는 것이 아동복지를 이루기 위한 필수조건이 된다.

그러나 우리 사회에서는 아동을 독립된 인격체로, 권리의 주체로 인정하기보다는 성인에 비해서 열등하여 보호받아야 할 존재이거나 부모가 원하면 어떻게든 할 수 있는 존재로 인식하는 경향이 강하다.

아동의 건전한 성장과 발달을 위해서 보장되어야 하는 권리는 매우 광범위한 영역에 걸쳐 있으며, 이 권리들은 가정을 포함하여 아동이 일상적으로 생활하는 환경뿐만 아니라 아동에게 영향을 미치는 사회의 여러 체계에서 구체적으로 실현되어야만 하는 것이다. 따라서 사회의 모든 성원들이 아동권리의 소중함을 알고, 우리 사회의 아동권리침해 실태와 문제점을 인식하며, 아동의 권리를 옹호할 수 있도록 교육하고 계몽하는 것이 필요하다.

아동의 권리를 실현하기 위해서는 국가가 정책적으로 아동의 권리를 보장해 주는 법적 장치를 마련하고, 아동복지정책 및 서비스의 대상과 종류, 정책을 집행할 행정체계, 재원 등을 아동의 권리를 실현하는 데 초점을 맞추어

정책의 틀을 잡도록 해야 할 것이다. 국가는 아동권리 중심의 아동복지 서비스의 제공과 서비스 제공조직의 활용에 대해서 실질적인 국가책임을 법적으로 명시하고, 중앙정부와 지방자치단체가 아동권리 증진의 책임을 태만하게 이행할 경우에 통제할 수 있는 제도를 도입하여 공공의 책임을 다할 수 있도록 하여야 국가의 의무를 강화하는 것이다.

지금까지 아동복지정책이 보여 준 일관된 특성 중의 하나는 국가가 가능한 아동복지에서 그 의무와 수준이나 범위를 최소화하고자 하였다는 것이다. 이러한 특성은 아동복지가 소극적이며 사후적인 한계를 갖게 하는 원천이 되어 왔다. 국가의 의무가 어느 수준에서 인정되고 있는가를 단적으로 보여주는 법령의 여러 임의조항, 특히 재정적인 지원에서 빈번하게 나타나는 임의조항을 강제조항으로 변경시키고 아동복지에서 국가가 주요 주체로서 그 위상을 바로잡아야 할 것이다.

3) 지역사회와 환경변화를 통한 재가복지 강화

지역사회를 거점으로 하여 재가아동서비스를 강화하여야 한다. 오늘날 아동복지의 대상은 모든 아동이며, 아동은 책임을 다하는 부모와 안정된 가정 속에서 성장하는 것이 가장 바람직하다. 따라서 국가와 사회는 아동양육의 기본단위인 가정이 제대로 기능을 수행할 수 있도록 지원하고, 아동이 가정을 이탈하지 않도록 예방하거나, 불가피하게 가정이 없을 때는 가정을 만들어 주어야 한다. 또한 아동이 출생가정이나 대리가정에서 생활하면서 서비스를 이용할 수 있기 위해서는 지역사회 단위에서 가족과 아동에게 여러 가지 서비스를 제공할 수 있는 시스템이 확립되어야 한다.

아동이 요보호상태에 있어 가정으로부터 적절한 양육을 보장받을 수 없을 때, 사회가 아동의 보호를 책임져야 할 것이다.

가정과 근접하는 위탁보호나 그룹홈 확충, 그리고 양육시설을 가정과 유사한 환경으로 조성하는 것 등이 도모되어야 할 것이다. 가정과 같은 보호환경 조성과 함께 또 하나 지향하여야 하는 것은 어쩔 수 없이 출생 가정 밖에서 보호를 제공하는 경우에도 출생 가정과의 유대를 유지하고, 가정으로의 복귀 가능성을 높이는 프로그램들을 강화하는 것이다.

우리나라는 아동을 위한 문화시설이나 사회복지 전문 서비스기관이 대도시에 편중되어 있는 편이어서 앞으로 사회복지기관이나 인력이 지역적으로 균형 있게 발전되어야 한다.

4) 아동복지의 효과적인 전달체계 구축

아동복지전달체계는 공적 서비스체계와 민간서비스체계로 나눌 수 있다. 우선 중앙정부부터 지방 일선에 이르기까지 효과적인 아동복지 정책서비스를 실행하기 위해서는, 정부부처 간의 연계기능을 향상하거나 업무를 통합할 필요가 있으며, 다양한 정부부처에서 운영하는 아동 관련 정책과 프로그램 조정이 필요하다.

더불어 공적 전달체계와 민간 전달체계 간의 역할 분담이 적절히 이루어져야 하며 서로 간에 협력관계 속에서 발전해야 한다.

5) 아동복지 실천을 위한 다양하고 새로운 방법의 개발과 활용

선진국들도 아동복지에 관한 제도나 실천방법에 많은 변화가 있었으며, 앞으로 발생하는 다양한 욕구에 대응하기 위해서는 새로운 실천방법이 끊임없이 연구·개발되고 활용되어야 한다. 불우아동에 대한 의식주 해결의 차원을 넘어서 모든 아동이 건전하게 성장·발달할 수 있도록 가정생활 건강, 교육, 오락, 특수보호 등에 걸쳐 종합적으로 고려한 프로그램이나 서비스를 제공하도록 해야 한다.

가정 외의 보호를 받는 아동에 대해서는 적응에 더욱 바람직하다는 것은 널리 알려진 사실이며, 단순보호의 차원을 넘어서 전문적인 사회복지 실천방법을 활용하여 원가족에서의 부정적인 경험을 극복하는 데 도움이 되도록 하여야 한다.

아동학대와 같은 문제에서 가해자나 가족과 아동에 대한 접근에서 제도적·일상적 실천방법은 서구의 경험을 참고하되, 우리 현실에서 적용 가능한 방법으로 제도 및 정책의 변화가 이루어져야 할 것이다.

6) 충족되지 않은 욕구의 확인과 새로운 욕구의 예측

아동복지를 향상시키기 위해서는 현재 충족되지 못한 욕구를 확인하고 또한 미래의 새로운 욕구를 예측해야 한다. 현재 추진되고 있는 정책이나 프로그램에 대해 정확하게 조사하고 평가하여 어떤 프로그램과 서비스가 아동과 가족에게 문제를 개선하는 데 얼마나 효과적인가를 알 수 있어야 하며, 평가의 결과가 새로운 정책이나 프로그램의 개발에 반영되도록 해야 한다. 또한 급변하는 사회 속에서 달라질 아동의 욕구나 문제를 정확하게 예측하여 이에 대한 대책을 사전에 준비할 수 있도록 해야 한다. 앞으로 가족해체의 증가와 함께 가족의 유형이 이전보다 다양해지고 아동도 가족구조의 변화에 따라 새로운 욕구를 갖게 될 것이며, 주양육자인 여성의 사회진출이 증가함에 따라 아동보육서비스에 대한 요구도 증가할 것이다.

청소년 폭력이나 약물오용의 문제, 북한이탈가족을 비롯하여 외국노동자 가정이나 국제결혼으로 이루어진 이중문화 가정에서 야기되는 아동의 욕구도 사회적 관심사가 될 것으로 보인다.

7) 재원의 확보

아동의 권리와 복지를 강화하는 법적 장치가 마련되어 있고 전문적인 서비스를 제공할 수 있는 규정이 있다 하더라도 이를 실행에 옮길 수 있는 인력과 시설을 위한 예산이 없으면 그 의미를 찾을 수 없다. 아동복지에 필요한 재원 마련을 위하여 정부나 민간단체는 다각적인 노력을 기울여야 할 것이다.

생각해봅시다

1 아동복지를 발전시키기 위한 대안을 생각해봅시다.

참고문헌

공계순 외(2003). **아동복지론**. 학지사.

공계순·박현선·오승환·이상균·이현주(2013). **아동복지론**. 학지사.

김상균 외(2001). **사회복지개론**. 나남출판.

김성경·김혜영·최현미(2005). **아동복지론**. 양서원.

김영모 편(1988). **현대사회보장론**. 한국복지정책연구소.

김유정(2008). 아동학대의 발생 원인과 예방대책의 이해. 보건복지포럼.

김정래(2002). **아동권리향연**. 교육과학사.

김주아·류현수·최용득(2013). **아동복지론**. 동문사.

노병일(2012). **아동복지론**. 공동체.

도미향·남연희·이무영·변미희(2013). **아동복지론**. 공동체.

도미향·이소희 외(2001). **여성복지**. 형설출판사.

도미향·이용복(2004). 저출산 시대 부모의 자녀양육 기능 강화를 위한 아동복지정책의 영향. **부모교육연구**, 1(2).

문선화(2001). 소년소녀가장을 위한 후견인 제도의 정착 방안, 한국아동복지학.

박상희(2005). **유치원교사를 위한 특수아동교육**. 동문사.

박정란·서홍란(2001). **아동복지론**. 양서원.

박정란·서홍란(2012). **아동복지론**. 양서원.

배은영·김순옥·박은주·원명순·주현경·최종구(2014). **아동복지론**. 동문사.

보건복지부(2008). 2008년도 아동복지사업안내.

보건복지부(2021). 2021년 아동분야 사업안내.

보건복지부(2022) 2022년 드림스타트 사업안내.

보건복지부(2022). 2022년 지역아동센터 지원 사업안내.

서울대사회복지연구소, 보건복지부(2006). 중장기 아동정책과 국가행동계획.

성민선 외(2004). **학교사회복지의 이론과 실제**. 학지사.

송길연·김수정·이지연·양돈규(2001). **발달심리학**. 서울: 시그마프레스. D. R.

송정애(2022). **아동복지론-이해와 실천**. 양서원.

신혜령(2001). 시설청소년의 자립준비에 관한 연구. **한국아동복지학, 11호**. 90-124.아동의 권리에 관한 협약(1989).

신혜섭(2007). 저소득 조소가족의 특징과 실천현장의 프로그램. **학생생활연구**, 26.

여성가족부(2007). 조손가족실태조사 및 지원방안에 관한 연구, 여성가족부.

여유진·김미곤·정은희·이주미·정희선·권지성·김광혁·김은지·조준용·황정미(2016). '아동의 빈곤예방을 위한 실태 연구'. 한국보건사회연구원. 정책보고서.
오주 외(2012). **아동복지론**. 동문사.
유해숙·이현숙(2014). 드림스타트사업의 효과성과 활성화 방안. **벤처창업연구, 9**(2)(통권32호).
윤혜미·김혜래·신영화(2013). **아동복지론**. 청목출판사.
이대근(2001). **아동복지론**. 형설출판사.
이배근(2003). http://www.cyberwelfare.or.kr 사이버복지선교원.
이소희(2019). **아동복지**. 정민사.
이순형 외(2003). **아동복지 : 이론과 실천**. 학지사.
이양희(2004). 유엔 아동권리위원회 활동과 아동권리 쟁점. 아동권리학회 학술대회자료집.
이옥(1993). 도시지역 방과후 탁아 프로그램 제공을 위한 기초 조사연구. 탁아연구소.
이재연·김경희(1990). **부모교육**. 양서원.
이혜경(1993). 경제성장과 아동복지정책의 변용: 한국의 경험. **한국아동복지학 창간호**.
장동일(1996). **사회복지법의 이해**. 학문사.
장연화(2000). 한국 아동복지 변천과정에 관한 사적 고찰. 강남대학교 대학원 석사학위논문.
장영인 외(2007). **아동복지론**. 나눔의 집.
장인협·오정수(1999). **아동·청소년복지론**(개정판). 서울대학출판부.
장인협·오정수(2001). **아동·청소년복지론**. 서울대학출판부.
조재숙·이순녀·장운철·김경애·이미경·김성열(2007). **아동복지의 변천과정**. 아동복지론 report.
조흥식(2000). 아동권리지표에 따른 아동최선의 이익 정책이행분석. **한국사회과학, 22**(3), 187-218.
표갑수(2000). **아동청소년복지론**. 나남
표갑수(2010b). **사회문제와 사회복지**. 나남출판.
하상락(1989). **한국사회복지론**. 박영사.
한국여성복지연구회(2008). **가족복지론**. 청목출판사.
한성심·송주미(2013). **아동복지론**. 창지사.
한지숙·홍은주(1998). 아동권리협약과 아동의 권리실현. **아동권리연구, 2**(2).
허남순·오정수·홍순혜·김혜란·박은미(2005). **빈곤아동과 삶의 질**. 학지사.
현외성(2001). **한구사회복지법제론**. 양서원.
연합뉴스(2017.11.23.). "아동학대는 가족문제 아닌 사회범죄" 인식 바뀐다. https://www.yna.co.kr/view/AKR20171123065100017.
한경뉴스(2017.11.23). 아동학대, '사회적 문제'라는 인식 확대되다. https://www.hankyung.com/news/article/201711232031o.
드림스타트 홈페이지
법제처 홈페이지

아동권리보장원 홈페이지
사회보장위원회 홈페이지
통계청 홈페이지(https://kosis.kr)

Andrews, A. B. & Ben-Arieh(1999). Measuring and Monitoring Children's Well-being across the World. *Social Work, 44*(2), 105-114.

Bronfenbrenner(1995). The biological model from a life course perspective Reflections of a participant observer. In P. Moen, G. H. Elder, Jr., & K Luscher(eds.), *Examining lives in context*. Washington, DC: American Psychology Association.

Despert, J. L.(1965). *The emotionally disturbed child-then and now*. N.Y.: Robert Brunner.

Downs. S. W., Ernestine Moore, E. J. McFadden, and Lela B. Costin,(2000). *Child Welfare and Family Services*. Allyn and Bacon.

Garbarino, J.(1992). *Children and Families in the Social Environment*. NY: Aldine Publishing Company.

Hepworth, D. H. and Larsen, J. A.(1993). *Direct social work practice: Theory and skills* (4th ed). CA: Brooks/Cole.

kadushin A., & Martin, J.(1988). *Child welfare services*(4th ED.). N.Y.: Macmillan. Publishing Co.

Kadushin, A.(1988). *Child Welfare Service*. N.Y.: Macmillan.

Kadusin. A.(1984). *Child Welfare Service*. N.Y.: Macmilan Publishing Company.

Meyer, C. H.(1993). *Assessment in Social work practice*. NY: Columbia University Press.

Pasick, P. L. & R. S. Pasick(1985). *The Developing Child. A Handbook of Child welfare : Contest, Knowledge*, and Practice, edited by J. Laird and A. Hartman. New York: Free Press.

Petr. Christopher G.(1998). *Social work with children and their families; pragmatic foundations*. NY: Oxford University Press.

Remley, T.(1990). Counseling records: legal and ethical issues. In B. Herlihy and L. Golden(Eds.) *Ethical standards casebook*(162-169). VA: American for Counseling and Development.

Spiegel, S.(1989). *An Interpersonal approach to child therapy*. 이부덕 외 역. 아동치료의 새로운 접근. 인간과 복지.

Tompson, C and Rudolph, L. B.(2000). *Counseling children*, 천성문 외 역. 아동상담의 이론과 실제. 시그마프레스.

Webb, N. B.(1996). *Social work practice with children*. NY: The Guilford Press.

저자 소개

배 은 영

인하대학교 대학원 행정학 박사(사회복지정책 전공)
고용노동부장관 인정 NCS강사/직업훈련교사(사회복지)
현) 인천사회복지협의회 복e지상담실 재무회계 분야 상담위원
　다산직업전문학교 사회복지행정실무자반, 사회복지사1급대비반 강의
　메가원격평생교육원 운영교수
전) 재능대학 사회복지과 조교수
　서라벌대학 사회복지과 전임강사
　을지대학교 중독재활복지학과 외래교수
　(장애영유아복지시설) 여주천사들의집 원장
　(아동복지시설) 봄이네집 원장
　(아동복지시설) 나르샤 원장
저서) 사회복지사가 알아야 할 사회복지시설행정실무

윤 춘 모

연세대학교 사회복지학 석사
가천대학교 행정학 박사(복지행정)
성남시의회 의원(사회복지위원회), 성남시사회복지종합정보센터장,
의정부시다문화가족지원센터장
현) 경민대학교 사회복지과 교수
　의정부시지역사회보장협의체 위원
저서) 사회복지실천론(공저), 사회복지실천기술론(공저), 사회복지법제와 실천(공저)

조 순 래

경남대학교 사회복지학과 석사졸업

대구가톨릭대학교 사회복지학과 박사졸업

현) 성운대학교 미래휴먼사회복지학부 청소년복지과 노인재활복지과 학과장

경상남도 행정심판위원, 경상남도 양성평등위원

경상남도 사회복지위원, 경남사회조사연구원

노 미 향

대구가톨릭대학교 사회복지대학원 석사 및 박사

나눔 사회복지상담교육연구소 소장

현) 성운대학교 미래휴먼사회복지학부 외래교수

부산장신대학교 기독교사회복지상담학과 외래교수

계명문화대학교 사회복지상담학과 외래교수

대구가톨릭대학교 사회복지대학원 외래교수

아동복지론

초판 1쇄 인쇄 / 2022년 8월 25일
초판 1쇄 발행 / 2022년 8월 31일

•

공저자 / 배은영 · 윤춘모 · 조순래 · 노미향
발행인 / 이 중 수
발행처 / **동 문 사**

•

서울특별시 서대문구 홍제원 1길 12
(홍제동 137-8)
Tel: 02)736-3718(대), 736-3710, 3720
Fax: 02)736-3719
등록번호: 1974.04.27. 제9-17호
가격: 18,000원

•

ISBN : 979-11-6328-468-0 (93330)
E-mail: dong736@naver.com
www.dongmunsa.com

저자와의 합의하에 인지는 생략합니다.